21世纪高等院校
市场营销专业
规划教材

Thoeries and
Practices of Modern Selling

现代推销理论与实务

胡介埙 ● 编著

东北财经大学出版社
Dongbei University of Finance & Economics Press
大连

ⓒ 胡介埙 2013

图书在版编目（CIP）数据

现代推销理论与实务 ／ 胡介埙编著 . —大连 ：东北财经大学
出版社，2013.6
（21 世纪高等院校市场营销专业规划教材）
ISBN 978-7-5654-1190-8

Ⅰ. 现… Ⅱ. 胡… Ⅲ. 推销-高等学校-教材 Ⅳ. F713.3

中国版本图书馆 CIP 数据核字（2013）第 103649 号

东北财经大学出版社出版
（大连市黑石礁尖山街 217 号 邮政编码 116025）
教学支持：（0411）84710309
营 销 部：（0411）84710711
总 编 室：（0411）84710523
网 址：http：//www. dufep. cn
读者信箱：dufep @ dufe. edu. cn

大连日升印刷厂印刷 东北财经大学出版社发行

幅面尺寸：170mm×240mm 字数：336 千字 印张：17 1/2
2013 年 6 月第 1 版 2013 年 6 月第 1 次印刷

责任编辑：蔡 丽 责任校对：那 欣 毛 杰
封面设计：冀贵收 版式设计：钟福建

ISBN 978-7-5654-1190-8
定价：28.00 元

章，深入讨论了从搜集市场信息与创造推销机会到开发推销对象，访谈准备、约见与接近顾客，推销洽谈和说服，洽谈的深入，直至成交、签约与售后服务的全过程。第3篇"销售队伍的管理"，仅由第11章组成，主要分析公司对销售队伍的组织，销售人员的选拔、培训、激励和考核，以及销售人员的自我管理等问题。

　　本书首先是作为市场营销专业本科生教材来编写的，也适合于工商管理类的其他专业相关课程，同时可供其他多种层次院校师生参考，作者相信本书也对企业经理人员或现有销售人员培训有所帮助。

　　特别需要说明的是，在本书编写过程中，浙江工业大学之江学院的孙捷博士、浙江树人大学管理学院的余维臻副教授，以及浙江绍兴外国语学院的李总老师都参加了部分章节的编写，在此表示感谢。作者也感谢东北财大出版社对于本书出版所给予的大力支持和帮助。另外，在本书的编写过程中，借鉴了许多国内外专家的研究成果，作者在资料来源和参考文献中均已一一列出，在此对他们一并致以诚挚的谢意！

　　最后，由于作者水平有限，书中难免有不当之处，敬请读者批评指正。

编著者

2013 年 3 月

于浙江大学求是园

前　言

　　人员推销，简称推销，既是一门古老而传统的又是一门现代且崭新的学科。说其古老而传统，是因为其某些基本理论的出现已经有了近一百年的历史。1916年第一次世界销售大会的召开标志着现代销售方法的诞生，距今也快满百年了。说它现代且崭新，是因为市场变了，产品变了，顾客变了，相应的销售理论、方法、工具和手段也发生了根本性的变化。所以，对销售人员的要求也发生了很大的变化。为培养满足社会变革和企业发展需要而开设的"现代推销学"（或称"人员推销学"）课程也经受着更新和变革的压力。

　　为适应社会经济环境变革和培养现代企业所需人才的需要，作者在总结和整理长期从事市场营销和产品推销教学所积累经验的基础上，广泛吸收和消化了国际上先进教材的内容和方法，构建了本课程和教材的结构，收集和整理了来自于推销实践第一线的许多资料，最终编著成了本书。本书在编写中特别注意体现如下一些特色：

（一）理论与实践相结合

　　每章开头通过一个引例提出能够说明研究本章内容的必要性、重要性和作用的具有实际背景的案例。在课文中间以"推销实践"的形式穿插介绍了许多成功的推销案例。作者希望通过这些材料引导学生把推销理论应用于推销的实践。

（二）坚持传授知识与培养学生能力及技能相结合

　　本书的每章末尾都配备了"基本训练"，提供了不仅要求学生利用理论，而且更需要掌握和运用技能技巧才能解决的分析性问题。本书在第4章、第7章和第9章末尾分别安排了关于推销的实训题。通过这些技能题和实训的训练，培养学生分析和解决实际问题的能力。

（三）国际化和本地化相结合

　　本书在结构安排和内容组织等方面都吸收和借鉴了国际上规范的教材编写做法，同时，在内容选取方面又基本上全部选用中国市场和企业的实际案例。本书所引用的案例既具有典型性，体现了某种理论的指导作用，又具有广泛的可借鉴性。

　　本书共分为3篇、11章。第1篇"人员推销基本理论"，共包括第1~4章，对于全书的概论、推销要素与推销三角定理、推销活动中的心理活动、推销方格和推销模式做了全面的介绍。第2篇"人员推销过程管理"，共包括第5~10

目　录

第1篇　人员推销基本理论

第8章　推销洽谈和说服：策略与技巧

第9章　洽谈的深入：推销演示和异议处理

第10章　成交、签约与售后服务

第3篇　销售队伍的管理

第1篇 人员推销基本理论

第1章 人员推销概论

（学习目标）

知识目标：深刻理解人员推销的概念、作用和地位；掌握现代人员推销的特点和工作程序；深刻理解推销哲学的含义；了解和把握人员推销的发展趋势。

技能目标：掌握和利用人员推销的职业机会；培养制定人员推销的工作程序和计划的能力；培养对人员推销的正确认识并据此提升自己素质和技能；根据人员推销的发展趋势，不断充实新的推销观念和技能。

引 例

销售究竟是什么？不同的人可能会有不同的解释。

美国著名的通用电气公司前总裁杰克·韦尔奇曾经说过，销售是通向CEO的阶梯。确实，有调查显示，在传统行业中70%的CEO都是做销售出身的。而至今任某跨国公司大中华区总裁的刘杰则以切身经历体会到："销售不是工作，而是改变命运的方式。"因为如果仅仅把销售看成是一种工作，而不是改变命运的途径，则往往很难取得成功；相反，就能激发出个人内心的巨大潜能，实现自己的人生目标。

做销售表面风光，但内心往往纠结彷徨。销售需要与各种人打交道，无法在一个固定地方工作，随时需要准备解决客户的问题……销售的压力是公认的。在努力之外需要面对不可预知的环境和结果。今天看来很有希望签订的合同，明天可能就被签给了竞争对手。所以，销售需要面对巨大的困难和风险。当然，销售也是那种一分投入一份回报的最公平的职业之一，只要坚持努力最终定能获得丰厚的回报。

刘杰原是一位医生，工作条件不错，收入也很稳定，但他并不满足于安稳现状。他希望花比别人更多的时间、更多的精力和辛苦去争取获得更多的回报，来改善自己的生活状况。他毅然辞职应聘了高收入的销售岗位。当然，高收入背后也意味着需要面对各种困难，要离开家庭出差，要见一些不愿意见的人，要把看来昂贵的东西卖出去……一个没有内心的坚持和渴望、没有坚强毅力、贪图安逸生活的人，早就放弃努力了。

面对众多的困难，刘杰坚持了下来，从头开始学习如何与客户沟通，熟悉业务，终于一步步地走向了成功，最终从最普通的销售代表成长为令人羡慕的跨国公司总裁。所以，刘杰不相信在销售领域有"天生的王者"，坚信成功更源于坚持内心的渴望和坚强的毅力。

资料来源　刘龙静. 销售不是工作，是改变命运的方式［J］. 职场，2011（7）：49-50.

人员推销，通常就简称为推销，其对于企业生存和发展的重要性是举世公认的。除了某些特殊行业以及采用代加工方式专门为 OEM 企业生产产品的少数企业外，很少有企业可以不依靠人员推销能够维持生存的。但是，很多企业常常错误地认为人员推销就是"兜售"或"劝说"，推销无理论可言。传统的销售人员也可能会片面地认为，人员推销需要的仅仅是经验或技巧。这些错误或片面的认识影响了企业人员推销的成功和业绩的提升。其实，人员推销具有自身的规律，也需要理论的指导。学习和掌握人员推销的理论和规律，无论对于企业还是销售人员个人，都是推销取得成功的基础和前提。即使是对于已经有了一定基础和部分成功的企业或个人而言，想要不断提升推销业绩，学习推销的理论和规律也是绝对必要的。

1.1　人员推销及其作用和地位

1.1.1　人员推销及其优缺点

人员推销就是由销售人员直接与潜在顾客接触沟通，发掘人们的需要和欲望，帮助潜在顾客认识自己的产品、服务或思想，激发他们的购买欲望，说服和促成他们采取购买行动，促使产品或服务从生产者向最终消费者转移的商业活动。简单地说，人员推销就是销售人员为了劝说潜在顾客购买某种满足个人或组织所需要的产品、服务或者观念，而在人与人之间进行沟通的过程。

人员推销是企业整个市场营销组合策略中一个重要的组成部分。市场营销首先需要分析企业所面临的内外部条件，决定企业的总体市场战略，选择有关产品、价格、销售渠道和促销等方面的一组具体策略，而后再以适当的产品、合理的价格、通畅的渠道和有效的促销手段来占领市场。而人员推销则是整个市场营销活动中的临门一脚。销售人员通过寻找顾客，沟通信息，拜访洽谈，签约成交，直至收款及售后服务，实现和完成产品或服务从生产者向最终消费者转移的全过程。

人员推销是直接以销售人员为媒介努力使顾客接受自己所拥有的产品或服务的活动，这就使得人员推销工作受到很大的限制。而且，由于人员推销是直接以人员为媒介与潜在顾客进行接触沟通的，所以也就具有其他的促销方式所没有的一系列特点。

人员推销与非人员推销相比具有如下一些优缺点。

1. 人员推销的优点

（1）人员推销针对性强，并能直接促成交易。人员推销中销售人员与潜在顾客面对面地洽谈，保持最直接的接触与联系，能够灵活而有效地根据各类顾客的欲望、需求、动机和行为，有针对性地进行解释说明和示范试用，消除人们由于对产品的不了解而产生的各种怀疑，并可促使顾客立即采取购买行动。这是其他的非人员推销办法所难以实现的。通常，企业用得最多的促销手段是广告和人员推销。广告的作用是向潜在用户传达信息，而人员推销则可以直接努力促成实际的交易。此外，由于销售人员与顾客面对面接触，他们就能有针对性地不断向顾客传递新信息，介绍新产品，诱导顾客的好奇心，激发购买欲望，从而创造更多的销售机会。

（2）人员推销能培养交易双方的感情，建立长期的业务关系。销售人员与顾客进行面对面的沟通洽谈，会增进双方的互相了解和信任，促进双方交易的发展，保持长期业务关系的双方很自然就会变成朋友关系，从而进一步促进双方交易的稳定发展。同时，一个好的销售人员在工作中总是会考虑到顾客的长期利益，这就使得顾客也愿意与这些销售人员建立和保持双方的友好关系，使双方由纯粹的买卖关系发展到建立深厚的友谊。一般地说，凡是通过人员推销建立起来的买卖关系要比用其他手段建立起来的关系要稳定得多。

（3）人员推销往往不仅推销产品，还承担其他许多营销职能。销售人员在走访用户、推销产品的过程中，可以同时做好各种售前、售后的服务工作，如提供技术咨询、解决用户在使用产品中出现的各种问题，需要时还可以做好修理等工作。销售人员在工作中深入目标市场，还可以同时兼做市场调研工作，为企业提供市场的客观、真实的第一手资料。此外，人员推销也是对顾客的意见和建议实施有效地反馈的渠道。总之，由于销售人员可以扮演多种不同的角色，承担除销售以外的其他多项工作和职能，因此，组织良好的人员推销可以提高一个企业的总体的市场营销水平。

2. 人员推销的缺点

（1）人员推销的开支较大，会导致成本和价格上升。人们通常认为，厂商在广告上所花的费用太多了，结果会导致成本的上升，从而使消费者不得不支付更高的价格。实际上，企业在人员推销方面所花的费用往往可能超过广告。在发达国家，企业在人员推销方面的支出往往会占整个销售额的8% ~ 15%，而广告费用的支出一般只占销售额的1% ~ 3%。由此可见，企业在人员推销方面的支出常常远大于广告方面的支出。因此，厂商常常担心大量采用人员推销，会引起成本和价格的上升，影响产品的竞争力。可见，如何提高人员推销费用的使用效率，提高销售人员的业绩水平是企业人员推销乃至整个营销管理的一个重要课题。

（2）人员推销的效果好坏直接取决于销售人员的素质。销售人员大多都是单独行动，独当一面的，工作难度较大。一个销售人员的业绩好坏在很大程度上是由其个人素质所决定的。经验表明，一个素质良好的销售人员的业绩与素质较差的销售人员的业绩最大可以相差30倍甚至更多。因此，对企业而言，是否拥有高素质的销售人员常常是人员推销成败的关键。但是，现代科技和市场经济的发展对于销售人员提出了越来越高的要求。企业之间对人才的争夺使企业要得到一个理想的销售人员已经变得越来越困难了。要培养一个胜任称职的销售人员不仅耗费大，而且需要花费较长的时间。同时，推销这一职业的流动性特别大。许多销售人员稍有不满就会"跳槽"，变换工作单位，造成企业不愿在培养销售人员方面花费资金和精力，只想使用有经验的销售人员，不想聘用新手。有鉴于此，努力使新的销售人员掌握足够多的推销知识、技能和技巧，尽快适应推销工作，提高现有企业的销售人员的素质和工作能力是企业提高营销水平的一项重要任务。

1.1.2　人员推销与其他营销手段的关系

任何一种营销手段都不是孤立地起作用的，人员推销作为一种推销手段与其他众多的营销手段之间也是相互关联，相互作用的。认识这种关系，对于提高人员推销的效果具有重要作用。

1. 人员推销与广告宣传的关系

广告对于提高知名度、吸引顾客注意具有很好的效果，但广告很容易被人们所忽视，且不能直接达成交易。人员推销虽然影响面较小，但能直接促成交易，其成交的效果要远远超过广告。广告是面向大众的，所传达的信息很难保证针对性，而人员推销在提供信息方面具有灵活性，能为特定客户提供定制化的信息。广告的沟通是单向的。观众只能被动地观看或阅读广告，没有机会提出问题或要求，难以获得更多所需要的信息。人员推销是一种双向的沟通。不仅潜在顾客可以通过询问来获得更多感兴趣的信息，销售人员也可以根据客户的反应对自己的推销策略及时做出调整，以提高人员推销的整体效果。此外，广告更适合于各种消费品的推销。而大多数生产资料产品需要更详细的解释说明和专业性的服务，这是广告所不能传递的。因此，生产资料产品的销售更适合于使用人员推销。

尽管广告和人员推销两种促销手段有上述多方面的差异，但是它们又是互相影响、互相作用的。在以实施广告促销为主的企业中，如果能辅之以适当的人员推销就会取得更好的效果。另一方面，人员推销中如果有广告支持，业绩自然会更好。此外，销售人员也是公司中最有权对广告的效果和影响力做出评价和提出改进意见的人。由此可见，广告宣传与人员推销在很多情况下是互相依赖和互相促进的。

2. 人员推销与市场调研的关系

销售人员位于市场的第一线，是企业进行市场调研的最合适人选。他们既便于搜集顾客购买行为和消费习惯等资料，又能获得市场对企业营销策略的反馈意见，以便对策略做及时的调整。反过来，企业重视和组织实施市场调研对人员推销也有很大的促进作用。通过市场调研可以使销售人员更深入地了解用户的真正需求与偏好，了解竞争对手的情况，从而提高销售人员工作的针对性和有效性。可见，企业既要重视市场调研，也需要引导和组织销售人员参与市场调研活动。

3. 人员推销与实施渠道策略的关系

销售人员往往是企业实施渠道策略、与中间商之间建立牢固合作关系的桥梁。企业实施渠道策略，要建立与发展和中间商之间的良好关系，都只有通过销售人员的努力才能最终得以实现。没有销售人员的努力，企业要与中间商建立与保持长期的合作关系几乎是不可能的。当然，一家企业如果已经与中间商建立了良好的伙伴关系，它的销售人员的工作就会比较轻松，推销业绩一般也会比较好。反之，销售人员的工作压力就会变得很大。可见，企业的渠道策略与人员推销手段也是互相作用的。

4. 人员推销与营业推广活动的关系

企业任何一种营业推广活动都需要销售人员来计划和实施。销售人员对营业推广活动的支持与配合是任何一种营业推广活动成功的关键。反之，人员推销活动也经常需要营业推广活动的配合。一次准备充分、规划合理的营业推广活动可以极大地提升销售人员的业绩。因此，企业常常需要把营业推广活动与人员推销结合起来，统筹安排，达到最佳的推销效果。

1.1.3　现代社会中人员推销的职业机会

现代社会中任何一个行业都离不开推销岗位。在不同的企业中，推销岗位种类繁多，职位的名称各不相同，职责也各有差异。现在越来越多的公司不再直接称推销员，而采用更富有创意的名称，如客户经理、销售顾问、客户代表、客户开发经理、销售助理、销售代表、区域代表、地区经理等。

下面，我们分别讨论服务业、零售业、批发业和制造业中的推销岗位。

1. 服务业中的推销岗位

（1）银行、保险与金融服务业。越来越多的商业银行设置了客户经理，专门从事人员推销活动，并对一线员工开展推销技巧的培训。保险公司一直是对推销岗位需求量很大的行业，现在证券和其他金融服务业每年对推销岗位的需求也都在迅速增加。

（2）电视、广播和报纸等传媒业。每一个电视台和广播电台都会有一支销售队伍，从事其广告资源的销售。报纸和杂志为销售其广告版面也需要依靠销售人员来帮助开发广告客户。

（3）旅馆、饭店和旅游业。许多旅馆、饭店、旅行社、会务中心和旅游景点都已经开始设立销售部门，配备专门的销售岗位来宣传产品，吸引客户，并出售它们的服务。

（4）房地产业。无论是消费者个人购房，还是企业购置商业用房都是一项重要的投资决策，因此，销售人员在房地产的销售中承担着重要的责任。无论是房地产开发公司的销售部门还是二手房交易的中介机构，对销售人员的需求都在稳定地增长之中。

除上述行业外，各类娱乐业、交通运输业、新兴文化产业，以及其他许多类型的服务业也都表现出对销售人员的强劲需求。

2. 零售业

尽管某些零售商店只需要低层次的营业员，并不需要专业销售人员，但是，确实有许多产品的销售是非常需要销售人员的。例如，汽车、大型器械或设备、娱乐设备、家用电脑、家具、照相器材和时装等的销售，经常需要专业销售人员提供各种销售服务。对于许多产品而言，专业销售人员往往能够向消费者提供远远超出产品本身价值的服务，从而来吸引顾客。

3. 批发业

批发业中所雇用的销售人员可以分为两类："内勤销售员"和"外勤销售员"。

内勤销售员是一些依赖于电话、传真或电子邮件等工具来获取订单，或者帮助处理订单，完成公司内部部门之间协调的人。电话推销公司就需要许多的内勤销售员。

外勤销售员一般需要具备与所推销产品有关的丰富知识，能够在顾客面前扮演销售顾问的角色。他们的职责范围随企业不同而不同。有的只负责单一产品的销售，而有的则需要销售整个产品线中的多种产品；有的只负责获得订单，而另一些人可能还需要承担安装、调试和售后服务等工作。对于需要经常访问零售商店的批发业销售人员来说，不仅需要熟悉商店布置和产品营业推广等知识，还需要熟悉客户商店的经营模式，只有这样才能为零售商店提供满意的服务。

4. 制造业

制造企业往往需要雇用多种不同职能的销售人员，根据职能的不同主要可以分为：现场销售人员、销售工程师、专业销售人员和内勤销售人员。

现场销售人员通常会在超市、百货商店和展销会等销售现场直接向各类顾客推销产品，实施促销活动，提高产品的销售量。现场销售人员能够更好地发现顾客需求，并通过提供卓越的服务来提升产品的销售业绩。

销售工程师拥有非常专业的技术知识，以及鉴别、分析和解决顾客问题的专长。他们的主要任务是帮助销售人员解答和处理销售过程中顾客所提出的技术问题。

专业销售人员的主要职责是培养和维持与顾客之间的关系，刺激顾客对所制造产品的需求，并最终实现成交。对于生产通用设备和大型器械的制造商的销售人员来说，他们往往需要了解客户的产品，或者是自己产品的使用环境，才能保证顺利成交。

制造企业中也有内勤销售人员，他们或者是依赖于电话、传真或电子邮件等工具来获取订单，或者是为其他销售人员提供支持，偶尔也需要接待顾客，有的人则需要帮助处理订单，完成公司内部部门之间的协调工作。

1.2　人员推销工作的特点

1.2.1　推销工作的独特性

在企业里，销售工作与其他职位相比具有很大的差异，其独特性主要体现在如下两个方面：

（1）独特的身份地位对公司成败往往会产生直接影响。销售人员的特点是对外代表着他们的公司开展商务活动，代表企业法人签订合同，因此，一方面，销售人员的活动在很大程度上决定了客户和消费者对公司的印象（相比之下，公司内的其他普通员工的行为对于公司在公众心目中形象的影响就比较小）；另一方面，公司几乎所有销售合同都是依靠销售人员代表公司法人来签订的，如果销售人员缺乏基本的业务素质，甚至不负责任，造成失职、失误，就可能直接影响到公司的发展，甚至生存。

反过来，在公司内部，销售人员又往往是公司收集外部信息的重要渠道，销售人员扮演着客户意见代表的角色。销售人员如果认真收集客户的反馈意见和市场需求信息并及时传达给公司相关部门就能大大提高开发新产品、改进现有产品的性能、降低成本和开拓新市场等活动的效率。成功销售人员所反馈的外部意见也能对公司的战略决策产生重要的影响。

（2）销售职位具有更大的独立自主性和决策权。除销售以外，公司内其他职位的员工通常都需要在其上司严格的监督下开展工作，但是，销售人员通常很少或者没有人对他的工作进行直接的监督。他们一般可以自行制订工作计划，安排每天的工作程序。同时，销售人员也是公司内少数有权用公司的钱来招待外部客人的人，在交通和通信费等开支方面，通常也有一定自主权。

当然，也正因为拥有一定的独立自主性和决策权，所以，要求销售人员在工作中更积极主动，富有创造性，并能坚持不懈；在与客户打交道时要表现出聪明才智和沉着老练；具有坚强的意志和充沛的精力。

1.2.2 推销的困难性和挑战性

每一个想要或立志成为销售人员的人都应当认识到推销工作的困难性和挑战性，以便在投入工作前做好充分的思想准备，应对可能出现的各种困难。推销工作的困难性和挑战性包括推销的困难性、推销对象的潜在性、推销的竞争性和对抗性、推销工作的流动性和不稳定性等。

1. 人员推销工作的困难性

推销工作的困难性一方面来自于人们对于推销工作所持有的偏见，另一方面也来自于推销工作本身的特点。

（1）社会偏见所造成的推销工作的困难。人们对推销工作的偏见集中反映在对销售人员的看法上。人们习惯上认为销售人员就是那些整天低声下气地求人买他们东西的人。有的人甚至认为销售人员就是双眼盯着顾客的钱袋，靠欺骗顾客成交的骗子。这种对推销工作所抱的偏见普遍地反映在各国的文化和民情中。在世界各国的文字、舞台和银幕上，人们就常常把销售人员描绘成十足的骗子。其实，那种靠玩弄骗术谋生的人并非真正的销售人员，但是却败坏了销售人员的名声。对一个销售人员来说，要改变人们的那种不正确的印象有时并不容易。

由于人们的这种偏见，许多顾客在接待销售人员时表现出来的态度很不友好。他们不相信销售人员能为他们带来利益。他们害怕与销售人员交往，怕因此而被他们占便宜。几乎所有的销售人员初次与顾客接触时都要遭到顾客的拒绝。许多成功的销售人员也都曾经面临"不断被拒绝"和"长期的销售业绩低落"的困境。因此，从某种意义上说，推销就是从拒绝开始的，成功的推销就是在遭到客户初次拒绝以后能够坚持不懈。推销也许就是要在遭到顾客的几次、几十次甚至几百次的拒绝以后才能争取到成交。因此，销售人员就必须不断要求自己去克服思想和精神上的畏难情绪，要有勇气去冲破推销障碍。

（2）由推销工作特点造成的困难。从推销工作本身的特点看，要求销售人员的工作独立性强，竞争激烈，考核特别容易。推销工作一般见习期短，通常几个月后就要求能独立开展工作，但是推销工作的业绩却经常是依赖于销售人员与顾客双方长期的交往和友谊的。人们习惯于单独用销售额一个指标来评价销售人员的好坏。对于销售人员来说，销售额或者销售量是一个最为冷漠的现实，它无可争辩，不存在任何视情酌量和同情。这种对销售人员评价的简单化增加了推销工作的困难性。推销工作的竞争对手面又特别广，不仅要与顾客开展竞争，掌握推销中的主动权，争取获得订单，还要与其他公司开展竞争，争夺客户，甚至与同事的业绩进行竞争，最后还要与自己以前的推销业绩相竞争。一旦自己的推销业绩停滞不前或同事的业绩上升，就要承受很大的心理压力。

由于上述两个原因，许多新销售人员在精神上常常感到很苦恼，不知道究竟怎样做才能完成自己的任务。许多销售人员对自己的职业常常抱有自卑感。其实，这种对自己工作职业的轻视是绝对不可取的。推销工作虽然困难，但是却又是社会所必需的，实践证明只要认真地努力，肯定能取得成功。推销工作的困难性主要体现在推销工作的初期。只要产品合适，目标顾客迟早是要购买的，问题在于顾客究竟是买哪一个公司的产品，是从谁的手中购买，在什么时候购买。推销的秘诀也许就在于把合适的产品，在适当的时机，介绍和展示给适当的人，并说服他接受。只要销售人员真正深入地了解了顾客的需要，为他们提供一种能解决他们所面临的问题和困难，并为他们带来利益的产品或解决方案，顾客自然也会愿意接受，困难就会变成成功。

2. 推销对象的潜在性

除了极少数推销特定专用设备的销售人员外，绝大多数产品的推销对象遍布四面八方。"放眼天下皆是消费者"，到处都是顾客，然而，具体地对于某种产品而言，人人都可能是顾客，人人又都可能不是顾客。推销对象的这种潜在性造成了推销对象的广泛性，要求销售人员广泛地进行交际。销售人员绝不能把自己的顾客概念化，认定只有具备特定条件的消费者才可能购买自己的产品。销售人员应当认识到，真正的顾客是混合在范围广泛的潜在顾客群之中的，寻找和发现他们是销售人员的责任。对于销售人员而言，他面前走过的每一个人都可能是他的潜在顾客，进而成为老客户。不仅如此，每一个销售人员也都要认识到"今天的小人物可能就是明天的大人物"。在眼前看起来那些无足轻重的小顾客，甚至从未发生过交易的小人物，有朝一日完全可能成为自己举足轻重的大客户。对于销售人员来说，没有沟通必要或者沟通必要性不大的顾客是不存在的。

但是另一方面，推销如果没有明确的对象或推销对象过于广泛，势必造成推销的低效率和业绩的下降。销售人员要提高销售业绩，除了努力工作之外必须提高推销效率。销售人员只有提高推销效率才能在有限的工作时间内获得更多的销售额和销售量。这就要求推销尽量要有明确的目标。一个成熟的销售人员必须具有从千千万万消费者中识别出那些具有购买意向和购买能力的潜在顾客的能力，并把推销努力集中在这些潜在顾客身上。只有这样，才能克服推销对象潜在性所带来的挑战，取得推销的成功。

3. 推销的竞争和对抗性

任何推销几乎都面临着激烈的竞争。社会发展到今天，已经没有人可以保证自己所推销的是天底下独一无二的产品。即使有人所销售的确实是全新的产品，但是，往往明天，至多不超过后天，市场上就会出现模仿性产品或替代性产品。而且，由于信息和通信技术的发展，每一个销售人员所面临的竞争对手也变得比以前更多了。由于如下三方面的原因又使竞争变得更加激烈：

首先，以前的推销至多面临着本地竞争对手之间的竞争，现在由于网络和物流技术的发展，大多数销售人员都面临着更多外地的，甚至全国同行业的竞争者之间的争夺，在很多情况下，甚至需要应对全球性同行之间的竞争。

其次，以前的推销通常仅仅需要对付同行之间的竞争，但是现在随着技术的进步和行业之间的交叉和融合，越来越多的销售人员需要面对来自于不同行业的替代产品之间的竞争。技术进步所导致的替代品盛行，使得销售人员不得不去应付来自于原本不同行业的企业和产品的市场争夺。

最后，技术的发展导致企业营销渠道的多元化。很多公司可能既利用销售人员扩展市场，同时也依靠分销商、代理商甚至网络营销渠道和电子商务等手段来争夺客户。在这种情况下，销售人员不得不面对来自于众多不同渠道产品的竞争和冲突。

推销的竞争性更具有很强的对抗性。一个销售人员的业绩不仅取决于他自己的努力，更取决于向同一个客户推销的多个销售人员的相对努力程度，当然也取决于客户本身的感受，而且，这种感受往往是主观的。客户最后多半总是只能选择购买其中某一家的产品，则对于其他销售人员所做的工作来说，至少从近期看就变成了无用功。对于推销工作而言，确实是只有更好的，没有最好的。由于推销的对抗性，销售人员往往需要根据竞争对手的行动来决定自己的应对办法，需要兵来将挡、水来土掩的本领；否则，就可能前功尽弃。

4. 推销工作的流动性和不稳定性

过去，有人曾做过统计分析，100 个新的销售人员中能够坚持到 1 年以上的不到 5 个人。现在，企业能够为新的销售人员提供良好的训练，一个新销售人员可望成为专业销售人员的机会大大提高了。但是，大概也只有 50% 左右的新销售人员能够长期胜任推销工作。分析新销售人员不稳定的原因，通常是因为许多新销售人员对推销工作抱着暂时过渡、骑驴找马的消极念头，把推销工作看做只是作为未找到理想工作前的暂时将就，而不把它作为自己正式职业努力的结果。

对于老的销售人员来说，这种工作的流动性和不稳定性则是由于销售人员本身的性格特点和外部条件两个方面所造成的。从性格上看，销售人员大多宁可自己管理自己，是一些喜欢自由的人，这也是他们选择推销作为职业的原因之一。他们善于交际，接触面广，掌握信息多，发现一个新的工作岗位比较容易，这就给他们的流动创造了一定的条件。从外部条件看，一个好的销售人员又往往是企业争夺的对象，一家企业花了九牛二虎之力，好不容易招募到一个优秀的销售人员，可能没过多久，又受到其他企业的诱惑，离职他去。这种频繁的流动增加了企业的负担，也阻碍了经济的发展。

其实，作为一个销售人员，除了考虑个人的工作条件和收入之外，还应当把推销看做自己毕生的事业。推销确实是一种事业。一个销售人员只有长期稳定地为一个企业服务，才能在自己的身边培养起一大群客户，才能使销售业绩稳定增长。因此，可以说保持稳定的工作环境也是推销成功的重要条件。

1.2.3　推销工作的吸引力和诱惑力

尽管推销工作存在着诸多的困难和挑战，但是这项工作也富有巨大的吸引力和诱惑力，有许多理由促使人们选择推销作为自己的职业。推销工作的吸引力和诱惑力主要表现在：推销工作充满着价值感，富有独立性，能给人以满足感和成就感，并能提升个人的形象等。

（1）推销充满了价值感，能直接从努力中获得回报。推销是一种最容易证明自己的价值并直接从自己努力中获得回报的工作，因此是一种充满了价值感的工作。创造性的推销是厂商和消费者之间的桥梁，在产品流通和市场经济发展中扮演着润滑剂和触媒的角色。没有推销，大量的产品将因无法找到买主而积压。而广大消费者的需求也会因为无法发现理想产品而不能满足。推销是促进企业发展和地方经济增长的重要推动力量。因此，企业乃至整个社会都会给予优秀的销售人员以丰厚的回报。在企业所提供的众多职位中，推销是能获得较高的物质报酬的职业之一。在绝大多数企业中，销售人员的平均收入水平往往要远高于其他员工。

（2）推销富有独立性，最能发挥人的才华和潜力。销售人员除了必须参加例行会议和培训以外，有权确定自己的工作日程表。走访客户通常是自己确定行程计划的。推销是一项最富有独立性和自由的工作。推销的主要任务是与外部顾客打交道，受企业内部各种因素的影响相对较少，独立性强；推销工作是对销售人员的智力和素质的一种挑战，也最能发挥个人的才华和潜力。

历史证明，人们并不是一开始就总是愿意接受新产品、新思想的。创造新产品的科学家或工程师如果没有销售人员的创造性可能会一事无成。许多产品开始时都曾经遭遇过顾客的拒绝，幸亏销售人员的聪明才智才使人们认识到了这些新产品的价值，使发明家免于失败，使广大消费者从中得益。社会需要千万个销售人员作为新产品进入市场的领路人或先驱者，帮助人们理解发明家创造的价值和效用，告诉人们新产品的用途和优点，传授使用的方法，推动新发明的推广应用。由此可见，推销激励着人们去发挥聪明才智，是既有挑战性又有巨大诱惑力的一项工作。

（3）推销能给人以满足感和成就感，能培育企业家精神。销售人员处于市场的第一线，面临着一系列的困难和激烈的竞争，要求他们深入了解客户的需求。每一个富有事业心的销售人员都会千方百计地去发现和满足市场需求，占领市场。推销中每获得一张合同都意味着客户对销售人员工作的认可，都能使人产生一种成就感。销售人员真正了解顾客需求，制订创造性的推销计划，就能帮助客户解决困难，并因此而建立与顾客之间的良好关系，为本企业创造了财富，也能使自己从中获得极大的满足。推销总是代表整个企业开展工作的，要求站在企业整体的角度上来考虑问题，因此推销工作也就可以鼓励、培养和锻炼企业家精神。可以说，推销常常是企业家的摇篮。许多世界著名的企业家就都是销售人员出身的。创建和发展了 IBM 的沃森父子就都出身于推销员。世界"刀片大王"——美国吉列公司的创始人坎普·吉列、"超级巨商"——中国香港长江实业集团董事会主席李嘉诚等杰出的企业家也都出身于销售人员。

（4）推销能提升个人形象。推销工作的特点能够培养人们热情和积极的态度，促使一个人与周围群体保持良好的关系，除了与公司内的同事及客户保持友好关系外，还会积极地参与社区及各类公共活动。因此，销售人员在社区、民间组织和公共活动中往往是受人们重视的人。推销的特点又要求人们树立自信心，要树立自信心就迫使人们更多地了解与推销有关的各种知识，培育广泛的兴趣，能应付各种不同场合的挑战，同时培养克服各种困难的毅力。推销又经常需要与陌生人打交道，要求在对方心目中留下良好的第一印象，因此推销工作会使人养成富有教养和准时守约的良好习惯，时刻注意自身的仪表和举止。所以，推销工作确实能够提升一个人的个人形象。成功的销售人员都具有良好的个人形象，并受到人们的尊敬。

1.2.4　人员推销工作的程序

人们常说"推销是结果"。他们对于推销工作唯一关心的是销售量和销售额。确实对于公司来说，只有把产品确实卖出去的推销才是有意义的，相反，无论怎样辩解，也不管有多少理由，不能把产品卖出去的推销最终是没有意义的。因此，许多新的销售人员总希望自己的工作能立竿见影，一步登天，总认为见到客户以后就应当可以马上签订合同，达成交易了。其实，对于销售人员来说，"推销是一个过程"，往往欲速则不达，急于求成反而可能影响成交。相反，销售人员只有认真做好推销过程的每个步骤的工作，才能成功地实现推销的目标。所以，销售人员需要掌握推销程序和每一阶段的工作内容，保证推销工作稳步扎实地向成交推进。

典型的推销过程主要包括以下一些步骤：

1. 寻找客户和访问准备

推销必须有明确的推销目标，没有明确的目标客户的推销就像大海捞针，多半会空手而归。如果向错误的目标客户推销，至多也是广种薄收。所以，推销首先要从寻找客户开始。寻找客户又包括寻找客户的准备和确定潜在客户这两个步骤。

（1）寻找客户的准备。要找到正确的适合于进行推销的客户首先要做好充分的准备工作。首先，要充分了解和熟悉自己所推销的产品和自己所代表的公司。其次，要进行相关的市场调研。了解用户的需求现状和发展趋势，了解相关产品的供求关系，了解竞争产品的销售情况。同时，调研中也需要了解在当地市场中推销可能存在的问题，以及可能有哪些可以利用的推销机会。

（2）确定潜在客户。通过市场调研，销售人员需要明确最可能购买自己所推销产品的客户是哪些组织或个人，其能构成推销的潜在客户。销售人员需要了解他们的特征或身份，掌握如何接近他们的渠道和方法。潜在客户中的某些组织或个人会比其他的组织或个人更可能购买成交。因此，对于所有潜在客户进行分类和评价是必要的。通过评价，应当明确哪些是最可能购买成交的客户，哪些是经过努力争取后有可能被说服成交的客户，哪些是近期缺乏需求但是今后可能会购买的客户。通过明确不同类型的潜在客户，可以避免把推销时间和精力浪费在不可能购买产品的人身上，集中精力去开发真正的客户和重点客户。

（3）访问的准备。在确定潜在客户后，还需要做好访谈前的准备。访谈前的准备需要更具体地搜集潜在客户与购买决策相关的信息，如客户目前所购买和使用产品的情况，客户对于自己所推销产品的了解程度，谁拥有购买的决策权或会对购买决策产生什么样的影响，购买决策者的个性和偏好特点又是什么等。掌握了相关信息后，销售人员就可以做好足够的心理准备，对推销过程中可能遇到的各种状况做好充分的估计，并拟订好应对的策略。

访问准备还包括做好推销所必要的物质准备，包括产品样品、产品说明书、价目表、订单或合同、名片和公文包等。

2. 接近客户

接近客户又包括约见和接近两个步骤。约见就是销售人员与客户协商，确定访问对象、访谈事由、访问时间和访问地点的过程。接近则是指在实质性洽谈之前，销售人员利用各种方法和技巧，努力获得客户接见并达到相互了解的过程。忽视约见和接近过程的销售人员会使客户感到突然，就很容易遭到拒绝。相反，重视并做好约见和接近，就能消除推销中的某些障碍，顺利地接近客户，争取到展示产品和说服客户的机会。

3. 推销洽谈

推销洽谈阶段是整个推销过程的核心部分。这既是一个就产品和公司的情况，以及双方合作意向和前景进行双向沟通的过程，也是一个针对客户的特点进行说服，并努力引导成交的过程。推销洽谈应当包括两个目标：一是成交；二是建立良好的关系。达成交易无疑是洽谈的最主要目标，但是即使当时没有能达成交易却通过洽谈建立了良好关系，就为以后达成交易奠定了基础，这样的推销洽谈也应当是成功的。反之，即使勉强达成了交易，但客户心理上产生不满，推销洽谈还不能认为是完全成功的。

4. 异议处理

客户在推销过程中提出异议是一种普遍存在的正常现象。客户的异议既可能是成交的障碍，同时也可能为交易成功提供机会。销售人员如果能够恰当地处理和解决好客户的异议，往往就能激发出客户的购买意向，达成交易。由此可见，销售人员必须乐于接受客户的异议，认真对待客户异议，掌握处理和解决客户异议的方法和技巧，并采取恰当的方式妥当地处理客户异议，最终取得推销的成功。

5. 签约成交

签约成交是一个过程，而不是指某个时刻。对于客户而言，成交是建立在以下的一系列前提基础上的过程。首先，客户需要对推销建议做出肯定的反应；其次，客户需要对所推销的产品和销售人员所代表的公司建立起好的印象或转变原来的信念；最后，客户愿意采纳推销建议并决定立即购买。为了促使客户做出上述有利于购买的反应，销售人员就需要积极发挥主观能动性，采取恰当的方法和手段，说服和建议客户采取购买行动。签约成交后不仅要保证当前成交客户的满意，而且也要争取和说服顾客把所介绍的产品推荐给别人，争取获得更多的客户。真正成功的推销应当是客户从心底里愿意把所推销的产品推荐给他自己的朋友们。如果顾客没有把所推销的产品推荐给别人，那么，这项推销活动就不能算是完全成功，或者可以真正结束了。

6. 售后服务和客户管理

签约成交并不是现代推销工作的最后一个步骤。在成交后，销售人员还需要为客户提供多种形式的售后服务，包括产品的安装、调试、维护，提供技术咨询，甚至还包括帮助客户解决在产品使用过程中出现的各种问题和困难等。售后服务既是推销过程的必要的延续，同时也是再推销，或者是下一轮推销过程的开始。所以，售后服务在现代推销中是绝对必不可少的一个步骤。

现代推销不仅强调对推销全过程的管理，而且，也需要把客户看做一种稀缺的资源来进行管理。客户管理通过对不同的客户进行分类，对不同类型的客户提供有特色和针对性的服务，就能大大提高推销工作的效率和效果，最终提升销售人员的业绩。

1.3 推销哲学——对推销本质的探讨

推销的本质究竟是什么？怎样才能保证推销工作的成功，这是任何一个销售人员首先需要深入思考并且认识清楚的问题。

在传统的销售人员的观念中，普遍认为推销的实质就是技巧。推销技巧就是掌握推销对象的心理活动和识别对方的真实意图，并采取适当的应对措施和表达方式的能力。当然，在推销中讲究技巧是完全必要的，但是实际上销售人员往往过分地看重推销技巧，从而采用过于极端的技巧进行推销，或者说谎话，故弄玄虚，巧妙地欺骗顾客，或者威胁或者哄骗顾客与其签订合同。其实，这种认识、态度和做法都是完全错误的。

也有许多人认为推销的实质是一种个人之间的关系。如果销售人员与顾客之间的关系好，顾客就购买，否则顾客就不买。自然，没有人会否认个人关系在推销中的重要性，但是，与顾客之间的良好关系并不是购买的充分条件。尽管众多的销售人员都希望与顾客建立起良好的关系，然而顾客最终也只能从其中的少数几个销售人员处购买。更何况销售人员不能光依靠现有关系，而必须不断发展新关系。因此，如果说推销的实质是关系，那么，如何建立和维持良好的推销关系往往也是与推销本身一样困难而复杂的问题。

其实，推销的本质远不止是一种技巧和关系。推销是一种服务、一种影响、一种贡献，当然，也是一种创造和技巧。

1.3.1　推销的本质是服务

1. 推销本质是服务的原因

许多销售人员认为推销就是买卖，就是设法把手中的产品或服务卖给顾客。因此，在推销中他们自始至终所关心的是他们自己的产品，喋喋不休地强调产品的优点，但是这种推销方式往往会遭到顾客的拒绝。导致这种结果的一个根本原因是，许多销售人员认为只要让顾客相信自己所推销的产品是好的，顾客就会购买，于是推销工作就变成了灵巧而顽强地说服顾客相信他们所推销产品的说教。但是实际上，顾客只会购买他们所需要的或能帮助他们解决困难和问题的产品或服务，而不可能见到一个好的东西就买一个。销售人员即使让顾客相信了他们所推销的东西确实是好的，但是，只要顾客认为这并不是他们所需要的，他们就仍然不愿意购买。任何人都绝不可能去买一件对他毫无用处的东西，顾客花钱购买某种东西总是要使自己物质上或精神上的某种需求得到满足。要让顾客购买他们原本就不想购买的产品，就意味着让他们做根本不愿意做的事，这样的推销是注定要失败的。

其实，推销的目的首先是要让人们认识到某种需要，只有这样才有可能进而说明自己所推销的产品恰好是能够满足这种需求的。帮助人们认识到，自己所推荐的正是他们确实所需要的，并对它产生一种满意的感受。这正是销售人员需要提供的服务。由此可见，推销确实应当是一种服务。为顾客提供所需要的服务正是推销这种职业存在的价值。

2. 成功的推销服务的要点

销售人员在顾客面前可能会扮演三种不同的角色。第一类销售人员总是对顾客说："您买我的东西好吗？"他们是要求者，要求对方帮助自己实现推销的目的。他们是为自己的利益而推销的。第二类销售人员见到顾客时就说："您想要什么？"他们是发问者，尽管表现出对顾客的关心，但是着眼点还是在于自己的产品上。第三类销售人员在见到顾客时则会说："我能帮您做点什么吗？"他们是帮助者，把推销的立足点建立在为顾客解决问题和困难的基础上。毫无疑问，最后一种角色是最受顾客欢迎的，原因就在于它体现了推销就是服务的思想。

推销是一种服务，就要求销售人员认识到推销就是为顾客服务，为满足顾客的需求服务。要为满足顾客需求服务，首先就要站在买方的立场上来考虑问题，真诚地帮助顾客发现问题和困难。在许多情况下，受到所获得信息的限制，顾客对于自己的真正需求是什么往往也了解得不是很清楚；在个别情形下，顾客对于自己真正需求的认识甚至可能是错误的。即使在这样的情况下，一个优秀的销售人员也绝对不会利用顾客在认识上的误区向顾客推销他们并不真正需要的东西。成功的推销作为一种服务，追求的是通过提供良好的服务帮助顾客真正获得所需要的产品，并因此而获得利益。

在发现顾客的真正需求以后，推销作为一种服务还需要站在卖方的立场上真心实意地帮顾客寻找解决问题的办法和方案。在帮助顾客寻找适当的解决办法解决时，是否考虑顾客的利益是完全不一样的。把推销看做服务的销售人员会寻求保证顾客获得具有满意利益的产品或方案，顾客自然乐意与其成交，推销就能取得成功；缺乏服务观念的销售人员只会考虑卖方的利益而导致顾客的不满，最终会导致推销失败。所以服务往往也是决定推销成败的关键。

推销作为一种服务贯穿于顾客购买的全过程。在顾客购买之前，推销的服务主要体现在咨询和参谋功能上。帮助顾客认识自己的真正需求，利用销售人员对产品了解的专业优势帮助顾客挑选真正适合他们的产品。在顾客购买过程中，推销服务就是要帮助顾客克服购买中可能存在的困难。在顾客购买以后，推销服务就是要帮助顾客解决产品使用、维护和更新中存在的问题和困难。

1.3.2 推销是一种影响

1. 控制和引诱性推销日益受到顾客的拒绝

人们总是非常喜欢购买自己想要的东西，把它看做一种愉快的享受。当然，人们在购买时又喜欢得到别人的帮助，会真心诚意地感谢别人给他们提供建议和帮助。但是，有趣的是，人们对于向他们的推销通常又会抱不信任的态度，有时甚至会表现出讨厌和反感。人们不喜欢自己被作为推销对象是由于他们认为推销无非是运用各种方法，企图诱使、控制和强迫顾客购买他们所推销的产品，这是受人愚弄，是一种灾难，而按照自己的意愿挑选并购买某种需要的产品是一种乐趣，是一种享受。

由于上述原因，控制和引诱性推销正日益受到成熟消费者的拒绝。所以，推销必须避免使对方产生被控制，被诱使购买的感觉。推销要促使购买，但又不能控制和诱使，推销就只能是一种影响。作为影响，推销就只能是通过提供客观的事实和信息，通过提供专家式的咨询，对顾客的购买决定和行为施加某种影响力，但是，最后的购买决定无论如何要让顾客自己做出。

2. 主动施加积极影响是推销成功的条件

为了避免顾客产生受控制、被愚弄和摆布的感觉，销售人员就要以正直和诚实为基础，向对方提供咨询和信息。正直就是要对自己说实话，诚实就是对顾客也要说实话，不能欺骗顾客。要施加影响，又不能让顾客感到被愚弄和受控制，推销就必须站在正直诚实的立场上向顾客提供关于产品和服务特点的咨询和信息，促进顾客做出有利于自己的、正确的购买决策。

然而，站在顾客的角度，如果得到的事实仅仅是一些说明产品或服务性能的枯燥数字和技术术语，则他们的购买欲望仍然很难被激发起来，顾客仍然会感到无法做出购买决定。因此，作为一种影响，推销人员提供事实应当不仅仅是进行展示和说明，而应当是传递自己的心情和对于所推销产品和服务的感受。推销的影响实际上是通过销售人员把自己对于所推销的产品或服务的感受和信念传达给顾客来打动顾客的心，促使他们做出购买决定的。站在顾客的角度看，销售人员的感受和信念往往比为了表示产品性能的优越而提出的任何证明文件都更为有效。

3. 成功的推销不是卖，而是和顾客一起买

把推销看做一种影响决不意味着推销只能被动地受顾客态度的支配。曾经有人说过："人们不需要别人教导他们如何去做，但是，很需要别人让他们自己想起来要做什么。"销售人员可以通过介绍、说明和给顾客演示等手段，影响顾客，使他们想起来该做些什么。不仅如此，为了更好地影响顾客，销售人员还应当建议顾客自己去操纵和使用所推销的产品，让他们自己对于所推销的产品发生兴趣。

由于推销是一种影响，因此不仅购买的最终决定权必须留给顾客自己，而且，既然是影响就必须留给顾客足够的时间让他们做决定。由此看来，销售人员不应当一见面就迫不及待地要求顾客做出购买决定，或催促做出决定，或试图代替顾客做出决定。这样做往往会使顾客怀疑销售人员的真实意图是否就是想诱骗购买，结果自然就是顾客的拒绝和推销的失败。

推销只是一种影响，而不是控制和支配，不能引诱和代替顾客做出购买决定，因此，推销也就不应该试图通过贬低竞争对手的产品来达到促使顾客尽快购买自己产品的目的。但实际上许多销售人员总是喜欢贬低竞争对手的产品。他们认为只要排除了顾客购买竞争对手产品的可能，自己就能胜券在握。由于推销只能是一种影响，通常人们在听到别人贬低竞争对手的产品时，他们对这位销售人员也就不那么信任了。其实，销售人员不应当对竞争对手的产品过于敏感，至多是把竞争对手的产品与自己产品做一个客观的比较，说明购买自己产品后可以得到的利益，而不应有意贬低竞争对手的产品。这样反而能真正起到推销的影响作用。

推销实践1-1　　　　推销老手与推销高手之间的差异

　　许多推销老手富有经验，主观上也希望提高业绩，甚至不缺乏勤奋，但业绩就是上不去。仔细观察他们的推销行为，会发现许多推销老手与推销高手之间确实存在如下一些差距，导致大多数推销老手成不了推销高手。

　　1. 老手只强调激情，高手更讲究科学办法

　　通常认为推销只需要激情和毅力。确实，推销需要这种精神，特别是在挖掘客户线索时更是如此，但如果把它看成是最重要的因素和手段就值得怀疑了。产生这种认识的根源在于，这些人认为推销不是一门科学或技术，而是一种性格和经验。当然，有激情不是坏事，但如果把推销看成除了激情别的什么也没有就是坏事了。

　　当推销某个项目停滞不前时，只有激情而没有科学办法的推销老手们会确信，只要坚韧不拔就可以成功，于是只得把自尊扔在一边，硬着头皮，顶着客户的冷眼和拒绝，甚至是谩骂，坚持不懈地继续一次次去骚扰客户。而推销高手则会有系统的争取订单的方式。他会考虑项目停滞的可能原因是什么，经过分析也许会发现是因为客户没有迫切需要解决的问题，也可能是缺乏一个有权力的人推动，或者是客户认为他们在这项交易中没有"赢"。要是他发现是因为客户感到在交易中没有赢，他就会重新探讨客户的核心价值观，并通过自己的解决方案、产品或服务，满足客户心目中赢的要求。

　　2. 老手多半信奉制造问题，高手的技巧是扩大客户对问题痛苦的感受

　　许多推销老手都错误地认为，推销技巧就是"厚黑"。于是为了促使客户购买，他们会无中生有地制造问题，但这种办法即使成功往往也无法持续。而真正的推销高手则认为，问题应当是事实，事实是没法改变的。因此，制造问题是不明智的。所以，他们不会制造并不存在的问题，而只会扩大客户存在的问题所带来痛苦的感受。他们要让客户意识到问题所带来的危害以及解决问题所能得到的利益。高手们就是要引导和帮助客户发现那些他们没有觉察到的东西，并提供解决方案。这中间不存在任何欺骗。

　　3. 老手依靠经验积累，高手掌握本质规律

　　推销老手们富有经验，经验在很多情况下是有用的，但经验不一定是事实，更不一定是规律。经验强烈依赖于环境。环境变了，经验也必须修正。推销中不仅要学习和积累经验，更需要提炼经验中不依赖于环境的东西。这就是规律。单纯的经验并没有更大的价值。

　　许多推销老手往往习惯于照搬别人的经验，结果弄巧成拙。推销高手们则强调把经验上升到规律。他们首先了解事实，在确认事实的基础上提炼出经验背后本质的东西，从而掌握事物的规律和本质。这是更加困难的事情，需要一点智慧。这与仅仅局限于推销经验积累的老手们的做法是完全不一样的。

4. 老手只会给顾客回扣和折扣，高手能给顾客更大的价值

推销老手认为给客户的利益就是回扣和折扣，依靠回扣和折扣来维持与客户之间的关系。推销高手则认为他们给客户的利益在绝大多数情况下都不是回扣和折扣，销售人员需要创造价值，提供更高价值，而回扣只是其中的一种。

推销高手往往能为客户提供一种比钱还有用的东西。例如，面对有某个处长所主管的政府项目，许多推销老手就一心想要通过回扣来搞定处长。于是，推销老手的主要工作就变成了吃饭、打牌、唱歌和回扣。而推销高手则会想尽一切办法把推销项目做成政绩工程。如与项目宣传和当前形势相结合，宣传自己和产品能为政府部门和处长本人带来的政绩。

不过，推销要创造价值绝不是一件容易的事（回扣除外），这需要三个条件：深刻了解客户行业的知识、敏锐的商业嗅觉和纯熟的推销技巧。行业知识保证推销高手找到问题和需求。商业嗅觉保证客户的需求、问题和所推销的产品之间相链接。而纯熟的推销技巧保证让客户意识到这种链接对于他们的价值。

资料来源　崔建中. 销售老手为何大多成不了销售高手［J］. 销售与市场，2011（4）：18-22.

1.3.3　推销是一种贡献

推销不仅仅是要为顾客提供服务，而且要让顾客真正获得利益，因此，推销应当对顾客做出贡献。实际上，推销不仅对于顾客而言是一种贡献，而且对于与交易有关各方也都应当是一种贡献。贡献是推销能否成功的关键。因此也可以说，贡献就是推销的本质。

推销帮助顾客解决困难，获得真正所需要的产品和服务，对顾客的贡献是最直接的。对销售人员所服务的企业而言，推销也要为促进企业健康稳定发展做贡献；否则，企业宁可使用广告也不愿使用人员推销。对于销售人员本身来说，要使他们因从事推销工作而自豪，得到精神上的满足，同时又获得更高的收入；否则，销售人员就会离职另谋其他工作。对于社会而言，推销也要促进社会经济的发展和社会文明的进步，只有这样推销才能获得社会的认可和支持，才能长期获得成功。

1. 推销对顾客应当是一种贡献

推销要为顾客做贡献，就要求销售人员认识到推销工作的互利性。销售人员只有在帮助别人得到他们想得到的东西时，自己才有可能获得想得到的利益，只有帮助别人实现了他们的愿望，他才能实现自己的愿望。因此，推销并不单纯是一种利己的活动，销售人员要利己，首先要利人，要处处以顾客的利益为行为准

则。许多成功的销售人员都有体会："只有一方说好的交易不是好的交易。"这是因为销售人员可能在这次交易中赢得了超额的利润，但却丢掉了关系。交易谈判的目的不应当是把一块饼切成几份，分给有关的各方，而是应当设法把这块饼做得更大些，使各方能得到更多的利益。在推销生产资料产品时，销售人员要真诚地帮助客户发现所需要的适当产品，提高厂商的产量和质量，降低成本和消耗，这就为客户提供了获得更多利润的机会，就是对客户企业利益的贡献。在推销消费品时，销售人员帮助顾客发现他们真正需要的产品，并以最小的总成本获得最大利益，也就是对顾客利益的贡献。这种对顾客利益的贡献是推销成功的重要保证。

2. 推销对于本企业也应当是一种贡献

成功的推销能保证交易双方建立起相互信任和依赖的关系，保证企业的产品销售稳定增长，这就是对企业的贡献。反过来，推销如果真正对企业的发展做出贡献，销售人员也就能获得企业更多的支持，也就有了成功的保证。但是，如果销售人员光为个人眼前经济利益而推销，对于企业没有任何贡献，就往往要失败。对于企业无任何贡献的推销，不仅其动力往往是难以持久的，而且与企业之间也常常会产生矛盾，一旦遇到困难，也难以得到企业内其他成员的支持和帮助，最终也无法保证推销业绩的稳定增长。对于本企业发展做出贡献的推销就会培育起销售人员与本企业，以及与企业内其他部门和员工之间的良好关系，得到他们的支持和帮助，推销也就能稳操胜券。

3. 推销也是对销售人员成长的一种贡献

推销是一种事业。销售人员在帮助别人得到各自利益的同时，他自己也会感受到工作的自豪。他们在帮助别人实现他们愿望的同时，自己也会得到满足。一般地说，人们大多都有一种回报的想法，对于别人给予他们的方便、帮助和利益，总会留下深刻的印象，并在一定条件或场合下给对方以回报。因此，销售人员通过推销与有关各方所建立起来的良好关系和友谊本身就是一项巨大的财富。许多成功的销售人员都感受到："如果你能为了满足他人的愿望而伸出友谊之手，那你就大概会在你的毕生中得到自己想要得到的全部东西。"因此，真正成功的推销确实对于销售人员本身也是一种贡献。

4. 推销也应当是对社会的一种贡献

推销要对社会经济发展和社会文明做出贡献，就既要推销市场上的畅销产品，更要努力推销新产品、新服务，同时，也要努力为滞销产品寻找适当的市场需求和潜在顾客。推销要为社会做贡献，就要克服推销中普遍存在的两种倾向：始终推销现有产品和热衷推销畅销产品。许多销售人员总是寻找畅销的产品或畅销的领域，其实，这种倾向会影响推销业绩。作为一个专业销售人员，更重要的是要寻找适当的方法来推销手中现有的产品。对于畅销产品而言，销售人员的存在实际上是可有可无的，如果光推销畅销产品，销售人员也就没有存在的必要了。另一方面，除了假冒伪劣产品以外，许多滞销产品往往是由人们在认识、地区或时间上的差异所造成的。滞销产品的积压是社会财富的浪费。推销通过沟通信息，为滞销产品找到出路，使新产品迅速被市场所接受，既完成了推销任务，也对社会经济的发展做出了贡献。

1.3.4　推销是一种技巧和创造

推销是一项需要高度的技能、技巧的工作。随着市场上产品的日益丰富，消费者购买时的选择余地变得越来越大，他们对产品的知识也越来越丰富。要想说服潜在顾客接受所推销产品，光靠那种和蔼可亲、笑容可掬的态度，或者一见面就寻找各种理由夸耀自己产品的传统推销方式已经很难取得成功了。只有掌握和熟练地运用推销技能、技巧的人才有可能取得成功。

推销的技能、技巧就是掌握推销对象的心理活动规律，深入理解顾客的偏好和意图，清晰表达适当的意见和说服别人的能力。推销经常需要与各种各样不同的陌生人打交道。不同人的心理特点各不相同，追求目标和偏好也会大相径庭，要深入了解顾客真正的偏好和意图并不容易。同时，面对各种不同个性的顾客，要改变他们的态度，有时甚至是偏见，说服他们接受自己的推销建议，购买所推销的产品，更是一项具有高度挑战性的工作。只有那些掌握和巧妙地运用娴熟的推销技巧的人，才有可能成功应付顾客可能的拒绝而实现推销的目标。

推销也是一项需要高度创造性的工作。推销的高度竞争性和环境条件的多变，使得即使把别人的成功经验全部照搬过来也不一定就能保证成功；去年可行的推销办法，今年再继续使用很可能就不可行了；其他地区看来是有效的推销办法，拿到本地区来使用不一定有效。销售人员需要摒弃那些墨守成规的做法，在调研和掌握推销对象特点的基础上，至少在推销的某一方面或几个方面采取创新性的做法，别出心裁，一鸣惊人，这样才能获得市场的认可和积极的反应。成功的推销都是在推销观念、推销对象、推销机会、推销策略、推销技巧，甚至是推销手段等方面创造和创新的结果。

首先，推销观念需要不断创新。社会环境条件的变动使消费者的个人价值观在不断变化，市场所需要的产品也不断处于变动之中。市场的发展要求推销的内容不断创新。推销需要处处以极其敏锐的洞察力，时时以新鲜的眼光看待周围的事物，从社会的微小变化中觉察出人们欲求的变化，并根据市场需求来调整所推销的产品和服务。

其次，推销对象也需要不断开发和创新。传统意义上的推销对象已经成为公司激烈争夺的对象，已经很难轻易得手了。如果能够创造性地开发新的推销对象，推销业绩就可能实现飞速的增长。

再次，推销机会和场合也需要不断创新。现代市场的激烈竞争使得仅仅强调利用现有机会和场合的传统推销方式已经很难取得好的业绩了。现代推销要求销售人员主动地创造有利于推销的机会，营造一种适合于推销的氛围。创造性的推销往往能够把推销与各种社会经济活动天衣无缝地结合在一起，从而轻松地实现自己的目的。

最后，推销的方法，包括策略、技巧和手段等也都需要创新。推销是一项在自己对某种东西发生兴趣之后，运用各种方法，特别是包括策略、技巧和手段等策略使别人也对它发生兴趣的工作。需要销售人员运用聪明才智，采取与众不同的推销方法和手段，在对方心目中建立起良好而深刻的印象，继而接受所推销的产品或服务。

总之，推销面临的是陌生的对象、变化的环境，没有固定的推销模式可以套用，需要销售人员不断克服眼前的困难，发挥高度的技巧和创造性才能取得成功。

推销工作高度创造性的特点要求销售人员不断学习新的知识和技术，持续不断地对市场进行调研和检测，在实践中有意识地收集和积累成功的经验和失败的教训，坚持不懈地学习和努力，最终掌握具有高度创造性的推销能力。推销的高度创新性特点也要求销售人员以帮助顾客解决问题为目标，敢于打破常规，勇于创新，出奇制胜，取得推销的成功。

推销实践1-2　　　　　　　卖粥的奥妙

有临近的两家卖粥的小店，几乎都顾客盈门，川流不息。而晚上结账时靠近左边小店的收入总要比右边小店的多出百十来元，天天如此。

张明为了一探究竟，第一天走进了右边那个粥店。服务员微笑着迎上来，盛好一碗粥，就问："加不加鸡蛋？"张明说："加。"于是服务员就给他加了一个鸡蛋。对于后面来的顾客，服务员也都同样问一句："加不加鸡蛋？"顾客有的说加，有的说不加，大概各占一半。

第二天，张明走进了左边的那家粥店。服务员同样微笑着迎上来，盛好一碗粥，问："加一个还是两个鸡蛋？"张明笑了，说："加一个。"对后面来的顾客，服务员也都同样问一句："加一个还是两个鸡蛋？"顾客有说加一个的，加两个的，当然也有说不加的，但这样的顾客很少。

张明顿时领悟到：一句问话决定了两个粥店销售额的差异。

资料来源　王森. 销售的艺术［J］. 中外企业文化，2010（4）：44.

1.4　现代人员推销的发展趋势

随着社会经济的发展，现代消费者变得日益成熟，企业之间的竞争日益激烈，信息技术对各种社会经济活动正在产生越来越大的影响，销售人员也开始逐渐接受现代市场营销观念，人员推销活动正在呈现出新的发展趋势。近几十年来，人员推销开始从传统的"兜售"和"硬卖"的方式向更加合理科学的方向发展，相继出现了顾问式推销、战略推销、伙伴关系推销和增值型推销等理论。

1.4.1　顾问式推销

20 世纪 60 年代末至 70 年代初，随着现代市场营销观念的发展，传统的推销理念受到了挑战。于是，在人员推销领域有人提出了顾问式推销理论。顾问式推销强调，销售人员应当扮演顾客顾问的角色，通过与顾客之间双向的有效沟通，识别顾客需求，并通过为顾客推荐合适的问题解决方案实现成交。

1. 顾问式推销产生的背景

传统的推销是一种交易式推销。交易式推销是一种能最有效地满足那些具有价值意识的消费者的推销方式，所针对的主要是某些追求低价和购买便利的顾客，采用低成本的推销渠道和方法来吸引顾客，提高销量。对于销售人员来说，需要强调的是面对面推销技能的培训和开发。

但是，今天，一方面是销售人员所面对的是受过更好的教育和具有更多样化需求的顾客，其希望与见多识广的顾问式销售人员打交道，也会向销售人员会提出更苛刻的问题，并要求提供更专业的问题解决方案；另一方面，对于消费需求日益增长的技术复杂产品和高价值的定制产品，首先要求销售人员掌握顾客需求，然后为顾客提供一整套的问题解决方案，而不是只把现成的产品兜售给他们。基于上述两个方面的原因，顾问式推销就变得非常必要了。

现在，顾问式推销已经发展得比较成熟了。这种推销方式不仅越来越受到顾客的欢迎，同时，许多销售人员使用这种方式确实也取得了良好的业绩。

2. 顾问式推销的特点

（1）对顾客身份的理解不同。传统的交易式推销把顾客仅仅看做推销的对象，因此经常会遭到顾客的拒绝。顾问式推销则认为顾客是服务对象，推销就是通过为顾客提供一整套的问题解决方案，实现成交。

（2）对销售人员自身身份和功能的理解不同。在传统的交易式推销中，销售人员把自己看做单纯的推销者，往往采取高压式推销强迫顾客购买。顾问式推销强调销售人员本身与顾客之间的双向沟通，通过向潜在顾客询问各种问题，了解他们的需求和认知，帮助顾客解决问题，而不是操纵和引诱他们成交。

（3）对于推销工作的内容和手段的理解不同。顾问式推销强调对于顾客的信息指导和售后服务，而不是一味地标榜和引诱，所以，顾问式推销更能获得顾客的信任，从而帮助顾客制定一个合理明智的购买决策。顾问式推销还通过售后服务把买卖关系延续到交易活动以后，从而获得更多的销售机会并提高顾客的满意度。

粗看起来顾问式推销很容易掌握，但实际上，顾问式推销是一个复杂的过程，对销售人员提出了更高的要求。顾问式推销需要销售人员对顾客需求有更深入的了解，掌握心理学、传播学等更多的知识，还需要对顾客做出大量的个人承诺。这又要求顾问式销售人员不仅仅在口头上，而是要在行动上采取一系列确保顾客满意的措施和行动，这样就需要投入更多的精力为顾客提供所需要的形式多样的服务。

1.4.2 战略型推销

20 世纪 80 年代，企业所面临的环境变得日趋复杂，战略计划的制订和实施就变得日益重要了。推销战略作为企业整个战略的一个部分也日益受到人们的重视。于是，战略型推销理论便应运而生。战略型推销理论是顾问式推销的升级和发展。战略型推销是一种更加结构化、更加集中和更有效率的价值增值型的顾问式推销方式。

战略型推销模式是通过如下五个步骤来实现的：

1. 发展更合理的人员推销哲学

人员推销的哲学或观念是任何一种推销理论的基础。创新性的、有价值的人员推销哲学必然既要适应社会经济环境，又能引导推销活动的成功和发展。战略型推销的人员推销哲学的要点是：首先，销售人员必须接受以市场需求为中心的现代市场营销观念；其次，更重视人员推销在整个营销活动中的地位和作用；最后，强调销售人员应把自己看做顾客的问题解决者和伙伴，而不是产品兜售者。

2. 开发关系战略

所谓关系战略，就是销售人员为确定、建立和维持与顾客之间的良好关系而精心设计的计划。成功的推销依赖于销售人员开发、管理和改进与顾客之间关系的能力。战略型推销的观点强调，销售人员为了建立、维持和发展与顾客之间的关系，需要认真制订一个建立和改进顾客关系的战略计划。

开发关系战略的主要目标是创造关系、信任和相互的尊重。其内容包括从与潜在顾客首次接触，直到售后服务整个过程的每一个环节的做法。通过实施关系战略，要保证与顾客之间建立起一种长期的伙伴关系。

3. 开发产品战略

成功的推销要求销售人员正确地制订一个满足消费者需求的产品选择方案和产品定位策略的计划，这就是战略型推销中的产品战略。要开发合适的产品战略，销售人员就要尽可能成为产品专家，掌握产品的特点以及能够为顾客带来的各种利益，以产品的使用价值来吸引顾客。产品战略也要明确产品定位，以便在消费者心目中建立和维持独特的、有利于获得竞争优势的地位。通过实施产品战略，销售人员最终应当为顾客构建一个产品增值的顾客问题解决方案。

4. 开发顾客战略

推销中的顾客战略就是引导并实现顾客需求最大化的战略计划。顾客为了实现价值增值，其购买计划正在变得越来越复杂，因此，销售人员需要花时间认真地收集和分析顾客需求的信息，深入地理解顾客的购买行为。既要不断发现单个顾客的新需求，同时，也要建立和开发潜在的顾客群体。顾客战略的实施就是要保证在最大程度上开发出顾客需求。

5. 开发推销洽谈战略

推销洽谈战略包括推销陈述的目标，以及为实现目标采取的计划方案、措施和手段。推销洽谈包括了销售人员在顾客面对面洽谈时需要使用的策略、技术和方法，以便尽快地识别顾客的需求，迅速地制订说服顾客的策略和方案，熟练地运用洽谈和各种促使成交的技能与技巧，达到既满足顾客需求又实现推销的目标。推销洽谈战略是推销过程中的关键性战略。合理而有效的推销洽谈战略应当为每次推销洽谈设定至少一个或多个的目标，同时，洽谈战略也应当是定制的，适合于顾客个人特点需要的。精心准备的推销洽谈战略可以使销售人员在推销过程中获得更多的机会，也能为顾客提供更卓越的服务。

值得注意的是，上述五种主要的战略绝不是相互独立的，它们之间可能会相互影响，特别需要注意到关系战略、产品战略和顾客战略对于推销洽谈战略的影响，通过这些战略之间的协调配合，达到最佳的整体效果。

1.4.3　伙伴关系推销

在 20 世纪 90 年代，随着许多行业中产品变得越来越类似，产品战略的重要性开始下降。顾客在购买中所看重的往往是关系，而不是产品。于是，客户关系就变得日益重要了，人员推销开始呈现出往伙伴关系推销的方向发展的趋势。伙伴关系推销，首先是开创并倡导关系推销，其次是强调伙伴关系。同时，伙伴关系推销本身也在不断地发展之中。

1. 关系推销

关系推销强调销售人员要依靠与每位顾客个人之间的、定制化的沟通方式，努力建立和培育双方长期的伙伴关系。关系推销与传统推销有很大的区别。关系推销所强调的是"关系"，而不是传统推销中的"交易"。关系推销理论认为，销售人员在建立与顾客之间优质的、长期关系方面的投入会得到丰厚的回报。强有力的客户关系既能有效地阻碍顾客转向竞争对手，也能帮助销售人员得到更多重复购买的订单。关系推销理论相信，使现有的顾客感到满意在经济上也是有价值的。

2. 伙伴关系

伙伴关系是指销售人员要从战略角度出发，致力于建立和发展一种长期的、能够解决顾客问题的高质量关系。成功的销售人员通过与顾客保持密切的接触，不断地开发新的增加价值的途径，使双方在长期的伙伴关系中实现双赢，从而反过来促进长期伙伴关系的深入发展。

但是，致力于建立伙伴关系的销售人员也往往会受到竞争和伦理的挑战。当竞争对手对自己产品做了夸大的宣传，或者在顾客受错误信息的误导而提出过分要求时，销售人员为了维持顾客关系也可能产生做出根本无法兑现的承诺的冲动。但是，真正相信关系推销和伙伴关系的销售人员仍然会坚信，真诚和公平地对待顾客是确保重复购买的最好方法，伙伴关系决不能依靠不符合伦理道德的手段来建立。

3. 伙伴关系的发展

近十几年来，伙伴关系正在朝其最高形态——战略联盟的形式发展。战略联盟通常是由具有相似的业务利益，因而能取得共同竞争优势的多个公司所组成的。战略联盟的目标是通过与另一些在产品或服务方面能实现优势互补的公司进行合作以取得市场优势。战略联盟的出现创造了新的推销环境，也对人员推销产生了深刻的影响。在战略联盟的形成和发展过程中，推销重点应是销售人员的建议和帮助，而不是某种具体的产品或服务。销售人员还需要与来自于研究和开发、制造和采购、财务和分销等部门的人员一起组成团队共事，最终实现共赢的目标。

1.4.4　增值型推销

市场竞争不仅使供应商面临着众多的竞争对手，而且其利润空间也正在不断地被挤压。因此，客户心目中理想的供应商应当是既能帮助他们留住他们自己的顾客，又能提高他们盈利能力的组织或个人。

由此可见，增值型推销中销售人员不能再仅仅只关注自己能否成功，相反，应把关注重点放在自己能给客户带来多大的帮助上面。如果销售人员能够利用手里的资源帮助客户创造新价值，达到了更高目标，这就是增值型推销。在为客户创造新价值的同时，也会让销售人员自己在激烈的市场竞争中脱颖而出，因此，自己也能得到相应的丰厚回报。增值型推销具有如下一些特点：

（1）增值型推销要求销售人员花费大量的时间和精力去详细了解客户的业务情况。要了解客户的目标是什么，客户最关心的业务指标是哪些，决定客户产品和服务竞争优势的关键因素是什么。

（2）销售人员要深入了解客户的业务运作过程，调动一切可能的资源收集和了解客户业务运作的信息，并在此基础上帮助客户制定业务改进的策略和措施。

（3）不仅要了解客户，还需要进一步了解客户的客户。要了解客户的客户是谁，他们想要什么，他们遇到的问题是什么。因为只有客户的客户的需求才是决定客户需求和动机的最关键因素。

（4）销售人员依靠增值推销的模式来获得订单，产生效益的周期可能会更长，但是，毫无疑义的是这样做会更可靠、更安全。

增值型推销也对销售人员提出了更高的要求和新的挑战。首先，实施增值型推销时，销售人员就不能只局限于跟客户的采购部门打交道了。因为对于客户业务的任何改进都需要得到，如产品设计、生产制造、成本控制等部门的支持、协调和批准。这也就意味着，增值型推销中销售人员不再是只唱独角戏的角色，而应当是一个组织者和协调者，负责组织与协调（如技术、生产、财务和营销等部门专业人员的有关活动），促使和保证相关职能部门之间密切配合。因此，增值型推销往往需要一个销售团队来组织和实施。其次，增值型推销也要求销售人员掌握新的知识，增强自己的分析研究能力、人际交往和协调能力。当然，增值型推销也将使销售人员拥有更大的影响力和决策权，从而使销售人员的职业生涯获得更大的发展潜力。

推销实践 1-3　　　　　**销售到底是卖什么的？**

对于推销到底卖什么？不同的人有不同的认识，就会有多种不同的答案，从而导致推销业绩也会有相当大的差别。每一个正在从事或计划从事推销工作的人都需要认真思考这个问题。

1. 卖功能

对于一个复杂的管理软件系统来说，有成千上万的功能可以去卖。销售人员可以按照菜单一个功能一个功能地给客户做演示。直到客户大喊一声，我要的就是这个功能，然后鸣金收兵。

但是，人们买东西都是为了解决一个或多个的问题，而不是为了买某种功能。即使顾客发现有些功能是他们非常喜欢的，他们也不愿为买功能而出大钱。只有你告诉客户，你能帮助他们解决哪些问题，客户才会动心。卖功能不能成功的原因并不是因为价格，而是客户没有认识所存在的问题，或者没有看到问题的严重性和后果。销售人员要帮助客户发现问题和解决问题，否则就将一事无成。

2. 卖操作

销售人员拿着一套操作指南去见客户，按照某种操作流程（而不是顾客所需要的流程），不停地吆喝，自认为挺适合对方。当客户提出一个或多个异议时，销售人员就开始紧张。因为你的东西完成不了。怎么办？改产品，技术人员不答应；改需求，客户不答应。卖操作时，客户所记住的永远是你的产品没有解决的问题，而不是产品能够解决的问题。世界上没有十全十美的产品，这样销售人员就陷入了进退维谷的困境。

3. 卖文化

卖文化看起来很虚，其实是实实在在存在的。做咨询就是卖文化。卖文化就是让客户因为相信你的价值观、人品目标或理想，而购买你的产品。对于复杂的销售行为，客户几乎都是因为相信供应方的文化而购买产品的，很少有因为相信产品而决定购买的（简单销售是可能的）。

4. 卖利益

客户买东西的目的就是解决问题，获得利益，特别是财务利益。但问题关键是，客户自己往往也搞不清楚究竟想要获得什么样的利益。如果销售人员能够说清楚，并能说服客户接受，则离成功就不远了。

站在企业老板的角度，要他们花钱时，他们首先会想到这笔钱是费用还是投资。如果是费用，则能省就省；如果是投资，则就想赚不赚钱，能赚多少钱。如果能让客户"确信"花的钱远小于赚的钱，则就能成交。推销难就难在"确信"两字上。这就要求销售人员既懂财务知识，又掌握说服技巧。

5. 卖风险

老板们除了关心钱，还关心什么？风险。当老板的主要工作就是每天在风险和收益之间做平衡。如果能给老板减少风险，老板就一定喜欢。风险有很多种，包括公司的风险和个人的风险。公司风险包括管理风险、市场风险和成本风险等。个人风险主要是前途风险。练就一双善于发现问题和减少风险的眼睛，销售人员实际上就发现了一条通向成功的道路。例如，替老板解决了费用控制问题，让公司的财务情况大为改观，自然就能轻而易举地让老板付一大笔钱。不过，要炼成这种本领并不容易，需要下工夫去研究老板所关心的问题和他的需要。

6. 卖战略

卖战略是最顶尖的销售高手们经常干的事。战略利益包括竞争优势、市场份额、销售速度和解决生存问题等，这些都是卖战略的切入点。卖战略是最难的，也是价值最大的。这需要特别了解客户，特别了解自己的产品和解决方案，特别了解客户的战略和自己产品或方案之间的联系。卖战略在很多情况下并不是替客户制定战略，而是在客户制定战略的基础上锦上添花，也同样能取得销售的成功。当然，这也需要花很大的力气，但对于大项目销售来说，是完全值得的。

无论是卖功能还是卖操作，都只属于战术性的销售，不仅难以成交，即使勉强成交也不可能卖出高价来。而卖文化、卖利益、卖风险和卖战略等则都是战略性销售。战略性销售强调完全站在客户角度看问题，紧紧围绕解决客户问题来展开销售活动。而卖功能和卖操作则是完全站在自己的角度来看问题的。

同样的销售，可以卖上述六种不同的东西，但这六种东西是有顺序区别的。如果把这六种东西看成是六条鱼，那么后面的鱼一定可以吃掉前面的鱼。能够提供更大鱼的销售人员就是顶尖的销售人员，往往就可以吃掉那些销售较小的鱼的销售人员。

销售的格局决定了销售的结局。当一个销售人员在决定向客户卖什么东西时，往往也就决定了他的策略、价格和结果。

资料来源 崔建中. 我是如何在五分钟内逆转陪标者地位的［J］. 销售与市场，2010（6）：56-59.

主要概念

内勤销售员　　外勤销售员　　现场销售人员　　销售工程师　　专业销售人员　　顾问式推销　　战略型推销　　伙伴关系推销　　增值型推销

基本训练

@ 知识题

1. 什么是人员推销？谈谈你对人员推销内涵的理解。

2. 为什么"兜售"和"强力推销"并不是现代人员推销的正确观念的和做法？谈谈你对现代人员推销含义的认识。

3. 什么是顾问式推销？请举实例说明。

4. 什么是战略式推销？请举实例说明。

5. 什么是伙伴式推销？请举实例说明。

6. 什么是增值型推销？请举实例说明。

7. 在学完本章内容以后，重新浏览本章开头的引例，也用一句话归纳自己对推销的理解和认识。

@ 技能题

1. 为什么说在大多数机构中销售人员扮演着其他任何销售渠道所无法替代的角色？

2. 总结说明自己所经历的最难忘的推销或被推销的事例，并总结其中成功和失败的经验和教训。

3. 美国有位著名企业家曾经说过："如果你爱惜这个人才，那么就让他去做销售吧！如果你憎恨这个人，那么也让他去做销售吧！"为什么？谈谈你的看法。

4. 说明像律师、医生、会计师、工程师和其他专业人员也需要掌握推销知识和技能的原因。

5. 学生自行联系一家企业，并拜访其中一位老销售人员，着重了解以下的内容：

（1）该销售人员的岗位职责和日常工作内容；

（2）该销售人员是如何做好推销的准备工作的；

（3）该销售人员叙述一次典型的推销经历。

6. 认真研读"推销实践1-1：推销老手与推销高手之间的差异"，分析自己与推销老手，以及与推销高手之间的差距各有哪些，并说明缩小这种差距的计划和办法。

7. 认真研读"推销实践1-3：销售到底是卖什么"，以自己所熟悉的某种产品或服务为例，说明可以推销的几种不同方案。讨论有些销售人员只能推销较小的鱼而不能推销较大的鱼的原因。

第2章 推销要素与推销三角定理

知识目标：深刻理解推销基本要素的含义及相互关系；深刻理解推销三角定理的含义。

技能目标：掌握利用推销基本要素提升业绩的技能；培养应用推销三角定理开展成功推销的素质和技能。

引 例

做销售的究竟是否需要深入了解产品和公司呢？最近何克一直在思考这个问题。

何克自大学毕业后进入某机械制造集团公司工作。该公司规定，凡是应届毕业生一律要先到公司的基层单位或部门工作3~6个月。前3个月在制造车间顶班工作；后3个月根据情况分配安排在不同的车间、仓库或其他基层科室工作。

何克在学校学的是工商管理，到该公司应聘的是销售岗位的工作。因此，何克认为一起进公司的那些学习机械加工和设计的工科专业的人确有必要去车间劳动，而对于他这样既不学机械、今后也不打算从事机械加工和设计的人来说，简直是浪费时间。因此，他专门写了一份报告，要求直接到销售部工作，希望缩短今后熟悉工作环境和流程的时间，可以更快地"进入角色"。

可是，何克的报告并没有被批准。领导要求何克也要像所有新进公司的其他人一样到车间或其他基层单位边劳动，边熟悉产品，边了解公司。后来，何克觉得公司这样安排的目的是要培养大家的劳动纪律和负责爱岗的精神。所以，他想只要自己表现出色就一定能提前结束这段劳动实习期，尽快到销售部门"上岗"。

3个月后，公司为部分与何克一起进公司的新同事安排了正式的岗位，却要求何克与其他部分人继续在不同部门之间进行流转。这次公司人力资源部把何克与其他准备从事销售工作的新同事一起安排在成品仓库工作。第5个月时他们又被安排到质检部门工作。眼看毕业以后5个月快过去了，自己连销售岗位都还没有定下来。他还不知道下个月自己要到哪里去。内心有点焦虑。他怀疑公司的这种做法是否合理，自己从中能得到什么收获呢？

何克准备抽空与自己的大学老师做一个沟通，就5个月以来的情况谈谈自己的看法，听听他们的意见。

2.1 推销基本要素

任何推销活动都是由销售人员、所推销的产品或服务以及被推销的顾客所组成的，他们分别代表了推销主体、推销客体和推销对象，构成了推销活动的三个基本要素。成功的推销过程，就是销售人员运用各种有效的推销方法和技巧，说服推销对象接受所推销产品或服务的过程。推销活动的成效往往是由这三者之间的相互作用和协调程度所决定的。因此，保证推销活动中三者之间关系的协调配合是实现推销目标的基本要求。

2.1.1 销售人员

销售人员是推销活动的主体，在推销活动中起着关键性的作用。要实现成功的推销，销售人员既应当拥有一定的基本素质，也需要具备某些技能和能力。

1. 销售人员应有的基本素质

（1）对综合素质的要求。现代推销工作面临着日益多变的市场环境、日趋激烈的市场竞争和越来越成熟的消费者，对销售人员基本素质也提出了新的挑战和要求。因此，有人对销售人员的素质提近乎苛刻的要求。他们认为一个优秀的销售人员应当具有科学家的头脑、艺术家的心灵、企业家的魄力、工程师的双手和劳动者的双脚。虽然这个要求显得过于苛刻和理想化，但是从工作的性质和要求看，这种要求是一点也不过分的。

第一，要有科学家的头脑。这是因为推销并非是一种人人都能干的简单劳动，它需要丰富的知识和高度的创造性。一个合格的销售人员必须掌握市场调查预测的方法，善于通过对各种现象和大量数据资料的分析，掌握消费者的动机，发现潜在的购买欲望，掌握市场需求的发展趋势。推销也不仅仅只是把现有产品销售给顾客，而且要根据科技发展的新成就，不断以新产品来满足市场需求。这就需要销售人员把握新产品发展的方向，协助公司的研究开发部门不断开发和完善新产品。所有这些都要求销售人员具有科学家的头脑。

第二，要有艺术家的心灵。推销既是一门科学，又是一门艺术。艺术家出自他们对生活的深刻理解和诚挚的感情，能够以新鲜的眼光来看待周围的事物，从中敏锐地感觉出人们的欲望和需求。销售人员要成功推销产品，同样也必须具有这种洞察力和感情，善于分析和发现人们的喜好、需求和欲望。由此可见，销售人员既要眼观六路、耳听八方，又要因地制宜、随机应变。对于推销而言，不存在固定的程式和僵化的手段。因循守旧和生搬硬套的做法与推销艺术是水火不相容的。

第三，要有企业家的魄力。如果仅仅是把推销工作简单地看成是通过买卖产品赚钱来谋生的一种手段，销售人员常常会知难而退，或者频繁地调换工作，难以取得成功。推销的特点是需要先有投入，随后才有可能有收获，而且收获和回报总是滞后的。坚持等价交换的做法往往难以达到预想的结果。推销更需要持之以恒，成功需要长期的积累和全身心的投入。只有对自己所服务的企业怀有高度的归属感，像对待自己公司一样来对待所服务公司的那些销售人员才有可能坚持长期的投入，克服各种困难，最终取得成功。

第四，要有工程师的双手。推销并不是能说会道的代名词，光靠巧言善辩并不能达到推销的目的。顾客希望销售人员是专业性的顾问，为他们的购买决策提供事实和建议。因此，销售人员应当非常熟悉自己所推销的产品，对产品的制造过程、品质、功能、特性、价格和保养等内容了如指掌。同时，也需要掌握市场上同类竞争产品的特性，能为顾客提供各种技术咨询。在很多情况下，销售人员也需要对产品性能进行诊断，必要时能够修复或排除产品的故障。所有这些都要求销售人员具有工程师一样的动手能力。

第五，要有劳动者的双脚。劳动者的双脚是指要求销售人员具有强健的体魄和勤劳的精神。作为推销对象的潜在顾客往往分布在天南海北，销售人员要不断提高业绩常常需要走南闯北，甚至走遍城乡各地。随着竞争的日益激烈，不仅拓展新业务需要拜访新客户，即使想要维持老客户也同样需要多次拜访客户，以便增加与客户之间的友谊。尽管随着社会经济的发展，销售人员已经不再需要用双脚赶路了，但是，许多推销工作仍然需要销售人员长期在外奔走，这就必须具有勤劳的素质。

（2）对思想素质的要求。一个合格的销售人员在思想素质方面应当具备下列一些基本要求：

第一，强烈的事业心。推销是一项充满挑战、竞争和困难的工作，只有热爱推销工作，真正喜欢推销工作，具有强烈事业心的销售人员才能保证全身心地投入工作，不屈不挠地克服种种困难，实现自己的绩效目标。那些缺乏事业心的销售人员，要么仅仅是把推销工作看做一种不得已的选择或谋生手段，从而在困难面前调换工作，或者满足于眼前的温饱，不思上进，结果推销业绩只会在低水平徘徊，他们可能会在推销工作中弄虚作假、坑蒙拐骗、以次充好、见利忘义、损公肥私，甚至违法乱纪，到头来断送自己的前程。可见，缺乏强烈事业心的销售人员常常是很难取得长期推销成功的。

第二，高度的责任性。成功的销售人员往往需要扮演多种不同的角色，要求具有比一般人更高的责任心。首先，销售人员作为自己公司的一员，需要努力完成所规定的推销任务，为促进企业的发展和提高企业的声誉做出贡献。这就需要销售人员对自己所服务的企业具有高度责任性。销售人员应当站在自己公司经理的立场和观点上来进行推销，这样就会更容易理解企业对销售人员的要求和销售人员自己的责任了。其次，成熟的销售人员都会认识到自己对于顾客的责任。顾客购买某种产品，往往不仅仅是对所买东西感到满意，而且也是对销售人员产生信任和好感的结果。销售人员必须保证使顾客获得利益。当顾客提出任何请求、意见，甚至是投诉时，销售人员需要做出及时的反馈，帮助顾客解决问题和困难。任何应付和推托客观原因的做法都只能导致随后推销的失败。

第三，强烈的进取精神和竞争意识。推销充满了困难和竞争。销售人员常常需要承受拒绝、挫折，甚至是失败的压力。推销更是一种毅力的较量。坚韧不拔的进取精神和富有竞争意识是成功销售人员必须具备的基本素质。只有拥有这些基本素质的销售人员，才能在面对困难或遭到顾客拒绝时，表现出坚强的意志，不会产生通常所不可避免的沮丧，比别人坚持更长的时间，从而取得成功。

（3）对业务素质的要求。许多销售人员往往片面地认为，销售人员的业务素质就是谈判的技巧、实施计谋和揣度别人心理的能力。所以，有些销售人员往往把精力过多地放在研究谈判技巧、方法和谋略上。其实，尽管研究推销技巧、改进推销方法是必要的，积累和掌握消费心理、沟通和谈判技巧等也都是销售人员业务素质的重要内容，但是销售人员更需要注意的是，与推销有关的知识往往与技巧和方法是同样重要的。忽视与推销有关知识的销售人员很难达到成功的销售人员素质的要求。优秀的销售人员应当是求知欲强、知识面广，只有这样才能具备良好的业务素质。一个业务素质良好的销售人员应当掌握如下知识：

第一，企业知识。销售人员需要熟悉企业的发展历史和现状，熟悉本企业的经营特点、发展战略、企业文化，更需要掌握企业的产品种类、服务项目和业务流程等。只有那些掌握了企业创建和发展过程有关背景资料的销售人员才能在与客户交往中更加得心应手，以自身对于企业的自豪感和归属感来感染客户，获得客户的认同和支持。

第二，产品知识。一个合格的销售人员应当熟悉自己所推销产品的性能、用途、价格、安装和维修保养等知识，以及竞争产品的情况。成功的销售人员更需要熟悉产品的生产流程、方法，甚至工艺情况。只有掌握了足够的产品知识，销售人员才有可能拥有自信，在推销中表现出热情和自豪感。在与客户沟通和谈判中，也只有掌握了足够的产品知识，才能成功地解答客户的提问，帮助解决客户的困难，战胜客户的拒绝。同时，也只有掌握足够的产品知识，才有可能为产品找到新的顾客，不断扩大自己周围的客户群，提高推销的业绩。

第三，市场知识。合格的销售人员应当掌握市场营销的基本理论和技能。应当熟悉市场营销的基本原理、策略和方法，掌握市场调查和预测方法；一个成功的销售人员更需要掌握自己所服务企业的目标市场的需求特点和供求状况，了解竞争企业的状况和特点。当然，对于销售人员来说，除了掌握推销理论知识和技巧外，了解并熟悉与目标市场有关的政策、法令和法规也是非常必要的。

第四，客户知识。销售人员需要掌握顾客的购买和消费心理、购买动机和习惯方面的知识。只有掌握了顾客的购买条件、购买方式和时间，了解客户中间是谁掌握了购买决策权，销售人员的工作才能更有针对性。对于特定产品来说，销售人员既要了解产品对于客户的主要用途，也要了解次要用途，以及具体客户的需求特点，这样才能针对具体客户所面临的特定问题和困难，推荐一种适当的购买方案。

（4）对个性和体魄的要求。推销工作既是一项复杂的脑力劳动，也是一项艰苦的体力劳动。因此，销售人员必须具备良好的个性和健康的体魄。

第一，销售人员应当有良好的个性。

① 销售人员的个性应当是热情、友好、坦诚和充满激情的。热情应当是销售人员性格的重要特征，友好是推销工作本身所需要的，而坦诚则是推销工作的成功和建立与客户之间友谊的基础，激情是成功推销的必要条件。热情也就是对周围的人和事也要像对自己的事一样感兴趣和关心，容易接受别人。友好就是要喜欢与别人沟通，善于与各种性格的人打交道并建立友谊。坦诚就是愿意随时表达自己的观点和意见。激情其实是热情的个性在工作方面的表现。如果对工作没有激情，推销就会变得毫无生气，缺乏新鲜感，也就难以引起人们的兴趣了。激情也有助于克服恐惧，有助于事业上的成功。而踌躇、懦弱和不喜欢与陌生人接触的个性是推销工作的大敌。

② 销售人员的理想个性应当是复合型的。许多企业总认为销售人员最好是性格外向的。所谓性格外向就是一个人对周围的人和事要比对自己的事更有兴趣，喜欢同别人打交道，善于与不同性格的人建立友谊，还愿意随时表达自己的观点和意见。确实，性格外向的人给人的第一印象一般会更好，与这类人在一起可以很快变成好朋友。但是，性格外向的人如果仅仅依靠自己的个性力量开展推销工作，就可能会有"一锤子买卖"的倾向。若要保持长期的业务关系就需要特别的努力了。相比之下，内向的性格虽然在与陌生人打交道中是不利的，但是这种拥有个性的人如果能彻底地研究所推销的产品和服务，掌握更全面的知识，从而做出有创意的陈述，在顾客服务方面也许能比其他人做得更好。由此可见，一个理想的销售人员应当是具有内向型个性特点的外向型性格的人，或者说在自己职业活动中表现出若干外向型个性特点的内向型性格的人。在现实生活中，我们经常能发现某些不善于言辞的销售人员也能取得巨大的成功。这些人尽管语言笨拙，但若能用真诚打动对方的心灵，照样能够取得成功。

③ 销售人员应当是个性圆滑的。个性圆滑就是在处理事情时既要达到自己的目标，又不能伤害别人，要巧妙地使得有关各方都感到满意。个性圆滑也是一种善于处理尴尬局面，使得有关各方能够继续体面地保持沟通和交往的能力。推销工作需要与各种不同类型的客户打交道，难免会遇到与对方利益冲突或者遭受对方拒绝，甚至受到谩骂等不礼貌对待的情形，缺乏圆滑个性的人常常感到难以应付，甚至产生无地自容的感觉，在感情上遭受巨大的打击。但是，个性圆滑

的销售人员就能找到巧妙的应对办法，化解不必要的尴尬，始终保持一种愉悦的心情，去迎接挑战，从来不会因遭受挫折和困难而逃跑。

第二，销售人员要有强健的体魄。销售工作难免需要出差旅行，还可能需要日夜兼程，工作时间长，劳动强度大。在长途旅行以后，带着一身疲惫不堪，但是往往又必须迅速投入工作，有时还是无休止的谈判。到陌生地区出差经常需要适应不同的环境条件。有些产品的推销还经常需要销售人员帮助客户进行产品的安装、调试、操作和维修。此外，还经常需要按照客户的要求来调整自己的工作时间和计划，加班和轮休可能是经常发生的。所有这些都要求销售人员具有健康的体魄，能够适应多变的环境、高强度的劳动和巨大的精神压力。对于那些追求严格的"朝九晚五"的安逸生活的个性的人来说无疑是一个严峻的挑战。

推销实践 2-1　　是否应当招聘这样的人作为推销人员

有一家著名的公司要招聘十名销售人员。前来应聘的人数多达几百人，竞争非常激烈。经过一个星期的包括笔试和面试相结合的评价，公司最终从几百人中挑选出了十名入选者。

入选者的名单提交给出公司总裁后，他发现面试时给他留下最深刻印象的 A 先生竟然不在名单之中，于是吩咐人事部门去复查考试分数的统计情况。

经过复查，人事部门发现 A 先生的笔试和面试成绩确实都相当不错，但由于秘书在分数登录时的失误把成绩的排名搞错了，才使 A 先生没有能进入前十名。总裁立即让人事部门改正错误，尽快找到 A 先生，说明情况，请他立即来公司上班。

第二天，人事部门向总裁报告了一个令人吃惊的消息：由于没有接到公司的录取通知书，A 先生竟然自杀了，幸亏有人发现，抢救及时，现在还在医院治疗。人事部门的主管说："太可惜了。这样一位有才华的年轻人，我们差点失去他。等他出院后就叫他尽快来上班。"

公司总裁听了后摇摇头说："不！幸亏我们没有录取他。这样的人是成不了大事的。一个没有勇气面对失败的人又如何去做销售呢？"

你认为当时究竟应当录取他，还是不应当录取他？

资料来源　佚名. 松下著名招聘故事三则［EB/OL］.［2013-05-21］. http：//www.doc88.com/p-218659173406.html.

一个优秀的销售人员还必须是充满自信的。自信就是要漠视挫折，具有坚韧不拔的性格和百折不挠的精神。自信是人们产生积极行为的源泉，会激发出争取成功的动力，也是推销成功的关键。缺乏自信，总是担心行动会招致失败，害怕失败后的结果，不敢再努力，就会失去成功的机会。所以，成功的销售人员不仅会勇于迎接竞争对手的挑战，也总是与自己开展竞争，培养自信，

不断进取。

此外，销售人员还要有良好的生活和工作习惯，具有较强的自制和自励能力，要能在处于挑战与挫折、紧张与压力的条件下，不至于半途而废或感染上某些不良的习惯。

2. 销售人员应具备的技能和能力

具备了销售人员基本素质的人只是拥有了当一名好的销售人员的基本条件，但并不一定就能成为成功的销售人员。一名杰出的销售人员除了具备基本素质外，还应当有某些推销所必需的技能和能力。

（1）良好的语言表达能力。销售人员走访客户、进行沟通和谈判、说服顾客直至异议的处理，总是需要从销售人员的语言表达开始的。成功的推销需要销售人员利用语言准确地表达所要推销产品的信息，也要保证推销对象清楚地了解所推销的产品，并把自己对于公司及产品的感受传达给对方。良好的语言表达能力是销售人员必须具备的能力。语言贫乏、词不达意、思路不清、逻辑性差、拙嘴笨舌的销售人员是很难被顾客所接受的，他们也就很难获得客户的订单了。所以，销售人员需要通过锻炼，掌握交谈和演说、陈述和说服等技巧，既清楚地表达自己的思想和观点，又能解答客户所提出的问题和疑虑。

（2）较强的社交能力。产品的推销过程实际上也就是一个信息沟通过程。成功的销售人员必须熟练地掌握沟通的技巧，善于与各种不同的人交往，发展并维持与客户之间的长期稳定的关系。推销工作的特点要求销售人员在较短的时间内就能取得对方的信任、理解和支持。这更是对于销售人员社交能力的挑战。为此，成熟的销售人员在与客户交往中不仅要表现出待人随和、热情诚恳，而且还要设身处地，从客户的观点出发考虑问题，为客户解决问题和困难，而且要掌握丰富的专业知识、兴趣爱好广泛，与客户交往中能迅速找到共同语言，从而建立起伙伴关系和友谊。

（3）敏锐的洞察能力。推销需要与各种不同类型的客户打交道，但许多客户为了从交易中获得尽可能多的利益，往往并不愿意直接表明自己的真实意图。为了在接近客户时和在业务谈判中掌握主动权，销售人员经常需要识别顾客的真实意图和动机。同时，销售人员也需要在与客户的交往中迅速对客户的购买意向和购买力做出正确的判断，并决定应当采取的策略。这些都需要销售人员具备敏锐的洞察能力，并针对客户的具体情形采取适当的刺激手段，并最终达成交易。

（4）高超的应变能力。推销是一种互动性的行为，要求销售人员的适应能力强，反应速度快，面对困难与挫折能够冷静应对，善于变被动为主动。销售人员虽然在与客户接触前，一般会对推销对象进行一定的调查，并事先制订推销方案，但是在与客户具体接触时往往还需要根据当时环境和客户的情绪状况，对策略和技巧做必要的调整。由于客户的情况千差万别，推销中难免会出现意想不到的情况。对于推销过程所出现的各种意外的变化，销售人员也要能够随机应变，立即采取适当的对策。这种应变的对策往往是事先无法全部罗列清楚，也无法周密地拟定完善的，只能依靠销售人员的高超应变能力来处理。

（5）足够的自我控制能力。销售人员往往在远离本公司的情况下从事业务活动。在大多数时间里会处于无人控制、无人管理的状态之中。没有足够的自我控制能力，销售人员常常会养成各种陋习。同时，销售人员的工作性质也决定了有很多机会接触资金和产品，承受着巨大的现金和物质上的诱惑，缺乏自我约束和自我控制的能力就有可能做出违纪违法的事情来。

此外，推销工作富于挑战性，经常会遭受到冷遇与拒绝，没有足够的自我控制能力就会在巨大的工作压力之下失去工作的热情，采取逃避的态度。销售人员如果能树立积极的自尊，就能够不断学习和成长，并获得更大的成就。但如果只有消极的自尊，并且期望失败，他就一定会失败。所以，对于销售人员保持乐观的情绪是非常重要的。

推销实践 2-2　　　　公司眼中的理想销售人员

一家跨国公司招聘一名营销总监，经过层层筛选后，还需要对应聘者中间的三名佼佼者进行最后的考核。三名应聘者被带到一家豪华的饭店，并为每个应聘者分配安排单独的一个房间。房间内各种生活用品一应俱全，但是没有电话，也不能上网。主管考核的人只是告诉他们，要耐心等待考题的送达。

第一天，三个人都略显得兴奋，看看书报，看看电视，听听音乐，不知不觉地就过去了。第二天，三个人的情绪开始出现了差异：因为迟迟等不到考题，第一个人变得焦躁起来；第二个人不断地更换电视频道，或反复翻看某一本书；只有第三个人，跟随着电视节目的情节快乐地欢笑着，还津津有味地看书，踏踏实实地睡觉……第三天，考核的题目依然没有送达。第一个人开始在屋里不停地转悠；第二个人对电视节目完全失去了兴趣，不知所措地把几本书翻了又翻；第三个人则千方百计地在屋子里找事做，一会儿找点吃的，一会儿睡一觉。

三名候选人的一举一动都被传达到了主考官那里。五天后，主考官对三人说出了最终的结果——能够坚持快乐生活的第三个人被聘用了。主考官解释说："快乐是一种能力，能够在任何环境中保持一颗快乐的心，可以更有把握地走近成功！"

资料来源　魏婷. 快乐是一种能力 [J]. 市场报，2007（1）：3.

3. 销售人员应有的仪表、风度和行为

每个成熟的销售人员都懂得，要实现成功的推销，首先就需要实现自我推销。自我推销的真正含义就是为了让一个陌生的顾客接受所推销的产品，首先就必须让对方认同自己，对自己产生好感，建立信任感。销售人员面对一个陌生的顾客，若无法很快获得对方的信赖，则几乎不可能得到成交机会。只有那些很快能够被顾客所接受，迅速获得顾客信任的人，才有可能取得成功。所以，成功的自我推销是整个推销活动成功的起点和基础，也是推销活动能否深入发展的关键。如果销售人员本身就不能为顾客所接受，又怎么能期望顾客购买他所推销的产品呢？相反，要是通过自我推销博得了顾客的好感，顾客往往就会被销售人员的诚意、热情和敬业精神所感动，推销才有可能实现预定的目标。

能否实现成功的自我推销主要受销售人员待人接物过程中的仪表、风度和行为的影响。任何一个渴望成功的销售人员应当从下列几个方面来努力改进自我推销的效果，不断提高销售业绩：

（1）诚实是自我推销的成功之本。任何成功的自我推销都必须建立在"以诚为本"的基础上。销售人员要诚实地对待顾客，诚实地对待他所推销产品。只有以诚恳的态度对待顾客，才有可能取得顾客的信任，促使其做出购买决策。也只有诚实地对待自己所推销的产品，相信它确实能为顾客带来快乐和利益，才能产生对所推销产品的热情，并通过沟通把这种热情传递给顾客，使顾客对销售人员本身和他的产品产生兴趣和好感，最终决定购买。

站在顾客的角度看，他们也确实只喜欢那些诚实可靠的销售人员。美国有一家大轮胎公司曾经对它的 500 家主要代理商的经理做过一次问卷调查。对于"你最喜欢哪一种推销员"的题目，结果有 50% 以上的人选择了"我最喜欢人品好的销售人员"的答案。这里所谓的人品好就是表示诚实和值得信赖。

但是在现实中，某些销售人员为了达到立即成交的目的，总是向潜在顾客做出很多实际上难以实现的承诺，有的更是故弄玄虚，或者隐瞒真相，说假话，甚至还有欺骗。所有这些不诚实的行为最终都会失去顾客的信任，从而导致推销的失败。相反，如果诚实地对待顾客，即使一时不能达到与顾客成交的目的，往往也能逐渐取得顾客的信赖，迟早可以获得成交的机会。确实，国内外的大量的推销实践也证明，采取诚实的态度对待顾客，坦诚地与顾客沟通，即使与顾客之间出现某些分歧，也开诚布公地向顾客说明真相往往是促使顾客采取购买行动的最有效的办法。

不过，值得注意的是，诚实应当是与常识相融合的。有人说，诚实并不意味着要说出所有的话，而是说那些该说的实话。这是有一定道理的。有时，销售人员说了不该说的实话就可能会影响到顾客对于他的信任，从而对成交产生不良的影响。例如，如果销售人员对于自己公司或者产品的缺点说得过多，过于直率，或者太随便地表示出了对于客户公司缺点和不足的看法，就会影响客户对销售人员的信任，不利于成交。

（2）良好的仪表、风度和行为有利于尽快获得对方信任。推销对象大多是陌生人。给陌生人的第一印象既可能打开销售之门，也可能关闭成交的大门。在许多场合下，推销工作的成败往往是由顾客对销售人员的第一印象所决定的。因此，销售人员一定要珍惜给人以第一印象的机会。因为每个人给别人创造第一印象的机会只有一次，所以，无论如何都要把握好这个机会。销售人员的仪表和风度是造成顾客第一印象的最直接因素。而其中，特别是服饰仪容和言行礼节更起着特别重要的作用，在很大程度上决定了顾客对他的基本看法。

第一，服饰仪容往往是一个人教养、性格和地位的象征。从道理上讲，人们应当看重一个人的内在素质，而不是看其外表。但是，人们又确实常常以外表，尤其是服饰仪容来打量和判断一个陌生人的可信赖性。因为在与陌生人打交道时，仪表毕竟是借以判断一个人的最简便、最直接的工具。正如从道理上讲，人们不应该根据一本书的封面来决定它的价值，但现实是，如果一本书的封面没有吸引力，人们往往就不会去注意那本书的内容了。由此可见，销售人员的服饰和仪容如何，确实将影响他在人们心目中的印象，而这种印象就将直接决定人们对他的看法和对待他的方式。有一位有名的销售人员曾经说过："服装不能造就完人，但是最初见面时给人印象的 90% 却产生于服装。""服装确实能决定与人见面时的第一印象。"在产品交易中，人们喜欢以貌取人的现象，对于销售人员来说，其实是一次机会。销售人员只要注意到自己的服饰仪容，就能更加显示出信心十足，精明能干，更可爱，更风趣，也更可信。

站在顾客的角度看，对于销售人员服饰仪容的要求应该是整洁、悦目、合身、适合环境和季节，与年龄相配且持重大方，要利用得体的服饰显露出自己的权威、风度和成功的风采。为此，销售人员在服饰仪容方面特别要注意如下几方面：

① 销售人员特别需要保持服饰仪容的整洁。一个销售人员如果蓬头垢面，不修边幅，不讲卫生，或者不刮胡子，不剪指甲，一开口就露出满口黄牙，衣服质地虽好，品牌知名，但不洗不烫，皱皱巴巴，显示出一副邋遢窝囊的样子，顾客看了就会产生讨厌的感觉。他们往往会联想到销售人员所推销的产品也就可能是那种肮脏的垃圾货，所代表的企业可能也是那种陷入困境的破败公司。要是顾客对销售人员产生了这种第一印象，即使推销的是最好的产品，再怎样促销也将是徒劳无益的。但是，另一方面，也应该看到，销售人员需要经常出差，长期的旅行使得要每天保持服饰仪容的整洁并不容易。只有充分认识到它的重要性，并采取必要的应对措施才能做到始终保持服饰仪容的整洁。

② 销售人员的工作服饰仪容应当给人以一种稳健的印象。销售人员的服饰和仪容应当使客户觉得是个值得交往和信赖的人。因此，服饰应当雅俗共赏，避免穿着过分华丽花俏的服装。对于那种只是短暂流行的服装也不穿为宜。因为销售人员如果衣着怪异刺眼，顾客往往就会怀疑这个销售人员是否可靠，值得信赖。因此，许多企业对于自己销售人员的服饰都会有严格的规定。在工作过程

中，穿着这类公司规定的服饰一般是最安全的。

③ 销售人员的服饰要因地制宜。服饰仪容既要注意给人造成良好的第一印象，也要有利于消除与顾客交往中的可能存在的隔阂。例如，推销生产资料产品的销售人员，有时需要到生产现场、车间和工地，向那些身穿工作服，正在工作的各种客户开展推销活动。在这种场合，如果一个销售人员身穿高档的正式礼服，无形之中会形成双方交往的障碍。如果销售人员在与某些特定的推销对象交往时也身穿与对方同类的服装，就能打破双方交往中的隔阂，使对方在感觉上迅速建立起认同感，产生信赖。

第二，良好的言行礼节是实现自我推销的有效手段。几乎每个销售人员都知道言行礼节对于推销的重要影响，但是，许多人只是把它看做应付顾客的一种手段。推销的特点要求销售人员必须在日常工作中随时留意各种言行小节，学习应有的礼貌，才能在工作中给顾客以良好的印象。有些销售人员对自己的客户和推销的目标对象显得十分殷勤，甚至不惜用谄媚和奉承来博得潜在顾客的好感和信任，但是，对于不相识的人则显得粗暴无理。这种行为是非常错误的。其实，成功的自我推销要求销售人员对于每一个他所接触的人都要有基本的礼貌，因为任何一个销售人员都不可能知道和他接触的人究竟是不是潜在的顾客，顾客的朋友、亲戚、同事，或者是客户公司中的员工。因为即使目前不是顾客，将来也有可能发展成为顾客。所以，作为销售人员与任何人交往都应该彬彬有礼，给人留下一个良好的印象。

销售人员在言行礼节方面特别需要注意下列几点：

① 遵时守约是言行礼节的重要方面。在访问客户前，应当用电话或邮件等形式与客户就访谈的日期和时间进行约定。对于约定好的时间一定要严格遵守，准时到达，决不可让客户久等。通常，销售人员应当比约定时间提前 5 分钟到达约定地点。如因特殊情况不能遵守事前的约定，也应尽早通知对方，并表示歉意。轻易失约是最不礼貌的行为。人们通常认为，从一个人是否遵时守约就可以看出他对待业务活动的态度。因此，遵时守约也是销售人员塑造自己良好业务形象的重要机会。

② 与顾客交往时要注意掌握时间。访问时间不宜过长。销售人员任何时候都要记住，顾客的时间是很宝贵的，无辜占用或浪费顾客的时间是非常不礼貌的行为。如果顾客在交谈过程中心不在焉，或者不大说话，就应该考虑到对方可能有什么事等着办，或者心情不好。遇到这种情形，销售人员就应及时结束访问，但结束时，必须用一句适当的话作为结束语，使双方分别时仍然保留一种和谐的气氛，切忌露出不愉快的面色，忘记了必要的礼节。和顾客交谈时，还要留心周围环境的变化，如家庭成员催促对方外出，同事和上级要求办理其他事务等也应主动提议结束访谈。

③ 保持微笑有利于建立良好关系。销售人员在与顾客交往中要注意始终

保持微笑。人际交往中，微笑是表示友好意愿的信号，微笑能建立起信任。在销售人员本身看来，用微笑与顾客愉快地交谈，只不过是一些细微小事，但是对于顾客来讲，他会感到友好的对待和尊重，产生良好的感受。然而，要做到真诚地微笑，就必须真正对顾客感兴趣，为顾客的愉快和利益而推销。与之相反，销售人员如果太过于谨小慎微、喋喋不休或者态度消极等也会影响顾客对他的信任。

④ 要注重自我介绍。推销需要结识众多的顾客和朋友，建立广泛的社交联系，经常需要认识素不相识的陌生人，这常常要依靠自我介绍。在自我介绍时注意言行风度是非常必要的。首先，销售人员在遇到顾客或其他朋友时要积极主动地介绍自己的名字。向别人介绍自己就等于是向他保证要为自己的行为负责。这样就比较容易获得对方的信任。其次，在知道了一位陌生客户的名字和称谓后，就一定要记住它。绝对要避免称谓的错误而导致不礼貌的冒犯行为。在随后的交谈中经常称呼对方称谓往往有助于迅速建立起双方的关系。通常，人们在发现别人记住自己称谓时就自然会感到别人对自己的尊重。谈话中经常附带上对方称谓可以让对方迅速产生一种被认同的感觉，也表明了自己对于建立联系的兴趣。最后，在不认识对方，又很想知道对方名字称谓的情况下，要讲究策略。鲁莽地问："你叫什么名字"常常显得不够礼貌。最好找个第三者问一问。知道后，见面时就可以说："您好，×××。"如果不得不直接问对方名字时，也应当说得婉转一些。如："对不起！不知道怎么称呼您？"销售人员由于接触的顾客多，有时遇到打过交道的人，但一时又想不起对方姓名，往往是很尴尬的，很容易失礼。此时，为防止失礼，销售人员还是应该面带微笑地主动与对方打招呼。可以说"我想，我们见过几次面"或者"我想你一定认识我"，随后，根据对方的反应再决定是否需要再做自我介绍了。

⑤ 避免因不良嗜好和习惯造成失礼。销售人员在与顾客接触交往过程中必须努力避免因自己的不良嗜好和习惯而造成失礼。在顾客面前抽烟、酗酒、挖鼻孔和脱皮鞋等都可能影响顾客对于销售人员的印象，而不利于赢得信任。其中，最常见的就是抽烟。许多爱抽烟的销售人员总认为，抽烟是推销职业的需要。的确，对于爱抽烟的顾客而言，交往中递上一支烟对于联络感情，调节气氛或情绪可能有一定的作用。但是，随着社会的发展，人们环保意识的加强，自己不抽烟也讨厌别人抽烟的人已经越来越多了。因此，销售人员已经不应该再把抽烟和递烟看做一种有效的推销手段了。除非能肯定顾客喜欢抽烟，否则销售人员就不应该在顾客面前抽烟。如果实在想抽烟也应该征得对方的同意或换一个地方抽烟。

2.1.2　推销的产品

所推销的产品当然也是影响推销结果的主要因素之一。很多学科都从不同的角度来研究产品，推销理论需要研究的则是为了提高销售业绩，销售人员对于所推销产品应有的认识。事实上，要想取得优良的业绩，销售人员对所推销产品的认识应当比公司内其他部门的员工更加深刻，而且还应当是与众不同的。影响推销效果的主要产品要素以及销售人员对所推销产品的应有认识和看法主要包括以下一些方面：

1. 推销产品的内涵

（1）整体产品的概念。市场营销理论认为，企业向市场提供的应当是一个整体产品。整体产品包括核心产品、形式产品和延伸产品三个基本层次。核心产品是指产品能够给顾客带来的基本效用或利益，这种基本效用或利益是顾客购买决策的主体驱动力。销售人员需要善于发现顾客购买某种产品的真实需求，并从中发现产品能够给顾客带来的基本效用和利益。形式产品是指核心产品借以实现的具体形式。销售人员要与产品的设计和制造人员一起寻找使产品的实际利益得以实现的形式，以满足不同顾客对不同形式产品的需求。延伸产品是指顾客从购买产品中所能获得的附加利益的总和。延伸产品是推销工作最富有创造性的部分。不同销售人员在推销同一种产品时往往能提供不同的延伸产品，从而得到完全不同的结果。所以，想要获得更大成功的销售人员必须具有为顾客不断提供具有更高附加价值的延伸产品的能力。

另一方面，从购买者的角度看，总是希望从所购买产品中获得更大的价值或利益。顾客更愿意从能够使产品增值的销售人员手中购买产品。所以，销售人员应当使所推销的产品不断增值，开展增值性推销，始终比竞争对手提供更多的价值和利益。

从产品增值的角度看，任何顾客在购买产品时对于所购买的产品都会有一定的期望，于是构成了顾客心目中的期望产品。只有当所推销的产品达到或超过了顾客心目中的期望产品时，所推销的产品才可能成功地销售出去。问题在于，不同顾客心目中的期望产品往往是各不相同的。所以，销售人员需要通过调查、观察和沟通掌握潜在顾客心目中的期望产品的信息，为顾客提供适当的期望产品，保证使他们满意。

但是，仅仅出售期望产品只能保证满意，还很难保证顾客的忠诚。只有当所推销的产品超过了顾客本身的期望，也就是为顾客提供他们心目中的完美产品时，顾客才有可能表现出忠诚。完美产品是一种超越了顾客期望的能够为顾客带来某些意外惊喜的产品，从而实现产品价值的增值。要提供增值产品意味着销售人员需要做工作职责之外的更多的服务来超越顾客心目中的期望。最有效的为顾客提供增值产品的策略是提供个性化服务。通过深入了解顾客的需求，把为顾客提供他们最为关注的利益放在最首要的位置上，从而与顾客之间建立起一种合作的、伙伴的双赢关系。

在为顾客提供增值产品的同时，销售人员还需要把握产品今后可能的变化或发展方向。这就要求销售人员掌握潜在产品的概念。顾客的需求和期望会发生变化，竞争进一步导致产品生命周期缩短，所有这些都会催生出新的潜在产品。只有把握潜在产品发展趋势的销售人员才能掌握推销的主动权。但是，把握潜在产品的发展趋势需要长远的眼光，着眼于未来，还需要极大的创造性。这对于销售人员是一种巨大的挑战。

（2）产品质量的概念。产品质量自然是顾客在做出购买决定时需要考虑的重要因素。因此，许多销售人员就会把质量当做推销的主要内容，在洽谈中总是经常地、过分地强调质量问题。但是，销售人员应当认识到，促使顾客做出购买决定的并不是单纯质量一个因素。质量甚至不是做出购买决定的先决条件。事实上，除非顾客对某种产品有需求，而且发生了兴趣，否则单单产品的高质量是无法唤起他们的购买兴趣的。如果顾客没有认识到产品对于他们来说的使用价值，即使再详细地介绍产品的质量也并不能促使顾客采取购买行动。可见，推销不应当是简单地向顾客罗列产品质量的特点。在说服顾客，使其认识到产品将给他带来的利益与好处之前，强调产品的质量是没有任何意义的。

当然，由于质量对顾客的购买决定确实是有影响的，在推销中强调产品质量是完全有必要的。问题是销售人员始终要清楚，强调质量的目的在于激发顾客的购买欲望，而不是推销质量本身。有时高质量能吸引顾客，而有时中等质量甚至是低质量也照样能激发顾客的购买兴趣。可见，顾客并不一定关心质量本身，顾客感兴趣的是产品质量中那些能解决他们所面临问题的质量特点。所以对于质量，销售人员应当强调的是那些能满足顾客的特定需要的质量特点，而不是罗列一大堆质量特点；否则销售人员就可能失去成交机会。

曾经有甲、乙两个同样从事卡车销售的销售人员，凑巧的是他们几乎同时向一家建筑承包商推销卡车。甲所推销的卡车无论在性能、速度、外观造型上，还是经济性方面都超过他的竞争对手乙的卡车。因此，他相信自己能获得合同。在与客户洽谈时，他分别从 13 个方面论述了自己所推销卡车的质量特点，那家作为顾客的建筑承包商反应良好，没有提出任何异议。尽管顾客没有马上答应签订合同，但是，甲对自己的这次推销结果还是相当满意的，他相信顾客迟早是会向他订货的。但是几天以后，甲得知他的竞争对手乙居然已经获得了那家建筑承包商的订货合同，他感到非常惊讶。经过多方了解才知道，原来，乙针对这家建筑承包商对卡车需求的特点，在与建筑承包商经理洽谈中专门强调了自己卡车在运输量和操纵灵活性这两方面的质量特点，而不是简单地罗列产品一般的质量特点。乙知道，对于建筑承包商来说，这两方面的质量特点是最重要的，也是最感兴趣的，所以很快就打动了客户的经理，当即就签订了合同成交。其实，甲的卡车也同样具备这些特点，但由于他仅仅罗列了一些质量特点，没有能引起顾客的兴趣和欲望，就失去了一个成交的机会。

（3）产品定位理论。产品定位是市场营销理论的重要概念之一。它是指公司为了使自己的产品在消费者心目中形成和保持一个明确的形象而采取的各种决策和行动。尽管定位是企业整个营销战略的重要组成部分，需要企业内各部门人员的通力合作，但是我们需要强调的是销售人员在产品定位过程中起着至关重要的作用。我们这里主要讨论与销售人员直接有关的产品定位问题。

第一，销售人员要积极主动地发现产品差异和创造性产品定位。产品定位往往是通过产品差异化来实现的。在各种不同的产业中，竞争性企业之间无一不是通过在质量、价格、便利性、可靠性或其他一些因素上，显得与众不同，从而建立起自己独特的形象而成功地实现定位目标的。但是，即使对于缺乏独特性的产品，销售人员也要善于发现，甚至积极创造自己所推销产品的独特性。正如本章随后的推销实践 2-2 中所说的，寻找产品差异化并不仅仅是产品设计和生产者的责任，同时也是销售人员的责任。成功的销售人员总是能够从顾客需求与自己产品的结合上发现产品差异和创造性的产品定位，从而赢得竞争力。

销售人员实现差异化和创造性定位的途径和手段包括：首先，销售人员在深入了解客户需求的基础上，能够在客户访谈中通过提供定制化的陈述，实现产品差异化和定位的目标。其次，销售人员可以通过提供独一无二的特色服务来实现产品差异化。最后，杰出销售人员的言行举止本身在顾客眼中也是产品差异化的明显标志和特征。

第二，产品定位的发展。企业不仅需要对新产品进行定位，而且也经常需要对老产品进行重新定位。因为消费者的需求和市场竞争态势都可能发生迅速的变化，因此，有可能对于某个产品需要做几次再定位，才能最终适应市场的需求，实现理想的销售业绩。在定位与再定位的过程中，销售人员始终扮演着重要的角色。

首先，除了广告以外，销售人员是企业关于产品定位信息的主要传播者。销售人员在与客户接触和谈判过程中所传递的任何信息，都会直接影响消费者对于所推销产品形象的感受。销售人员实际上是客户获取产品定位信息的重要来源。

其次，销售人员更是企业关于产品定位效果的检测、评价，直至信息反馈的主要渠道。销售人员最经常地保持与客户之间的接触交流，能够获得客户对产品定位的最直接的反应，并有可能从中获得有益的建议和改进的方法。

最后，销售人员对于复杂产品的定位会比广告宣传更有效。利用多种媒体上的广告宣传所传递的产品定位信息，往往只能实现大众市场上的标准化定位。但是，复杂产品的定位，特别是定制化产品的定位需要结合特定细分市场和具体客户的需求，通过大众市场上的广告宣传来定位的效果并不理想。而利用销售人员实现定位和再定位则具有更大的灵活性，可以满足定制化的要求。

2. 产品效用层次理论

销售人员在传递信息、说服客户的过程中，有两种不同的选择。第一种是单纯向客户传达产品的基本效用。第二种是把产品的基本效用与顾客的需求结合起来，也就是传递产品的使用价值的概念。产品的使用价值也就是产品购买者能够从中得到的好处和利益，这就构成了产品效用的两个层次：基本效用和使用价值。

销售人员应用产品效用层次理论应注意如下几个问题：

（1）推销产品基本效用与使用价值是两种完全不同的概念。推销同一种全自动洗衣机的两个销售人员，推销产品基本效用的与使用价值的，其推销内容会完全不同。推销产品基本效用的销售人员可能会强调，所推销的洗衣机是用先进的集成电路控制的，新水流设计，式样美观，价格合理。而推销使用价值的销售人员则可能就会强调，有了这种全自动的洗衣机，就再也不用自己动手洗衣服了，既节省时间，也节省体力，可以把生活安排得更丰富多彩。同样，在推销数码相机的销售人员中，推销基本效用的销售人员只会强调质量可靠，式样新颖，价廉物美，但推销使用价值的销售人员就会强调使用新数码相机照相可以随时随地记录生活中美好的时刻，立刻欣赏到照片的美妙效果，可以带来更美好的纪念和回忆，享受更多的生活乐趣。

推销某种工业设备的销售人员如果仅仅推销基本效用，多半只会强调所推销的这种设备设计科学，结构合理，制造工艺先进，质量优异，价格适中。而推销使用价值的销售人员则会强调，购买这种工业设备将提高生产效率，创造出更好的经济效益，以及对于提高企业和产品竞争力的作用。

但是，现实中绝大多数销售人员在向顾客介绍自己产品时，总是以强调自己的产品价格便宜、物有所值、非常划算为主的。这种说法所强调的只是产品价值，而不是使用价值。无论是便宜、物有所值，还是划算都是相对于产品的生产成本而言，或相对于其他同类产品来说的。可是，如果顾客觉得产品对自己没有什么用处，那么，即使是最便宜、最物有所值的东西，也很难让顾客掏钱购买。可见，单纯强调产品价值或价格一般也并不能激发顾客的购买欲望。只有强调产品的使用价值，让顾客知道购买所得到的利益和好处，才有可能打动顾客，促使购买。

（2）强调产品使用价值的必要性。只强调产品基本效用的做法充其量只能让顾客相信这也许是一个不错的产品。不过，当代顾客生活在一个产品异常丰富的社会，他们每天都处在成百上千条产品广告的包围之中，面临着一大批向他们推销的产品，他们无法对这些可能不错的产品都感兴趣。但是，他们又总是面对着许许多多的困难和问题。如果某种产品确实能解决他们的问题，就较能引起他们的兴趣和欲望。强调产品的使用价值恰恰抓住了顾客购买某种产品或服务的最终目的，通过强调获得产品或服务后能得到的那些利益和好处来激发顾客的购买欲望，自然就有可能成交。例如，人们购买钻机是因为他们需要某种尺寸的孔；人们购买空调或电风扇是因为他们需要凉爽；人们购买轿车是因为他们希望得到轿车给他们带来的交通方便。

其实，很早以前人们从推销实践中就已经认识到了推销产品使用价值的必要性。早在 200 多年前，美国有一个叫约翰逊的博士在拍卖一家啤酒厂的二手设备时就曾经说过："我们出卖的并不是煮酒锅和酒桶，而是人们实现梦寐以求的富裕之道。"当代一家化妆品公司的推销经理也曾说过："在工厂里，我们是在制造化妆品，而在商店里我们是在销售希望。"这两个例子中，销售人员创造性地传递产品的使用价值，自然就能有效地激发顾客的兴趣和购买欲望，促使顾客购买成交。

强调产品使用价值不仅从顾客的角度看是必要的，即使是从销售人员本身的角度看也同样是必要的。

如果不强调产品的使用价值，销售人员不管遇到任何顾客都只能是重复如下内容：产品质量可靠、式样新颖、价廉物美，或者设计科学、结构合理、制造工艺先进、性能稳定、价格合理等。这样，推销过程会变得既枯燥乏味，又毫无针对性可言，效果自然也可想而知。相反，推销产品的使用价值就需要销售人员调研顾客的需求，针对顾客的不同需求，提出对于他们来说的独特的购买产品的利益和好处。于是，推销就变成了一项富有挑战性的工作，要求销售人员不断去研究顾客需求，并据此提出定制化的、因人而异的、富有创意的使用价值方案。同时，推销工作也因此会变成生动的、引人入胜的、改变顾客和销售人员双方生活的美好事业。

2.1.3 推销对象

推销对象是推销活动中最复杂、最需要仔细进行研究的因素。许多学科都会专门从不同角度对作为推销对象的消费者、顾客（客户）以及组织购买者进行研究。本书第 6 章将专门讨论与推销对象有关的问题。这里我们首先整理归纳在推销过程中需要对推销对象进行研究和关注的一些问题。

1. 明确推销对象的类型

推销对象不同，不仅需求不同、消费和购买心理不同，而且对于推销的反应也会各不相同，所以，销售人员需要掌握不同类型推销对象的特点，并针对不同的推销对象，采取不同的推销方法和策略。

推销对象有很多分类方法，下面是几种主要的分类方法和类型：

（1）按推销对象的身份，可以分为个人购买者和组织购买者。个人购买者都是为个人或家庭的需要而购买的，因此，无论是需求还是对推销的心理反应都会表现出更大的差异性。而组织购买者是为组织的生产经营活动或业务需要而购买的，因此，其购买行为会反映出更强的专业性，购买决策要复杂得多，决策参与的人也要多得多。推销需要掌握这两种对象之间的诸多差异，采取不同的推销方法来应对。

（2）按购买行为，可以分为老顾客和新顾客。老顾客因为已经有成交的历史，所以相对来说需要销售人员提供的信息可能比较少。新顾客由于缺乏了解和信任，不仅需要销售人员收集更多的信息，而且一般地说推销会遇到更多的障碍。

（3）按心理特征和行为来分，可以分为多种不同的类型。其中最主要的有：行为果断型、容易冲动型、懂行务实型、考虑周到型、沉默寡言型、犹豫不决型、怀疑偏见型和喜欢辩论型等。针对不同心理特征和行为类型的顾客也需要销售人员采用不同的策略和办法。

2. 确认合格的推销对象

销售人员应当清楚，他的潜在顾客是谁、在哪里。每天销售人员都会面对数量众多的可能的推销对象，但是如果没有明确的推销对象，就只能是盲目推销，结果会因推销效率低下而一事无成。向错误的推销对象推销，则必然导致失败。许多推销实践表明，推销失败的原因就在于销售人员把推销的对象搞错了。所以，任何一个销售人员在着手开始推销以前都应当清楚自己可能的顾客是哪些人，如何从成千上万的人群中找到这些人，如何不断去发现和扩大适当的推销对象，为提高业绩奠定基础。这些问题是推销中需要特别关注的。

3. 分析推销对象的心理和态度

推销效果在很大程度上受销售人员的行为和技巧是否适合于潜在顾客的性格特征和当时情绪状况的影响。所有交易的达成都有各种各样的感情因素在其中起作用。顾客性格、偏好和心理状况不同，对推销的反应和要求也会不同。顾客最终是否购买某种产品也不仅取决于产品本身的好坏和是否存在需要，还往往与顾客当时的情绪有关。顾客心情不好就更可能不耐烦地拒绝任何推销活动。即使当初决定购买的东西，也会找种种理由来加以拒绝。所以，销售人员需要掌握不同性格和心理活动的特征，善于与各种类型的顾客打交道，按照顾客的不同性格特点和情绪来制定对策，促使他们做出购买决定。

站在顾客的角度看，购买活动中存在两种目标：其一是希望得到理想的产品；其二是希望得到销售人员的诚恳、热情、周到的服务。不同顾客对两者的关心程度往往是不同的。有的顾客可能更注重购买产品本身，而另一部分顾客则可能更注重销售人员的态度和服务质量。不同的销售人员在遇到这两种顾客时所得到的结果往往是很不相同的，由此，也要求销售人员进一步规范自己的行为和态度，提高推销的成功率。

4. 客户公司及竞争对手的情况

对于向其他组织推销生产资料类产品的销售人员，就既需要了解与自己产品有关的最终消费者的情况，还需要熟悉自己客户公司以及竞争对手的详细资料。例如：客户公司是生产什么产品的；生产能力有多大；生产中采用什么样的工艺和设备；产品是属于哪个档次的，是高档、中档还是低档；生产中使用什么样的设备和原料，数量是多少，来源是哪些企业；该公司的产品和产量在同行业中所处的排名是什么；公司近期是否有重要的新发展项目等。

除了上述一般性的问题外，销售人员还需要对客户公司目前的采购情况作深入的调研。采购决策机构是由哪些人所组成的，谁掌握着采购的最终决定权，还有哪些人会对采购决策产生影响；公司目前是从哪些渠道采购有关产品的，每次的采购数量是多少；客户公司对于目前的采购渠道是否满意；客户公司如果购买和使用我们所推销的产品是否能够获利等。

为了保证以后与客户公司进行洽谈时掌握主动，销售人员还一定要了解本行业、本地区的主要竞争对手的状况、他们的产品和服务的特点、他们所采取的策略以及发展的动向，只有这样才能明确自己所面临的竞争态势，制定出合理的对策，在顾客坚持与竞争对手进行比较时也能做到胸有成竹、应付自如。

2.2 推销三角定理

成功的产品推销依赖于销售人员是否能够说服作为推销对象的顾客，愿意接受所推销的产品，并采取购买行动。为此，销售人员必须具有说服顾客的能力。要掌握这种能力，销售人员必须以相信自己所推销的产品、相信自己所代表的公司和相信自己实现工作目标的能力为基础。只有对所推销的产品（goods）、所代表的公司（enterprise）和自己（me/myself）怀有完全成功的信心，才有可能使推销成功。推销理论把它简称为推销三角定理或吉姆（GEM）公式。

推销三角定理的真正含义是，任何一次成功的推销都是建立在销售人员充分相信他所推销的产品、他所代表的公司和他自己能力的基础上的。只有相信这三点，销售人员才会有积极性。这种积极性是推销成功的必要条件。大量的实践表明，一个销售人员对所推销的产品缺乏信心是十分有害的；对他所代表的公司缺乏信任是非常危险的；对自己缺乏自信心则是致命的。

2.2.1 树立对产品的信心

要销售人员相信他们所推销的产品，并不是让销售人员盲目地去迷信那些劣质和没有价值的产品，而应当是建立在事实基础上的一种正确认识。有的销售人员企图拼命地推销连自己都不相信的产品。这种依靠蒙骗顾客来取得成交的做法，从长期看是不会成功的。销售人员培育对产品的信心并不是指要对假冒伪劣产品盲目崇拜，而是指需要对正常的值得推销的产品树立足够的信心，对所推销的产品建立感情。销售人员应当从下列几方面来培育对产品的信心：

1. 以产品知识提升对产品的信心

信心源于知识，知识能产生信心。销售人员如果拥有足够的关于产品的知识往往有利于建立对产品的信心。一个合格的销售人员必须了解产品的特点和优点，但是要想获得更好的业绩则最好还需要掌握产品的开发、设计、生产和使用方面的更多知识。他们不仅要能够运用自己丰富的产品知识帮助顾客解决困难和问题，而且也要能从顾客需求、抱怨，甚至投诉中识别出通过对产品做某些质量改进，来进一步提高本公司产品的竞争优势的机会，还要与产品的开发和生产部门积极配合，为顾客提供满足和超越他们期望的产品。

销售人员通过掌握产品知识而获得的信心，也不应当仅仅是被动地局限于对于现有所推销产品的信任，而是更要把握对于所推销产品的发展方向和趋势的主动权。一位优秀的销售人员常常也是他所推销产品的专家。当销售人员发现自己的产品并不能完全满足顾客期望时，他们会凭借自己所掌握的产品知识，对公司内外的产品予以整合，为顾客创建一个定制化的产品配置方案。由于销售人员拥有对这种产品配置方案的足够的知识，自然对新的产品配置方案会有更强的信心。

在以产品知识来增强和提升产品信心方面，销售人员应当认识到他们在公司内外面临着不同的任务。在与公司外部顾客交往中，销售人员需要和应当利用所掌握的产品知识来培育和建立起对产品的充分信心。在公司内部，销售人员一方面要学习和更新产品知识，另一方面通过及时把顾客的需求、意见甚至抱怨和投诉，反馈给公司有关部门，并实现产品的改进，进一步增强对所推销产品的信心。

2. 了解市场最新信息

销售人员了解市场的最新信息和行情有助于培育对所推销产品的信心。销售人员应当了解自己的产品已经成功地占领的行业、地区和市场情况，掌握不同市场上的市场占有率资料。掌握这些信息和行情有利于销售人员探索把成功经验推广到其他地区的可能性，从而增强对产品的信心。

销售人员也应当了解所推销产品的竞争态势，掌握竞争对手产品的特点，以便在顾客提出与竞争产品有关的问题，以及处理竞争问题时，能做到胸有成竹，避免陷入被动的局面。实际上，世界上没有十全十美的产品，对竞争产品越了解也越有利于增强对自己所推销产品的信心。

3. 亲自使用

培育对产品信心的一种有效途径是亲自使用这种产品。除非推销的是大型设备或工业原料，否则，销售人员自己也应当购买和使用所推销的产品。这是对产品建立信心的好办法，因为要说服顾客购买，首先必须说服自己，即自己真心地相信所推销的产品确实能够为顾客带来利益。为此自己也必须真心地喜欢它，但只有使用它，才可能了解它、喜欢它。相反，如果一个销售人员自己对所推销的产品都不感兴趣，都不愿意使用它，那又如何能激发顾客购买产品的热情呢？

同时，销售人员亲自试用或使用他所推销的产品也将有助于销售人员获得和积累使用产品的感受和体验。以后在与顾客交往中，销售人员如果把这种感受或体验传达给顾客，就更容易打动顾客的心。

推销实践 2-3　谁能告诉我，我们的产品独特性是什么？

　　许多销售人员都觉得自己和竞争对手的产品实在没有太大的差别，除了给更大折扣、更多回扣，还能干什么呢？因此，他们都为此而苦恼万分，恨不得跳槽到一个销售独特产品的公司做销售。

　　可现实市场是残酷的，对手是凶狠的，客户是挑剔的，销售人员也是不得不面对的，于是就有了销售人员与老板之间下面的一段谈话。

　　销售员："老板，我觉得我们的优势越来越难体现了。我们有的别人都有，我们没有的别人也有。这可让我们干销售的如何是好？"

　　老板狡黠地微微一笑，问："你想不想咱们有这样一种产品，质量绝对好，价格绝对低，功能绝对强，服务绝对优？"

　　销售员毫不迟疑地回答："做梦都想！"

　　老板也毫不犹豫地反问："那要你们这群搞销售的干嘛？"

　　确实，如果产品本身有很强的差异化、非常突出的优势、非常有竞争力的价格，那就根本不需要搞销售的了，搞销售的全部都要喝西北风去了。所以找产品的差异化并不是（或不仅仅是）产品设计者的责任，更是销售的责任，也是销售竞争的主要手段。产品差异总是能够找到的，关键是看你怎么找了。

　　其实，对于同质化来说，应当从客户角度来分析和看待产品。站在客户的角度看，他们所关心的，仅仅是与他们需求直接相关的方面（功能、设计或质量等）是否同质化了。所以，销售人员不必直接把自己的产品与竞争产品相比较。他们应当先了解客户需求，再把这种需求与自己的产品建立链接，最后，把竞争对手的优势成功地链接到自己产品身上。这才是推销成功的秘诀。

　　例如，如果客户问："你和××公司产品相比有什么优势？"要是你顺着对方的话做 N 个差异分析，结果就惨了。销售人员应当问："先生，你这样问，我想你肯定了解过××公司产品了。你觉得他们哪些方面使你最满意呢？为什么？"

　　销售人员完全可以等客户回答完了，再从容不迫地告诉他："你说得对。这几个功能也正是我们产品的特长，也能很好满足你所关心的需求。此外，我们还有几个不一样的地方可以满足你个性化的需求，它们是……"

资料来源　崔建中. 产品同质化是销售无能的最佳借口！[J]. 销售与市场，2011（6）：52-54.

2.2.2　培养对公司的信任

潜在顾客最终是否从销售人员手中购买某种产品，往往还取决于销售人员所服务的公司。在推销过程中，销售人员所代表的公司本身对于潜在顾客也可能是一种吸引力，对于某些顾客可能还具有举足轻重的作用。这是因为在产品的同质化程度越来越高的情况下，公司或者其所拥有的品牌已经成为了消费者区分不同产品和制定购买决策的重要依据了。对于来自于两个不同公司的同样一种产品，顾客很可能会表现出不同的态度，而做出完全不同的购买决策。在很多情况下，潜在顾客甚至会要求销售人员提供所代表公司的信息，并据此做出购买决策。所以，销售人员应当充分认识到自己所服务的公司对推销的影响和作用，并信任和忠诚于与所推销产品有关的公司，以及自己所服务的公司。

销售人员要建立起对有关公司的信任，首先就需要了解公司有关的信息。例如，熟悉公司的发展历史的销售人员在与客户交谈时会更加显得知识渊博；公司悠久的发展历史更会激发销售人员产生自豪感。对于具有良好声誉和独特企业文化的公司，销售人员越了解公司的情况就越能激发他们的归属感。

对公司抱有信任感的销售人员在工作中也会变得更加富有成效。他们不仅相信公司就是一个值得他们为之努力和付出的团队，而且也会始终认识到他们并不是孤军作战的，公司将能为他们提供强有力的支持，也能为顾客提供良好的售后服务。这样的销售人员会更善于与公司内各部门保持紧密的联系，并与售后服务人员、技术人员和生产人员一起紧密合作，解决顾客可能提出的各类问题。

2.2.3　建立对自己的自信

自信心是做好所有工作的基础和保证。由于推销的困难性和竞争性，更需要销售人员具有强烈的自信心。一个缺乏足够自信心的销售人员会带着可能失败的疑虑和担心开展工作，那么，他在还没有接触顾客之前就可能已经失败了。一个对自己没有自信心的销售人员是不可能在陌生顾客前面传递对于所推销产品的信心的，也就不可能引导顾客最终成交了。

但是，要建立足够的自信心确实也不是一件容易的事。刚加入某个行业的新销售人员、从事新产品推销的人员以及向新市场推销产品的人员往往会缺乏足够的自信心。为此，销售人员需要积极培养自己对推销工作成功的自信心。首先，销售人员要说服自己，相信自己是合适的推销人选，能胜任自己所担负的工作，完全有能力把产品和公司介绍给顾客，完成销售的任务。大多数成功的销售人员都不是天生的，而是后天锻炼培养出来的。其次，也要相信公司对自己也是充满信心的，自己可以放心大胆地开展推销工作。公司是自己从事推销工作的坚强支持和后盾。最后，加倍投入，了解和熟悉自己的工作，由此能增强自信心。俗话说，熟能生巧，随着越来越熟悉自己的工作对象、工作方法和流程，销售人员的自信心自然也不断得以增强，最终获得事业上的成功。

推销三角定理强调要实现成功的推销，销售人员必须树立三"信"——"相信产品、相信公司、相信自己"。但是，许多销售人员往往感到，现实情形很难让他们树立起足够强的三"信"。因此，有些销售人员内心会感到痛苦和煎熬。其实，销售人员的三"信"是通过在推销中突出积极方面，排除消极因素来实现的。毫无疑问，世界上没有完美无缺的产品、无可挑剔的公司和十全十美的个人。任何一个销售人员都可以肯定，他并不是推销方面唯一有困难或问题的人。同样，其他的同类产品、他的竞争对手的公司，以及其他的销售人员也都面临着不同的困难或问题。让某些小小的缺陷掩盖掉他所推销的整个产品、他的公司以及他本人的优良的特性、特征和美德，只会阻碍他推销的成功，而发扬这些积极因素，促使推销成功才是销售人员应有的职责。

推销实践 2-4　　　　　　和总统做一笔小生意

美国一位名叫乔治·赫伯特的推销员，成功地将一把斧头推销给了当时的总统小布什。布鲁金斯学会得知这一消息，把刻有"最伟大推销员"的一只金靴子奖给了他。这是自 1975 年该学会一名学员成功地把一台微型录音机卖给尼克松总统以来，又一名学员成功登上如此高的推销门槛。

布鲁金斯学会创建于 1927 年，以培养世界上最杰出的推销员著称于世。它有一个传统，在每期学员毕业时，设计一道最能体现推销员能力的实习题，让学生去完成。

克林顿当政期间，他们出了这么一个题目：请把一条三角裤推销给现任总统。8 年间，有无数个学员为此绞尽脑汁，可最后都无功而返。

克林顿卸任后，布鲁金斯学会把题目换成：请将一把斧子推销给小布什总统。鉴于前 8 年的失败与教训，许多学员都知难而退。大家都认为，这道毕业实习题和克林顿当政期间一样将毫无结果，因为现在的总统什么都不缺。再说，即使缺少什么，也用不着他亲自购买。再退一步说，即使他亲自购买，也不一定正赶上你去推销的时候。

然而，乔治·赫伯特却做到了，并且没有花多少工夫。

记者在采访他的时候，他是这样说的："我认为，将一把斧子推销给小布什总统是完全可能的。因为他在得克萨斯州有一座农场，里面长着许多树。

"于是我给他写了一封信。我说：有一次，我有幸参观您的农场，发现里面有些树已经死掉，木质已变得松软。我想，您一定需要一把小斧头。但是从您现在的体质来看，一般的小斧头显然太轻，因此，您仍然需要一把不甚锋利的老斧头。现在我这儿正好有一把这样的斧头，它是我祖父留给我的，很适合砍伐枯树。

> "假若您有兴趣的话，请按这封信所留的信箱，给予回复……最后他就给我汇来了 15 美元。"
>
> 乔治·赫伯特成功后，布鲁金斯学会在表彰他的时候这样说：金靴子奖已空置了 26 年。26 年间，布鲁金斯学会培养了数以万计的推销员，造就了数以百计的百万富翁，这只金靴子之所以没有授予他们，是因为我们一直想寻找这么一个人——他不因有人说某一目标不能实现而放弃，不因某件事情难以办到而失去自信。
>
> 事实上，很多时候，不是因为有些事情难以做到，我们才失去自信。而是因为我们先失去了自信，这些事情才显得难以做到。
>
> 资料来源　刘燕敏.自信的价值［J］.大众商务，2002（2）：1.

主要概念

产品效用层次理论　　产品基本效用　　产品使用价值　　推销三角定理（吉姆（GEM）公式）

基本训练

@ 知识题

1. 说明销售人员的业务素质应当包括哪些内容，并说明理由。

2. 销售人员需要具备哪些能力？各举一例说明。

3. 什么是产品的使用价值？以某种熟悉的产品为例，说明对于不同的用户有不同的使用价值。

4. 选择你在过去半年中所购买的 5 种最重要的产品，写出你的购买理由和你对所选择品牌（品种）的特性、优势和利益的看法。

5. 说明你的手机对于你来说至少三种不同的使用价值。

6. 说明推销三角形的含义和对于销售人员的意义。

@ 技能题

1. 有人说：推销是产品生产的最后一道工序。销售人员是产品的一个部分。谈谈你的想法。

2. 推销理论强调要"以诚为本"。但是有些人认为对顾客不能以诚为本，以诚为本要失去订单。讨论在推销中究竟是否需要诚为本。以诚为本的结果失去了订单，这是为什么？

3. 销售人员需要对工作的激情。有些销售人员工作中充满激情，而另一些销售人员工作中表现出来的是厌倦感和应付作风。讨论激情是与生俱来的，还是后天培育的？一个销售人员如何才能获得激情？

4. 请选用 5~7 个形容词或短语来描述你心目中理想销售人员的形象，并说明为什么。说明你自己与心目中理想销售人员形象之间的主要差距是什么？探讨缩短差距的方法和途径。

5. 认真研读"推销实践 2-4：和总统做一笔小生意"的材料，说明自信在推销中的重要性，分析自信与推销成败之间的关系，说明推销人员如何才能培养起足够的自信。

第3章 推销活动心理分析

学习目标

知识目标：深刻理解顾客的人口特征和个性对顾客购买心理的影响；理解顾客的信任感和情感心理分析的结果。

技能目标：培养根据人口特征和个性对顾客购买心理进行分析的能力；掌握赢得顾客信任感的有效办法；掌握顾客情感心理分析和识别购买信号的技能。

引 例

刘涵从自己创业过程中深切地体会到，要想实现成功的销售必须懂得顾客的购买心理。

当初刘涵与男朋友初次约会时，为找合适的地点而连连"碰壁"。因此，萌生了一个制作上海市"恋爱指南"的想法。随后几天，她买来了各类地图、公交和地铁的运营表，在上面做满了标记，再通过亲自摸索，详细了解公园景点、特色美食店和游乐场的具体位置；收集了每处的营业时间、收费标准、环境气氛、预订电话，以及每一处的"谈情小贴士"；标注出了乘车路线、行程时间、时刻表，以及主要站点等，动手制作被称做"恋爱宝地"的恋爱指南。

在初步设计好"恋爱宝地"的地图手册后，经有关部门批准印刷了 2 000份，刘涵到写字楼前和公园进行推销，很快吸引了许多年轻人购买，但是随后就有人要求退货。顾客认为可供选择的地点太少，简直是帮人在做广告。

初次失败并没有让刘涵灰心。她分析，既然顾客一开始乐意购买就说明"恋爱指南"本身是有市场的，只不过内容太单薄受到了拒绝。于是，她想到利用网络收集信息，充实内容。首先在多个城市论坛上发帖，广泛征集谈情说爱的好去处和注意事项。其次利用搜索引擎详细查看每条街道上的商铺和联系电话。此外，她还买来《上海美食地图》和《玩转上海》等实用书籍作为参考，大大丰富了"恋爱指南"的内容。刘涵修改后重新印制了 150 份，再次出门推销被抢购一空。她马上想到上海谈恋爱的人超过百万，为何不用 20% 的销售额作为激励，请便利店、报亭和公园等便民网点代销？就这样，恋爱手册很快就在市场上铺开了。

随后 2 个多月，刘涵的恋爱手册一直旺销，但同时也陆续接到了顾客的投诉电话。顾客抱怨：有的公交线路改了，有的店铺电话变了，有的消费场所价格变动了。为了随时更新"恋爱指南"，避免信息滞后，刘涵在指南上附上启事称：如果有人在使用这份指南地图过程中发现信息有变或发现更好的恋爱路径，请及时告知，并承诺，只要所提供的信息方案确实可行，一经采纳就将获得公交卡或手机充值卡的奖励。结果很多热心顾客纷纷来电话，使得每次所印刷的"恋爱指南"的信息都是最新的，良好的服务赢来了更多的顾客。

与此同时，一些商家找到刘涵表示愿意出广告费，请她在"恋爱指南"上予以推荐。这让刘涵意识到，"恋爱指南"已经有了市场知名度，可能为购买者和商家带来更多的实惠。随后，"恋爱指南"推出了改进版，每册都附有一张磁卡，顾客凭卡到地图上推荐的店铺和景点消费就能享受到最低 7.5 折的优惠。这一举措促使"恋爱指南"进一步畅销。

经过近 3 年的发展，刘涵的"恋爱指南"稳稳地占领了上海市场，并准备转战其他城市，占领新的市场。

回顾刘涵成功推销"恋爱指南"的过程，她始终根据购买者的心理需求来决定和调整自己的推销过程和步骤，终于成功实现了创业的目的。

资料来源　李传云．"恋爱宝地"智赚浪漫钱 [J]．人大报刊复印资料：市场营销文摘，2010 (3)：80-82.

销售是一项销售人员与顾客之间必须开展互动才能实现预定目标的活动。一个销售人员即使掌握了所推销产品和所服务公司的足够多的知识，但如果缺乏应对顾客拒绝的技能，往往仍然很难实现成交。在销售人员需要掌握的众多技能中，深入了解和利用顾客心理的技能无疑是最重要的技能之一。顾客面对推销活动的心理是复杂而多样的，往往受多种因素的影响而呈现出不同的心理特征。了解顾客推销活动中的心理规律，掌握应对的技巧，就既能更好地为顾客服务，又能有效地引导顾客成交。

3.1　一般人口特征对顾客心理的影响

任何一位顾客在面对推销活动时的心理都会受到他和他的家庭的一般人口统计特征因素的影响。这些人口统计特征因素主要包括性别、年龄、婚姻状况、社交群体，以及与顾客的社会阶层有关的各种因素。

3.1.1　顾客一般特征对消费心理的影响

1. 性别

顾客性别对于消费心理的影响体现在两个方面：

（1）不同性别顾客消费心理之间的差异。男女对于推销活动的心理反应常常会产生明显的差异。与男性相比，女性在面对推销活动时，往往会更注重产品的外观形象和情感特征，更注重产品的实用性、便利性与对于生活的创造性。女性对于购买往往表现出精明有远见，也更愿意通过反季购买来获得实惠。因此，从消费心理看，女性往往能积累比较丰富的购买经验，且具有较强的自我表现意识。她们在挑选产品时通常是"完美主义者"，总希望能百分之百地符合自己的心愿。所以，她们在购买时选择时间长、观察仔细，对产品既要求质量好，又要求价格便宜，还比较善于讨价还价。

比较而言，男性消费心理更多地会受到理性的支配。男性的购买动机一旦形成，其购买决策就比较果断迅速。男性的购买决定会较少受到他人的影响，表现出一定的独立性。

（2）销售人员与顾客性别差异对消费心理的影响。销售人员与顾客之间的性别差异既可能对推销起不利影响，也可能起有利作用。一般而言，销售人员或顾客的性别本身并不重要，但当销售人员遇到异性顾客时，他或她与顾客交谈的能力就变得至关重要了。许多销售人员往往在这方面有困难。销售人员如果不能与异性顾客进行轻松自如的交谈就会影响成交。但是，这并不是说，销售人员向异性顾客的推销活动就难以进行。其实，无论是男销售人员，还是女销售人员，只要运用得当，性别就可能成为销售洽谈中对自己有利的因素。如果通过学习，掌握缩短与顾客之间心理距离的技巧，同样能够与顾客相处得轻松自如。对于销售人员来说，关键是既要认识和了解顾客的某种需要，也要使顾客认同你，相信你分析问题的能力。这样，就不难与顾客建立起合作关系了。

2. 年龄

年龄因素对推销活动中顾客心理的影响，也体现在两个方面：

（1）不同年龄的顾客消费心理上的差异。不同年龄顾客需求的不同自然会导致消费心理上的差异。少儿顾客、青年顾客和中老年顾客之间因需求差异当然会呈现出相当不同的消费心理特征。我们这里主要分析青年顾客和老年顾客各自消费心理上的特点。

青年顾客在消费心理上追求时尚和新颖，倾向于标新立异。他们的消费需求和购买意愿比较强烈，而且消费能力在不同年龄段的顾客中相对是最强的。对于青年顾客来说，冲动性购买往往多于计划性购买，在产品选购上会更注重情感和直觉。

老年顾客在消费心理上一般趋向于保守。尽管许多老年顾客具有较强的消费能力，但是他们的购买意愿会远远低于其实际支付能力。老年顾客对于吃、穿、用的各种需求，都讲究"保健性"。老年顾客在购买决策上求实而理智。他们所看重的是精神生活上的消费和生活服务方面的消费。

（2）销售人员与顾客的年龄差异对消费心理的影响。销售人员与顾客之间年龄上的差距既可能有利于推销，也可能不利于推销。而且，这种年龄差距越

大，所产生的影响也会越大。因此，销售人员需要以积极的方式，而不是消极的
方式来对待。

当销售人员的年龄比顾客大得多时，销售人员可以凭借自己在知识和经验方
面的优势，诱导顾客产生信任感和尊敬感。但若销售人员精力不济，行动迟缓，
则又会对顾客的期望产生不利影响。所以，此时表现出旺盛的精力，控制好工作
节奏是必要的。此外，这种情形也特别需要销售人员更新自己的产品知识和技
能。因为以前流行的产品可能已经不再畅销，而顾客往往需要销售人员提供最新
技术的信息，来帮助他们解决问题。

当遇到比自己年龄大的顾客时，销售人员所具有的优势是年轻、热情和充满
活力。所以，首先，销售人员应向顾客表示愿意为顾客服务的诚恳态度。其次，
年龄大的顾客总希望获得年轻人的尊重，所以在面见老年顾客时，销售人员应当
诚恳地征求其意见并把其意见纳入推销说明之中。这样就能显示出对老年人的尊
重，赢得顾客的好感。

在与同年龄顾客打交道时，销售人员有明显优势。顾客相信同龄人会更能理
解他们的需要，也愿意与他们沟通。因此，销售人员能比较容易地与顾客沟通，
并很快得到他们的认同。

3. 婚姻状况

已婚顾客和单身顾客即使对同样一种产品或服务的感受往往也是不同的。

对于已婚顾客来说，在介绍产品时不仅需要说明对顾客本人的用途和好处，
而且更应该强调对于其配偶和家庭的用途和好处，这样将更能激发起顾客的购买
欲望。在整个推销过程中，销售人员都应该把夫妇双方，包括他们的孩子等因素
都考虑在内，这样要比光强调对一个人的用处更有效得多。父母亲在为自身谋取
某种利益时常常是举棋不定的，但一旦发现产品或服务对孩子有用时，就会毫不
犹豫地做出购买决定。所以，在介绍产品时尽量应当把每个家庭成员都考虑在内
是非常必要的。

当然，顾客的消费心理也会随家庭状况以及所推销产品的不同而有所变化。
一般地，处于较高社会阶层的家庭在制定购买决策方面比较民主，家长会鼓励家
庭成员参与购买决策。而处于较低社会阶层的家庭在制定购买决策时，则一般比
较专制，家长拥有最终决策权。但即使在这种情形下，如果产品或服务并不是家
长本人所使用，他们也会让使用者参与决策。

4. 种族与宗教

顾客无论属于哪个民族或宗教都可能会对其他民族或宗教存在某些消极的或
积极的成见或偏见。这种偏见常常会妨碍销售人员与顾客建立一种信任关系，而
信任关系对于一项商业交易来说是必要的。

销售人员在与不同种族和宗教的顾客打交道时，要客观地评价自己最初所涌
现的想法和情感究竟是积极的、中性的，还是消极的。如果情感是消极的，销售

人员就应当反思自己的消极情感究竟来自于何处，反问自己的消极情感是否正确，并且要站在顾客的位置上，从顾客的背景、生活习惯和文化等方面去理解顾客的想法，从而调整自己的感受，最终克服消极的情感。

3.1.2 社会阶层对顾客消费心理的影响

人们都从属于一定的社会阶层，并认可他所处社会阶层的价值观和行为习惯。因此，销售人员需要掌握社会阶层因素对顾客消费心理的影响，并在行为习惯上尽量缩小与顾客社会阶层之间的心理差距。

1. 语言、服饰和外表

（1）语言。顾客所受的教育和职业是决定其语言习惯的最重要因素。随着受教育程度的提高，顾客所使用的词汇量会不断扩大，而职业又决定了顾客语言中的专业特点和专用术语。所以，如果销售人员能够与顾客讲同样的语言，顾客就比较容易对他产生认同感，从而形成信任感的基础。在生产资料产品的销售中，由于购买决策的复杂性，销售人员必须与多种不同层次，以及不同专业背景的顾客打交道。销售人员为了保证与顾客沟通的效果，讲话方式就应当灵活多变，适应不同对象的需要。

不过，无论如何，销售人员都应当避免使用有可能冒犯顾客的语言。因为站在顾客的角度看，对于一个言语轻浮、滥用行话、满口玩笑、举止粗鲁的销售人员，顾客的第一感觉就是华而不实，就很难产生信任感了。

（2）服饰。服饰并不直接决定一个人的社会阶层或地位，但却是显示其社会阶层的重要方面。在衣着服饰方面，销售人员首先要避免因穿着过于随便、不修边幅而导致顾客产生不信任感。适当的打扮也体现了销售人员对顾客的尊重。其次，与语言一样，销售人员的衣着服饰也应当与顾客穿着尽量保持一致，从而缩短与顾客之间的心理距离，迅速产生信任感。

不同类型的公司中，不同层次的员工在服饰上往往有自己的习惯。在比较规范的公司里，衣着显示了人们在公司里的地位。例如，在一家典型的跨国公司中，如果让高、中、低三级管理人员在一起研究问题，若三个人都没有穿外套，那可能就会发现：高级管理人员打着领带，长袖衬衫袖口是扣着的；中级管理人员也系着领带，但衬衫领口是松的，长袖的袖口多半是向上卷的；低级管理人员则不会打领带，可能还穿着短袖衣服。在许多中小企业中，员工的服饰就显得随便多了。

由此可见，销售人员不仅需要从顾客的服饰中识别其身份和地位，同时，他自己的衣着也应当与其身份、与顾客心目中的形象相符合。如果一个销售人员想要在与对方经理谈判中获得更多的控制权或权威，他最好也穿着与对方经理同样的服饰，至少他在外表上要看起来像一个经理层次的。

一般地，顾客在沟通中最愿意接受衣着打扮与自己同样的人。所以，一个销售人员要与顾客平等地打交道最好是穿与对方同样的服饰。推销员心目中的顾客是什么形象的，他自己也就应该穿什么样的衣服。只有这样才能迅速缩短与对方之间的心理距离，获得对方的认可，尽快达成交易。

（3）外表。"以貌取人"绝对是不可取的。但外表在一定程度上也确实反映了一个人的某些特征。销售人员与陌生顾客之间最初的第一印象常常就决定了他与顾客之间能否成功交往的程度。彼此对于对方所做出的判断，形成了对于对方态度的基础。这种判断和态度一旦形成就很难变化。

如果顾客外表整洁、穿着时髦、打扮漂亮，那就表明他的自尊心较强，自我感觉良好。这样的顾客多半会要求所推销的产品或服务与他的自尊心相吻合，他们会更看重产品或服务具有优异的性能和用途，要求产品或服务具有艺术性或新颖性。所以，面对这样的顾客，销售人员就应该强调上述这些特性，如质量优异和服务周到等。如果顾客穿着保守、外表比较随意，那么销售人员就可以强调自己产品所具有的经济实惠和实用性，以及与保守风格相关的用途和特性。

2. 价值观念与生活方式

（1）价值观念。不同社会阶层顾客的价值观往往是相当不同的，从而导致消费心理上的差异。例如，在时间取向上，社会阶层较低的人会更倾向于按"当前"的情况做出购买决定。他们更重视从买或不买产品或服务中得到的直接后果。而社会阶层较高的人则更愿意根据"未来"的情况来决定取舍。尽管他们不会忽视购买可以得到的直接利益，但他们会很重视在最近和将来所得到的利益。由此可见，一个销售人员在向不同社会阶层的顾客传达产品或服务的利益时，需要识别出直接的和长期的两种不同利益，并根据推销对象所处的社会阶层，来强调他们特别感兴趣的利益方面。

值得注意的是，价值观往往会受到职业的深刻影响。不同职业的顾客在价值观方面会有明显的差异，职业的变化也很容易引起其价值观的变动。

（2）生活方式。生活方式在很大程度上是由价值观念所决定的。因此，生活方式与价值观念对消费心理的影响具有类似性，不过，生活方式对消费心理的影响显得更直接、更明显。

在生活方式方面，社会阶层较低的家庭会更信奉权威。权威的意见往往会产生巨大的影响。销售人员如果利用知名权威人士的意见、报刊上文章的观点、顾客给公司的感谢信等来说服顾客，那么对社会阶层较低的家庭会起到很好的作用。但是，社会阶层较高的家庭会更倾向于独立思考。这是因为社会阶层较低的家庭中，行为的选择和取向主要是由行为的直接后果所决定的。而在社会阶层较高的家庭中，行为取向主要是由目的所决定的。所以，白领或中产阶层一般会更重视自我控制和责任感，很重视一个人对未来的自我控制能力。

另一方面，社会阶层较低的家庭会比较强调遵从外部准则，并认为外部条件对人的生活和未来的影响更大。因此，销售人员在向顾客介绍产品时应将家庭的贫富差异及其他外部因素考虑在内，就可以有效地激励顾客的购买积极性。例如，对于"由于原料价格上涨，我们产品的售价也上升了"的说法往往能被这类顾客所接受。

从社会阶层的角度来研究顾客消费心理时，要避免程式化的倾向。在现实生活中，顾客的社会阶层和身份往往是由其所处的具体角度所决定的。某些人可能在某方面具有蓝领阶层的某些特征，但在另一方面，又具有白领阶层的另一些特征。由此可见，从消费心理的角度看，这两个阶层之间的界线往往并不清晰，更不是非此即彼的。需要根据特定的场合和所选择的独特视角来分析顾客的消费心理。

3.2　个性因素对顾客心理的影响

个性是由一个人的具有持久性的特征所构成的。由此可见，每个人的个性都是相对固定的。例如，我们会说某人是喜欢怀疑别人的人，而另一人则是容易相信别人的人；有些人是个性外向的人，而另一些人则是个性内向的人等。但是，人的个性也可能随环境变化而变化。某个人可能在一种环境下显得外向，爱发号施令，而在另一种环境下可能表现出内向和顺从别人。

销售人员认识到顾客个性特征的哪些方面与销售活动直接有关是很重要的。例如，一旦某人暗示自己是从事销售的，并问顾客是否需要所推销的产品或服务时，顾客可能很快就从一个好客的、外向的和信任他人的人转变为一个自卫的、怀疑他人、谨小慎微的人。可见，在某些情况下，把握好并避免与顾客谈及对于推销可能产生敏感影响的个性特征是必要的。

销售人员研究顾客个性对消费心理影响的目的是要搞清楚，我们可以利用顾客的哪些个性为实现销售目标服务。为此，就要分析那些在很大程度上可能会影响顾客感受的个性因素。这些因素主要包括思维方式和个性特质两大类。

3.2.1　思维方式对顾客心理的影响

顾客的思维方式会对其购买心理产生巨大的影响。思维方式中对产品推销影响最大的是三个维度的因素：开放—封闭程度；思考—直觉程度；灵敏—迟钝程度。顾客在上述三个维度上所处的某个特定位置就形成了顾客独特的思维特征。

1. 接受性

通常用接受性来描述顾客思维个性特征中开放—封闭的程度，并说明其对顾客心理的影响。接受性就是不同个性顾客对于接受并采纳销售人员意见和建议的意愿强弱程度。思想开朗、富于同情心、观点客观、体谅他人的顾客比较容易接受新事物，与陌生人相处起来会令人愉快，对销售人员的接受性高。相反，那些对他人不友好、不合群、情绪过分压抑、对别人漠不关心、对任何事物都不感兴趣的顾客就不容易接受别人意见，自然也不愿接受销售人员的建议。但是，很少有人拥有这两种极端个性中的一种，大多数人都处于这两个极端之间的某个位置上，既不会全部接受任何事物，也不会一概拒绝任何事物。

顾客的接受性会受到销售人员的影响而发生变动。如果销售人员本身心胸狭窄，处事冷漠，只关心自己的推销业务，不愿倾听顾客的意见，顾客就会做出同样的反应。相反，如果销售人员能够心胸开阔，接受各种不同观点，关心顾客需求，则他们就能对顾客接受性起到很好的诱导作用。因此，销售人员本身的思维方式在一定程度上决定着顾客接受性的变化和发展。

2. 反应模式

我们可以用反应模式来描述顾客思维中思考—直觉的程度。人们对于外部事件的反应有两种不同的模式。那些仔细全面地权衡正反两方面的意见，详细地思考问题的每一个方面，并试图依据证据来做出决定的人属于理智型或思考型。另一些喜欢使用抽象的概念来思考，讨厌冗长而琐碎的解释说明，往往凭借着强烈的感情，似乎不经过理性思考就推断出结果的人则属于直觉型。

对于理智型顾客，销售人员需要向顾客提供精心挑选的一系列事实，才能使他们全面而详细地了解产品或服务。对于这类顾客，细心周到，不忽视产品或服务独特性能的推销往往是有效的。与理智型顾客进行推销洽谈的有效方法是"概括性商谈"和"资产负债表式商谈"，描述说明和强调要全面、详细和具体。对于这类顾客，利用他们对利益（不管是近期利益还是远期利益）的损失恐惧进行激励，远比依靠利益的获得进行激励要有效得多。

直觉型的人对生活持较明确的实用观点。这类人的想象能力很强。销售人员如果能有效地利用他们的想象力就能大大提高推销工作的有效性。

大多数销售人员本身在反应模式方面的个性特征也总是属于两者之一，或者在两者之间摇摆。但是，实际上最成功的往往是具备其中某一种个性特征，但又具有灵活性，并能适应顾客的个性特点和需要的销售人员。

3. 感受性

我们用感受性来描述顾客对于感情和态度的灵敏—迟钝程度。感受性强的敏感型的人既容易意识到他人的感情和态度，又能反省自己的感情。这种人看起来热情、友好、多情，他们想使自己的感情和需要得到别人承认。与这类人相处，会让人感到舒适和自在。感受性弱的迟钝型人，看起来心肠硬、冷酷无情、不体谅他人。

感受性的关键成分就是移情性。移情性是指一个人认识和理解别人感情的能力。移情性好的人具有很强的理解和感受别人感情的能力和技巧。移情性差的人常常以自我表现为中心。这类人了解他人的感情、需求和态度的能力就要差得多。感受性要比其他的个性因素更容易受到环境影响。人们在遭遇紧张和压力，或者情绪波动时，感受性就可能会迅速下降。

感受性是影响购买决策的重要因素。为使推销取得成效，促使顾客有较高的感受性是必要的。顾客只有首先从情感上认可购买某种产品或者服务的决定，才有可能再在理智上用推理来证明自己的购买决策是正确的，从而实现完整的购买过程。

推销实践 3-1   正确判断顾客个性，有针对性地推销

为什么有的销售经验用在某个顾客身上成功了，用在另一个顾客身上却一败涂地？这是因为销售人员不懂得判断顾客的个性，推销没有针对性。

如果以人对外界控制力的强弱（内向—外向）为横轴，对自我控制力的强弱（感性—理性）为纵轴，可以将客户分为四种类型。销售人员掌握每种顾客的个性特点，采取针对性的推销手段，将大大提高成交的可能。

1. 以示弱应对支配型顾客

对外界控制力强、自我控制力也强的人，性格外向，喜欢支配人和强势，语气多用命令式，讨厌浪费时间，有时较武断。与这类顾客沟通时，销售人员应当示弱，让其支配，避免观点上的直接对立，语言不应拖泥带水，要表现出自己的专业形象。

例如，在某大卖场，某保健品的促销人员与一位顾客之间的推销对话。

销售人员：先生，买 X 保健品啊？它是管睡眠的，你睡眠不好吗？

顾客：我当水喝，可以吧？

听了顾客的第一句话后，基本上就可以揣摩出顾客是属于支配型性格的，不喜欢被别人支配，所以销售人员就需要调整策略了。

销售人员：噢！先生说话真有趣。保健品当水喝，您真是第一人！（调整说话方式，以微笑、轻松带调侃方式跟进）

顾客：我就要 X 保健品，帮我拿两盒。（顾客性格使然，语气仍然是命令式的）

销售人员：好！我帮你拿。看得出来您是个爽快人！先生一定是老板吧？这么干脆果断！（示弱，让其支配，然后静观顾客的反应。帮顾客拿上两盒 X 保健品，边走向收银台边聊。）把脑白金当水喝啊！真有您的。先生何不找一种你当水喝时搭配的主食，Y 保健品由内调补，加上 X 保健品的强力助眠，效果更佳。（表现自己的专业形象，更易打动对方）

顾客：哦？是吗？……

2. 以专业性打动分析型顾客

对外界控制力弱，而自我控制力强的顾客属于分析型。他们喜欢独立思考、冷静，不太容易向对方表示友好，注重细节，但有时死板、神经质。与这类顾客沟通时，销售人员的语言要基于详细的资料和数据分析，注重逻辑性，守时和讲信用。

例如，保健品销售专区内，一位大约 40 岁的知识女性在认真仔细挑选保健品。

销售人员：女士，您好！买保健品？

顾客：（不答话）

销售人员：是自己吃还是送人？

顾客：（还是不答话）

销售人员：女士，您看这盒西洋参口服液卖得很好。大品牌，真材实料，吃了有效果，也安全放心。

顾客：（持续无反应）

销售人员：女士，要不您看看这个产品 Y，养心健脑，延缓衰老，特别适合于像您这样压力大的知识分子。（销售人员把产品递给顾客）

顾客：哦……（终于开口，接过产品）

销售人员：您看配方，每种成分都是珍贵补品。对于头晕、失眠有很好的效果。女士，您睡眠好吗？

顾客：（放下产品面无表情地离开了保健品专区）

细究推销失败的原因是，推销语言条理不够清晰，且没有说到该类顾客最关心的数据和资料分析，自然打动不了顾客。另外，这类顾客较敏感，不喜欢别人探究其隐私。所以，销售人员直接问顾客睡眠好不好，明显不妥。对于这类顾客，在顾客接过产品后，销售人员应条理清晰地介绍产品，采用理性分析和尊重顾客的态度，给顾客留下好感，顾客就可能提问。让分析型的顾客开口，参与到对话中来，推销就成功了一半。

3. 用轻松语言鼓动和气型顾客

对外界控制力弱，对自我控制力也弱的顾客是属于和气型的。他们待人和气友善，决策慢，优柔寡断。与这类顾客沟通时，销售人员需要更多地围绕他们的个人关系，如家庭、朋友等事项来交谈，以轻松方式，多赞美，多用鼓动性语言来推动，才能提高成交概率。

例如，一对母女在挑选保健品，比较了好几个厂家的产品，销售人员也为其介绍了五种保健品。每介绍一种产品，顾客都客气地说好，但就是拿不定主意。最后，女儿终于为母亲挑中了 Z 保健品。女儿正欲去付款，母亲又犹豫了。见母亲推托，女儿也有点犹豫。销售人员见状，微笑着走上前。

销售人员：阿姨，您真好福气！女儿这么孝顺，别人大多是自己到商场买保健品，也不知道对母亲是否合适！您闺女就不一样，亲自带您来精心挑选！阿姨，真羡慕您！（赞美中暗暗推动，帮助她拿主意，做决定）（随后转向女儿一边，说）大姐，您真孝顺，也很有眼光。Z 保健品的确具有"补肾益肺"的功能，对老年人的腰也有很强的作用！（转向女儿，赞美

中第二次鼓动购买)

女儿：是吗？

母亲：东西是不错，可是价格高了。（反对的语气不再坚定了）

销售人员：阿姨，女儿有这个孝心，您就给她一次机会，成全女儿的孝心，否则女儿也会难过的！（第三次鼓动购买）

母亲：您真会说话，那就买吧。时间不早了，我们该赶紧回去了。

销售人员针对和气型顾客的个性特点，采用赞美和鼓动性语言，进行推动是正确的。而且，发现成交障碍首先来自于母亲，故先对母亲推动鼓励，再对女儿推动鼓励，层次分明，目标明确，效果明显。

4. 以好观众身份应对表达型顾客

对外界控制力强，对自我控制力弱的顾客是属于表达型的。他们热情、有活力，常以个人为中心，好表现且健谈。与这类顾客沟通的技巧是，销售人员需要给他们一个表现舞台，自己做一个好观众，再花点时间建立关系和好感，营造欢娱的气氛。

例如，建材超市内：

销售人员：这款 W 地板是最新到的，卖得特别火，您看……

顾客：W？噢，我知道。不就是请了明星 A 做广告的吗？你们为什么要请 A 做广告啊？……我告诉你们，要想人气火爆，得请国际级的巨星 B 来做代言！

销售人员：噢，是啊。先生真是个既爽快又风趣幽默的人。下次，公司讨论请代言人的时候，一定要请您去参加，听听您的高见。（此时，对于表达型的顾客一定要笑出声，笑得越甜、越真，他们就越来劲）

顾客：那是，我的建议保证有效！上回我建议……

销售人员：您真是太有才了！（睁大眼睛，吃惊地）其实，W 地板重要的不是请谁做广告，而是它独一无二的猎醛技术。这种技术能够主动截取空气中的甲醛，让您的家居空气更安全、清新！（待顾客表现到一定程度后，找准机会，巧妙地转移话题，把谈话重心引导到产品上来）

顾客：是吗？什么是猎醛技术？（由于顾客的表现欲得到一定程度的满足，加上销售人员的顺势引导，顾客开始对产品产生兴趣）

可见，对待表达型的顾客不用在讲话的具体内容上与其较真，顾客也不是认真的。重要的是在他表现时，销售人员要给予良好配合，当好观众，边听边点头，辅之以一定的肢体动作，为其创造表演的舞台，待其表现一段时间后，再找机会顺势介绍产品。这样推销成功的机会就会大大提高。

资料来源　何叶 . 导购如何一眼看穿顾客的个性［J］. 销售与市场，2010（2）：69.

3.2.2 个性特质对顾客心理的影响

1. 情感成熟度

一般地说，情感高度成熟的人了解自己，充满自信，没有烦恼，待人诚恳，机智老练，能很好地把握现实。与这类人交往，销售人员只要表现出真诚态度，准确地传达顾客所需要的信息，通常都能够取得预期效果。

但是，情感不成熟的人会表现得反复无常，精神忧郁，容易生气，固执己见，喜欢激动，心胸狭窄，烦躁不安，感情用事，忧心忡忡，自寻烦恼，异想天开。情感不成熟的人内心里需要的是老式产品，遇到新奇别致的产品会使其望而却步。销售人员在向这类人介绍带有革命性观念的产品时也需要把它描绘成是普通而传统的东西，并用一种略带掩饰的方式描述其新奇别致性。

推销活动本身就是在情感气氛中进行的，顾客的购买决策往往带有很强的情感色彩。所以，销售人员要注意使自己适合于顾客情感成熟度的要求。

2. 社交倾向

我们用个性外向—内向的程度来描述一个人的社交倾向。性格外向的人活泼开朗，愿意增加与其他人交往的机会。他们通常待人友善、宽容和热情，比较容易打交道。性格内向的人由于害羞或腼腆，不愿也不善于进行社交活动，一般会寻求只需要与他人进行有限交往的职业。

尽管性格内向的人不愿与很多人交往，但他们同样也能做到热情友好。性格内向的人往往会在工作之余发展一些自己感兴趣的技能和才干。由于他们不愿与很多人交往，这些技能和才干往往不为人们所了解。销售人员在与性格内向的顾客打交道时，如果能注意并发现他们的不被人所知的才干，就能获得顾客的特别好感。如果发现性格内向的顾客感到拘谨，销售人员最好是把话题转到他们个人感兴趣的领域上，直到他们感到轻松自在，就容易进行沟通了。

传统观点认为，性格内向的人从事推销工作会感到更困难。但是，在顾客变得越来越成熟、理智和爱挑剔的时代，那些轻浮浅薄、爱打招呼、性格极端外向的销售人员也会发现自己难以适应顾客要求了。事实上，性格介于极端内向和极端外向之间的人可能会具有更大优势。那些喜欢与他人交往，同时，待人诚恳、善于倾听别人意见、富有毅力，而且具有丰富的专业知识的人在与顾客交往中将具有更大的优势。

3. 精力

推销活动中双方的精力也会深刻地影响对方的心理。精力体现在体力和脑力两个方面。精力旺盛的人看起来总是充满生机地从事各项活动。他们看起来思维敏捷，神情机警，注意力集中。精力缺乏的人会表现得行动缓慢，思维僵化，反应迟钝。但即使是精力旺盛的人，如果过于辛劳、压力过大或情绪不佳时也会出现精力匮乏，此时，他们就很难热情地与他人打交道了，而且其智力水平和反应速度往往也会受到影响。

销售人员必须注意到顾客精力旺衰之间的差异，并努力使自己谈话和行动的速度与顾客的精力旺衰保持一致。如果销售人员的谈话和行动速度太快，顾客就会因难以接受而离开；反之，如果销售人员的谈话或行动速度过于缓慢，顾客也会因感到厌烦而拒绝。

为了使自己的精力适合于顾客的要求，销售人员需要控制好自己精力的释放速度。为了保证每一次销售访谈都达到预期效果，销售人员在每次令人筋疲力尽的推销洽谈以后，都应当花点时间，放松一下，使自己的身体重新充电。这样才能保证在整天的推销活动中都保持精力旺盛。

4. 自尊心和自信

自尊心的强弱是一个人对自己个人价值所做的一种判断。顾客自尊心是影响其消费心理，也是影响购买决策的重要因素。自尊心过强的人对产品或服务会过于挑剔。他们总认为所推销的商品或服务的质量未能达到他的要求，并以此为由拒绝。与这类人打交道需要特别注意避免冒犯他们。但是，顾客自尊心不强也同样可能成为顾客购买的障碍。自尊性不强的顾客会认为，所销售商品或服务的质量超过了他所需要的水平，或者超过了本身应有的质量水平。他们会说："我不需要这么好的东西。"此时，只有增强顾客的自尊心才能促成交易。

自尊心不强的人，其购买行为很大程度上会受他人的影响和控制。这类人认为自己能力不强，就容易依附于他人，受他人观点和行为的左右。别人认为他们应该怎样，他们就认为自己应该这样。要想与这类人成交，提高其自尊心是必要的。自尊心的强弱归根结底是由情感因素所决定的。要提高顾客自尊心就必须激发他们的情感，让他们对自己形成良好的感觉。因此，在与这类顾客交往中销售人员应当诚恳地对顾客表示出自己对他们在能力、独立性、成就、责任感、安全感等意识和想法方面的肯定和赞同，用诚恳的态度来表示对他们个性的某些具体方面的认同和赞赏，这样就可能诱发和提高顾客的自尊心，提高他们对于购买的信心。

作为销售人员，缺乏自尊心更是推销工作中的最大障碍。销售人员的自尊心具有两方面的作用：

首先，足够强的自尊心是销售人员热爱自己工作，始终能充满热情地走访客户，克服拒绝和困难的基础。推销工作不可避免地需要经常面对顾客的拒绝、不合作，有时甚至是不礼貌的对待。如果缺乏自尊心，销售人员就会失去对推销成功的信心。只有具有足够强的自尊心，销售人员才能在遇到困难时坚持，再坚持，直至取得成功。

其次，销售人员的自尊心强弱将直接影响推销结果的成交与否。足够强的自尊心是实现成交的必要条件。实际上，推销和成交就是推销双方自尊心相互作用的过程和结果。销售人员所销售的第一个产品就是他自己。当销售人员的自尊心不如顾客强的时候，他们就会处于一种顺从的姿态，被顾客的拒绝和反对所吓倒，进而怀疑自己工作的价值，丧失对成功的信心，甚至退却和逃避。

由此可见，推销的特点要求销售人员具有强烈的自尊心，自我感觉良好，并确信自己所从事的工作是符合顾客需求的。站在顾客的角度看，他们也希望对自己的购买决策感到满意，只有在销售人员帮助他们证实和增强这种满意的感觉时，才会促进购买决策的实现。而销售人员的自尊心和信心，正是促进顾客对购买决策产生满意感觉的基础。

自信心是自尊心的一个组成部分。足够的自信心是销售人员让顾客相信所推销产品或服务的前提和基础。自信心首先来源于知识和技能。深入地了解自己所推销的产品或服务，理解顾客的需要和期望都是从知识方面提高自信心的途径和手段，但强烈的自信心还需要熟练的销售技能的支持。技能来自于实践。仅仅学会某种技能对于建立强烈的自信心还是不够的，只有通过反复实践，能够熟练地运用某种技能，把某种技能变成为本能的习惯性做法时，才拥有了足够的自信心。

3.3 与人性需求有关的购买心理分析

大量的研究表明，顾客的购买决定在很大程度上取决于在与销售人员接触过程中所感受到的人性化程度，而产品性能和价格上的差别在顾客购买中所起的作用其实并没有人们所想象的那么大。更有专家认为，在竞争激烈的市场中，使产品符合顾客需求仅占影响客户购买决定因素的30%。这30%最多只能影响顾客确定购买哪一种产品，但却并不能确定在哪里买或向谁买。因为基于产品属性的推销方法会使顾客对竞争者的类似产品也产生同样的需求。只有实行人性化销售，把客户当做一个活生生的人，真心诚意地重视客户实际需求的销售人员才会受到顾客的关注和青睐。

顾客的人性需求主要体现在如下三个方面：

（1）重视。顾客希望销售人员承认其存在，承认其感情，并要求承认其对于销售人员的重要性。

（2）尊重。顾客希望获得销售人员的尊重，同时也尊重其需要。

（3）信任。只有建立起对销售人员的足够信任，顾客才有可能做出购买决定。

下面我们逐一分析与这三类人性需求有关的顾客购买心理。

3.3.1 重视顾客

1. 重视顾客的存在

多数销售人员都会强调自己是非常重视顾客的，但是实际上，站在顾客角度看，他们确实常常没有受到充分的重视，因此，会产生受到非人性化对待的感受。许多企业往往使顾客产生并不受欢迎或被轻视的感觉。如果销售人员表现得没有礼貌、懒散和冷淡，顾客自然会产生被冷落的感觉。要使顾客有被承认和重视的感觉，销售人员至少要做好如下工作：

（1）不仅要重视顾客本人，也要重视顾客的相关人员。在很多情况下，销售人员只关注那些"付账单的"顾客本人，而忽视顾客的同伴或关系人。然而，重视顾客本人固然重要，重视顾客的同伴或关系人也是同样重要的。而且，通过与顾客的同伴或孩子进行沟通和互动，并能使他们感到满意，顾客也就会更加满意。

（2）使顾客愉快。这是销售人员对顾客高度重视的标志之一。为顾客创造一个愉快的环境或氛围就是重视顾客的表现。通过组织那种能使顾客产生感情上愉悦的活动，能够促进顾客与销售人员之间感情上的融合，将对顾客的购买决定产生非常积极的影响。

2. 承认顾客的重要性

承认顾客的重要性的最有效办法之一就是最终满足顾客需求。为此，销售人员需要做好以下工作：

（1）对顾客进行后续调查。不管顾客是否购买，销售人员最好都对顾客进行后续调查。这是表达为顾客"着想"的良好意愿的有效方式和机会。而且，通过后续调查掌握更多的信息也可以有效地改善顾客的下一次购买感受。不过值得注意的是，在后续调查过程中要避免过分打扰或跟踪顾客，防止顾客产生厌烦和不满情绪。

（2）对顾客的需求做出积极的反应。承认顾客的重要性就要在第一时间对顾客的需求做出积极主动的反应。顾客对于销售人员委托他人来处理自己的问题、抱怨和投诉的行为，对于搪塞、拖延和推托责任的行为，一般是非常讨厌的。因为这些行为实际上都显示顾客并不重要。所以，某些行业已经规定，对于顾客的需求、问题、抱怨和投诉实行首问责任制的做法是值得提倡的。所谓首问责任制，就是公司规定，凡是接受顾客的问题、抱怨和投诉的第一位员工，不管其在公司内部的分工职责是什么，都有责任全面负责，全程跟踪顾客的问题、抱怨和投诉的处理过程，直至问题完全解决。

不仅如此，承认顾客重要性的销售人员总是试图为顾客提供更好的服务，总是努力使自己对顾客的服务超过顾客的期望，使顾客产生"意外惊喜"的感觉。如果真正这样做了，顾客自然就会再次光临。

3. 表明自己了解顾客

销售人员可以从以下几个方面表明自己了解顾客：

（1）直接向顾客表明自己了解他们。重视顾客就必然会去了解顾客。几乎所有的顾客，不管是否从某家公司中购买东西，都希望得到某种程度的认可。顾客对于了解他们的销售人员自然也更容易产生信任的感觉。表明了解顾客的一个最简单方法就是叫得出他们的名字。如果公司能够进一步熟悉顾客的日常生活习惯和偏好，并据此为顾客提供定制化服务，就能大大提高顾客满意度。

（2）不断了解顾客需求的变动。顾客的需求和感受往往是变动的，销售人员需要通过不断学习来增进对顾客的了解。社会政治、经济、文化和自然环境的变动会对顾客需求和感受产生巨大的影响。许多企业已经发现全球金融危机已经使得许多消费者的需求和购买行为变得更加理性和保守。销售人员也需要研究各种重大的社会、政治事件对于顾客需求和购买行为的影响。

4. 承认顾客的感情

顾客总希望自己的感情得到别人的承认。在推销中，就想要自己的感情倾诉得到销售人员的关注和倾听。因此，销售人员在与顾客接触和互动过程中就要注意如下一些环节：

（1）要感谢顾客向销售人员反映问题所做的努力。在与顾客的互动过程中，销售人员需要对解决顾客的问题表现出高度的兴趣。

（2）要对推销可能给顾客带来的问题和麻烦表示歉意。真诚的道歉就是对于顾客感情承认的最好表达。

（3）要认真地倾听。认真倾听是重视顾客的表现。认真倾听和必要的询问也是真正了解顾客感情的基础。

（4）迅速解决问题或就解决问题的方法达成一致。顾客在感情上认为，既然重视我的问题就应当立即解决，否则就会产生消极的情感。所以，针对顾客的问题，要么尽快地解决，否则就必须尽快与顾客就如何解决问题或补救达成一致。

（5）要表现出对顾客情感上满足的足够关心。销售人员需要对顾客进行跟踪调查，确保问题的圆满解决和顾客情感上的高度满足。

3.3.2　尊重顾客

1. 换位思考理解顾客感受

在与顾客交往和互动的过程中，销售人员需要将自己放在顾客位置上，以顾客眼光来看待和评价推销活动。无论是在视觉、嗅觉、听觉、触觉和味觉等感觉器官上，还是在情感上，都需要站在顾客角度上来感受。只有这样，才能真正理解顾客的感受，并随时表现出对顾客的尊重。

2. 在交往与沟通过程中尊重顾客

礼貌是与顾客交往与沟通中表现出尊重的最有效方法。事实上，那些最有礼貌地对待顾客的销售人员是最有可能赢得顾客订单的。礼貌地对待顾客，让顾客感到受到尊重的销售人员也更有可能赢得顾客的忠诚。顾客有可能从这类销售人员那里购买更多品种和更多数量的产品。受到尊重的顾客也更有可能向他人推荐这类销售人员的产品。重视顾客生活中的特别事件，如结婚、生孩子或乔迁之喜，对于这些事件表示祝贺，提供特殊的优惠或服务也是表现出对顾客足够尊重的重要机会。在这类感情投入上所花费的成本相对于顾客可能产生的回报是微不足道的。

3. 节省顾客时间

现代社会中，时间是顾客最稀缺的资源之一。节省顾客的宝贵时间能够让顾客感受到销售人员对他们的真正尊重。为节省顾客时间，首先，在时间安排上要优先考虑顾客的需要和方便。要充分尊重顾客的进度计划和安排要求，为顾客提供更多的便利。其次，要提高对顾客的服务速度，帮助顾客处理时间紧迫的问题，缓解顾客可能产生的焦虑情绪。

4. 尊重顾客的空间需求

顾客一般不愿意接受强力推销，他们只希望在购买决定过程中得到适当的帮助。因此，顾客并不欢迎销售人员过多打扰或者进入他的私人空间。在不合适的环境中与顾客沟通，会使顾客感到自己的私人空间受到威胁或攻击，他们就可能做出防卫性或保护性的反应，促使他们做出拒绝的决定。由此可见，保护顾客空间需求的自由和独立性是促使顾客产生良好感受的重要方面。

5. 对顾客表现出足够的信任

首先，销售人员应当相信顾客是诚实和富有信誉的。任何以不信任的眼光来看待顾客，使顾客感到尴尬、沮丧甚至羞辱的行为都会导致损失和为此付出代价。其次，应当相信顾客所提出的要求、抱怨或投诉基本上都是合理的，值得尊重和满足的。一般地说，95%以上的顾客所提出的要求都是合理的。他们只是想得到每个人都应当得到的尊重，并保证自己的购买决定更加明智、合理而已。

3.3.3　赢得顾客的信任感

1. 对顾客信任感的基本认识

顾客的购买决定最终是建立在对推销活动信任基础上的。如果顾客对销售人员缺乏最起码的信任感，想要成交就很困难了。相反，顾客一旦建立起了对销售人员及产品的信任感，则离成交也就不再遥远了。在销售中我们最关心的是顾客三方面的信任感：对公司、对产品或服务，以及对销售人员个人的信任。

顾客对公司的信任感是指，顾客相信销售人员所服务的公司会按照承诺为他提供所需要的产品。很多情形，顾客是先了解公司的声誉和形象，因为拥有了基本的信任感，才接受推销活动，达成交易的。对于声誉好、知名度高的公司，顾客很自然会产生信任感。但对于形象不佳的公司，要使顾客产生信任感就比较困难了，需要销售人员的额外努力。

顾客对产品或服务的信任感常常是以对品牌的认可为基础的。要顾客对于不知名品牌的产品产生信任感是一件很不容易的事。但是另一方面，顾客对于公司的信任与对产品或服务的信任又是相互影响、相互关联的。在顾客不了解公司的情形中，如果产品的品牌知名度很高，顾客也会因对产品信任转而信任公司。相反，一家著名公司所制造的产品很容易获得顾客信任，而且对于在一家知名度高、信誉良好的商店中所销售的产品，即使顾客不了解产品品牌和制造商，常常也很容易产生对产品的信任感。而对于在一家以销售低档、便宜产品出名的商店中出售的陌生产品，自然就很难产生信任感了。

顾客对销售人员本人的信任感对于成交更是至关重要的。顾客对于销售人员的信任感，一开始在某种程度上往往是与顾客对公司和产品的信任程度联系在一起的。因为人们常常认为好公司通常是由优秀的人组成的，它们的销售人员也应当是值得信赖的。同样，对于推销知名品牌产品的销售人员更可能产生一种信任感。相反，顾客要对不知名公司或产品的销售人员建立起信任感就比较困难。但是，随着推销活动的深入，顾客对销售人员的信任感主要就由销售人员的素质和态度所决定了。如果顾客发现某个销售人员知识渊博、表现可靠、责任心强，就会信任他们，并进而对他们所在的公司也产生信任感。

2. 影响顾客信任感的因素

（1）销售人员的态度。不管销售人员如何巧妙地隐瞒自己的真实态度，顾客总是尽力根据销售人员的真实态度，而不是口头表达来决定购买决策的。所以要想获得顾客信任，销售人员无论对自己的目标、所推销产品、所服务公司以及顾客保持一种健康、积极的态度是成功的关键。所以要想向顾客推销连自己都不认同的产品是很难成功的。特别是，销售人员的自信是赢得顾客信任的重要基础。顾客对缺乏自信的销售人员是很难建立起信任感的。

（2）销售人员的背景。来自著名公司或者推销名牌产品或服务的销售人员，自然较容易获得顾客信任；否则，要获得顾客信任就比较困难了。此时，如果经过双方熟悉的第三者推荐，顾客也比较容易产生信任感。所以，争取其他人，特别是老顾客的推荐，是获得新顾客信任感的好办法。

（3）销售人员的工作方法。销售人员如果不是首先了解顾客需求以及自己产品或服务能否最佳地满足顾客需求，而是急于向顾客兜售自己的产品或服务，顾客是不可能产生任何信任感的。但假如销售人员能让顾客集中精力考虑某个问题，帮助其分析问题，指出解决问题的适当办法，顾客就会愿意与销售人员坐下来讨论。这样就建立了产生信任的基础。

（4）销售人员的仪表和行为。本章开头已经讨论过了销售人员的服饰和姿态、行为对于自己在顾客心目中形象的影响。因此，销售人员在接触顾客以前最好分析一下顾客对自己的看法和期望。至少要在服饰、仪容和行为举止上尽量符合顾客的期望，这是获得顾客信任感的最直接而有效的途径。

3. 赢得顾客信任感的有效办法

迅速地赢得陌生顾客的信任并与他们建立起融洽的关系，对于销售人员来说是必要的沟通能力。销售人员需要通过训练，掌握以下一些赢得顾客信任的有效办法，并在实践中应用这些办法，来改善和提高顾客的信任感。

（1）寻求与顾客之间各方面的协调。协调就是指尽量与顾客在各方面保持一致，或者说缩短与顾客之间的各种距离。如果销售人员能够做到说话像顾客，行为像顾客，外表像顾客，并且急顾客之所急，想顾客之所想，顾客自然而然就会把他们当做自己群体的一员，而给予信任。相反，如果销售人员的言行举止、知识水平、能力和态度与顾客的期望不一致，甚至冒犯顾客，他就很难与顾客建立融洽关系了，也就难以赢得顾客信任了。所以，为了迅速赢得顾客信任，销售人员在情感上、表达方式和习惯上都应当尽量与顾客保持协调一致。

（2）关联，即把传递的信息与顾客熟悉的事物联系起来。经验和研究都表明，在传递某种新的、难以直接证实的信息时，如果把它与某种可以直接加以证实的事物联系起来，就可以明显提高对方对于所传递信息的信任感。假如销售人员发现，顾客并不熟悉自己所推销的产品，他可以这样向顾客介绍："我们所销售的产品完全是采用××品牌（某国际知名品牌）同样的零配件（配方、设备、标准）生产出来的，因此……"这种陈述方式往往能迅速增加顾客对于所推销产品的信任感。联系或关联实际上是把顾客对于所熟悉事物的信任传递到另一种新事物身上。

通常有三种方法可以建立起所需要的某种关联或联系。第一种是通过强调两者的某种共同点，把它们直接关联起来。例如，销售人员可以向顾客介绍说："今年本地市场上有两种产品最畅销：苹果公司的 iPhone 和我们公司的变频空调。"第二种是通过时间或使用条件把两者直接联系起来。例如，销售人员可以说："使用……的时候，人们总是最希望……我们的产品就是……"第三种是直接通过因果关系，把两者关联起来。

（3）采取真诚解决问题的态度。销售人员采取帮助顾客解决问题的态度，无疑是最受顾客欢迎，也最容易获取信任的。采取帮助顾客解决问题的态度，既需要正确的思维方式，也需要遵循合理的解决问题的程序。

从思维方法看，在帮助顾客解决问题的过程中应当采取两种不同的方法。在与顾客接触的开始阶段，应当采取发散式思维。这种思维方式就是面对顾客问题，开拓和发掘出多种选择方案，让顾客惊喜地发现解决问题的多种可能性。而在接触后期，销售人员需要采取收敛式思维。收敛式思维就是通过对所有可能选择方案的筛选，最后集中推荐一种产品或方案。

采取合理的思维方式，遵循解决问题的洽谈程序，可以避免顾客产生销售人员只想谋取自己利益的感觉，就体现了以顾客利益为中心的推销洽谈，可以大大提高顾客的信任感。

（4）借用第三者提出客观证据。销售人员如果能够利用第三者提供客观证据，就能大大提高顾客的信任感。利用第三者提供客观证据时，既可以利用满意的老顾客提供鉴定式证据，也可以借用更权威的人士，或具有更高社会地位的人，提供客观证据，来赢得顾客的信任。

3.4 顾客情感与购买信号

3.4.1 顾客情感对购买心理的影响分析

1. 顾客情感与购买行为的关系

顾客情感也会影响其购买行为。情感是行为的动力与源泉。任何时候，只要把顾客的情感激发或调动起来，他甚至可以打破通常的购买习惯而购买某个产品。情感对购买行为的影响很大，即使是一种情感期望也会刺激购买行动。某种情感不一定要被感觉到才会影响购买行为。即使只是意识到或者潜意识中感到可能会出现的强烈情感，也常常会导致某项购买决策。不仅如此，即使人们凭理性做出的购买决策，也会在很大程度上受到某种情感因素的影响。

人们的情感就如同色彩一样，五彩缤纷。每种具体的情感各有不同的功能。例如，高兴的情感会导致希望再现并产生想要有效地加强的意愿，讨厌的情感则会产生排斥的结果等等。这些都是情感具有功能的表现。

每种情感都具有强度上的差异。越是强烈的情感导致行为的可能性就越大。推销洽谈中一方所诱发的情感强度，与另一方描述的有效性及可记忆性有很大的关系。研究结果表明，最容易记住的是能诱发出强烈积极情感和强烈消极情感的产品描述；较容易记住的是能诱发出有点消极情感的产品描述；最不容易记住的是只带有一点积极情感，或带有中性情感或仅仅提供客观信息的产品描述。

2. 增强顾客情感效果的方法

（1）利用表达意见方式的暗示来增强情感效果。人们说话的音调、音量和语调变化以及所表现出来的热情程度都对他想要诱发的情感具有暗示作用。人们在表达意见时所采取的姿势也对传达情感及强度具有明显的暗示作用。销售人员在与顾客洽谈中要保证表达意见方式的暗示作用与需要激发的情感相一致。

（2）利用形象艺术的表达技巧。这是一种综合利用音响、气味、口味和温度等手段，用丰富多彩的画面形式，来表达思想的艺术和技巧。研究结果表明，成功的艺术形象的表达技巧完全可以使对方产生身临其境的感觉，从而迅速有效地增强对方的情感效果。

（3）指出直接利害关系。人们对于发生在周围的、与自己有直接利害关系的事件所产生的情感会远远强于其他事件。而且，即使对于与自己家庭成员、亲戚朋友有直接利害关系的事件，相互之间的关系越亲切，情感强度相应地也越大。由此可见，如果销售人员在推销洽谈中适当地暗示对于顾客的直接利害关系，就能大大增强顾客的情感。

（4）保持话题的一致性。这包括如下几个步骤：首先，销售人员在与顾客谈论需求和情感时，要始终围绕同一种需求或感情因素来展开。例如，假如所推销产品与安全需要存在某种自然的联系，那么，在推销洽谈中就应始终围绕与安全相关的话题。其次，针对同一种情感，销售人员可以从正面（得到的利益）和反面（失去的利益）两方面进行陈述，来一致地强化顾客情感。最后，销售人员通过更具体、详尽的说明或者运用比喻来增强顾客的情感。

（5）运用故事情节。故事情节是销售人员描述自己产品或服务的重要特征、用途和带来利益的有效手段。精心组织和选择的故事情节可以把所推销的产品或服务与顾客尚未满足的需求联系起来，让顾客迅速产生购买的欲望。

3.4.2　顾客情感的生理反应：购买信号

1. 购买信号

推销过程中，当顾客的某种情感被唤醒时，他的身体内部就会出现某些生理上等变化。这些变化会导致出现所谓的"购买信号"。尽管人们对于每一种情感的主观感受和行为反应很不一样，但是，由生理变化而产生的反应，即出现的购买信号几乎都是类似的。

这种购买信号既可能是销售人员可以明显感觉到的顾客动作与表情上的反应与变化（如身体向前倾；双手摩擦；脸色红润；语速加快；眼睛睁大；瞳孔放大；警觉性提高；兴趣增强；询问问题；留心细节，提出疑虑；说话时不断地清嗓子；改变呼吸方式，做深呼吸或加快呼吸速度等），也可能是别人不容易觉察到，只有顾客自己才能感觉到的生理上变化，如心率加速、血压增高、排汗量增加、肌肉绷紧、手心冒汗、口内干燥等。

人们越是认为由于自己的情感所导致的行为对他来说越重要，他的这种生理上的反应也就会越强烈；反过来，如果所出现的上述各种生理反应越强烈，就说明情感也就越强烈。情感所导致的这种生理变化是不受意识控制的。即使是那些平时表情刻板、比较善于控制自己情感表现的人一般也很难控制全部的生理反应，特别是眼睛睁大、瞳孔放大等更不容易掩饰。因此，购买信号的出现是顾客内心情感变化的客观真实的反映。

在与顾客商谈中，销售人员只要发现顾客出现上述生理反应中的任意一种组合状态，就可以认为购买信号出现了。购买信号的出现意味着成交机会的到来，如果能充分利用这种机会就能顺利达成交易。

2. 销售人员要积极主动地应对购买信号

购买信号只有在顾客某种情感达到一定强度时才会出现，而且，购买信号往往并不会长期保持下去。一旦顾客的情感恢复到正常水平，表明情感的生理反应变化的购买信号也就会消失，成交机会也就远去了。所以，销售人员需要对购买信号采取积极主动的态度。

首先，销售人员要善于诱发顾客的购买信号。其次，销售人员要通过自己的言行来主动引导顾客的购买信号。再次，销售人员要能够积极利用顾客身上所出现的购买信号。此外，销售人员还应当为顾客的购买信号提供足够的理由。最后，销售人员要设法维持和延长顾客的购买信号，直至顺利完成交易。

顾客的购买信号从销售人员的角度看，也称做成交信号。我们将在第 10 章成交签约部分对它再做更深入的讨论。

推销实践 3-2 　　　　　　**推销过程中的客户心理变化周期**

从一个陌生的客户发展为成熟忠诚的顾客，大致都会经历以下五个阶段：

（1）心理戒备期。这是销售人员最难突破的一个阶段，他们必须面对重重的猜测和怀疑。陌生客户见面后的典型语言是："你们有厂家手续吗？全吗？带着没有？"如果拿给他看，要么吹毛求疵，要么根本就不看。总之，态度会让人感到十分不舒服。突破这一时期的要诀是换位思考。设想自己是一个客户的话，一定也会首先考虑产品的真假和质量等。所以，被怀疑是很正常的。销售人员只要耐心地全力配合客户，细心回应客户的要求，就能顺利通过这个阶段。

（2）心理拒绝期。此时，客户虽然不再怀疑厂家的真假，但仍会担心产品的质量，尤其是对于不知名中小厂家的产品尤其明显。此阶段客户的典型语言是："类似的产品我们都有，不缺。""我们有某某大厂的，客户们都认大厂的。""以后再说吧，这次不订了。"基本上都是逐客令，态度比较冷淡。要想渡过这一阶段的要诀是：产品比较和思想启发引导。充满自信和耐心引导是成功的关键。销售人员的应对策略是："大厂家的产品价格高，利润空间小，我们的产品质量上与他们差别不大，利润高。难道你不想尝试吗？""如你所知，国家对产品质量监管很严，产品质量差别越来越小，效果上几乎没有差别。因此，我觉得你们应该尝试一下我们的产品。"

（3）心理尝试期。这阶段客户心理上松动，开始咨询或者关注产品了。此时客户的典型语言是："你们厂家准备在这里销多长时间？""这个产品效果如何？"同时客户在行动上也会主动与你拉近距离，眼神开始向一个方向凝聚。在你回答他时，还会看你的眼神等。此时，销售人员应当沉重冷静，语言准确果断，眼神里更要有自信，并且要坚定地表示，自己要在当地市场上长期卖下去，后期的服务和维护工作保证能做到位。关于产品的使用效果最好用真实的案例来回答。所用的案例尽量要与客户靠近，最好是同一个城市的。

（4）心理接纳期。这阶段就是订货期。此时，客户的典型语言是："订点先试试，好的话再接着订。""以后如果想订货，再找你们。"客户虽然想订货，但是还是不想主动订太多。针对这种情形，销售人员需要进一步增强他们的信心，帮助客户下决心，促使其下订单。所以，销售人员应当说："建议你这个产品应该多订一点。你放心，我们会定期给你打电话的，即使你卖不好，我们也可以随时调货。"这时，销售人员千万不能说"你是订还是不订"这样疑问的语言。这说明你不够自信，很容易丧失战果，导致前功尽弃。

（5）心理成熟期。这时客户已经订完货，还很可能已经重复订货了。这意味着客户对厂家产品的认同，更是对销售人员的完全认同。随后，客户从称呼上会亲切地称你为小×或老×，并且语气上变得比较随意，订货时也不太在意数量的多少了。此时是销售人员维护客户的开始，一定要加强沟通，如用电话、短信等致以新产品上市、节假日或客户生日的问候。要通过沟通保持与客户心理距离的亲近，努力赢得客户持久的忠诚度。

资料来源 胡景春. 终端客户开发的诀窍［J］. 市场营销案例，2009（2）：11.

主要概念

接受性 反应模式 感受性 顾客人性需求 重视顾客 尊重顾客 顾客信任感 顾客购买（成交）信号

基本训练

@ 知识题

1. 顾客的一般特征对消费心理会产生哪些影响？
2. 顾客的个性因素对其购买心理会产生什么影响？
3. 人性需求对于购买心理的影响体现在哪几个方面？
4. 为什么对于销售人员来说，获得信任非常重要？销售人员如何才能获得信任？

@ 技能题

1. 在学完本章内容以后，重新浏览本章开头的引例，说明从刘涵创业的案例中看分析和把握顾客购买心理的重要性。刘涵主要把握和利用了顾客哪些购买心理？

2. 认真研读"推销实践 3-1：正确判断顾客个性，有针对性地推销"，去超市或电子市场某产品展区，观察某目标顾客的购买过程及与促销人员相互沟通过程，判断顾客的个性类型，并分析促销人员的反应是否合理，有哪些值得改进的地方。

第4章 推销方格和推销模式

学习目标

知识目标：深刻理解销售人员方格和顾客方格的概念和含义；深刻理解爱达模式、迪伯达模式、埃德伯模式和费比模式涵义和特点。

技能目标：根据销售人员方格和顾客方格与业绩的关系培养优秀销售人员的素质；针对不同产品和推销对象，选择和应用合理的推销模式解决问题，提升业绩。

引 例

调查发现，优秀的销售人员与人的长相无关，与学历高低也无关，与年龄大小也无关，甚至与性格个性也无关。那么，究竟什么样的人最有可能成为优秀销售人员呢？

美国推销研究专家大卫·梅耶和赫伯特·柯瑞伯格经过深入调查研究发现，一名优秀的销售人员至少必须具备两个基本特征：移情能力和自我激励能力。

所谓移情能力就是销售人员能够觉察到顾客的感受和需求，并根据顾客反应调整自己推销行为的能力。移情能力与通常理解的感知能力有很大的关系。移情能力差的销售人员往往难以觉察到顾客的感受和需求，也不善于根据顾客反应来调整自己的行为，所以推销就难以成功。移情能力强的销售人员能准确地感受到顾客的反应，并据此调整自己的推销行为。因此，推销成功的可能性更大。

所谓自我激励能力是指销售人员并非仅仅把推销看做一种赚钱手段，而是"人生事业"，并具有强烈的推销愿望的能力。自我激励能力强的人，内心就有一种非达成交易不可的心理需要。他们会把推销成功看做自我形象提升的标志。

对于不同销售人员来说，其移情能力和自我激励能力都有强有弱。然而，销售人员的移情能力和自我激励能力两者之间有密切的关系，共同对推销结果产生影响。

移情能力强同时自我激励能力也强的销售人员必定能成为优秀销售人员。

移情能力强但自我激励能力弱的销售人员可能是个好人，但却无法完成推销任务。由于自我激励能力弱，缺乏引导顾客完成推销，达成交易的那种内心渴望，常常会对顾客产生同情而放弃推销。

移情能力弱，但是自我激励能力强的销售人员由于具有达成交易、完成推销任务的强烈愿望而会克服各种困难去实现成交的目的，有时甚至会不择手段谋求成交，但是由于他们不了解顾客需求，往往无法达成更多的交易。

移情能力和自我激励能力都弱的销售人员缺乏从事推销的基本素质，推销自然很难成功。

看来，对于销售人员来说，提高自己的移情能力和培养强烈的自我激励能力是实现事业成功的基本条件。

资料来源　王荣耀．优秀推销员的个人特征［J］．销售与市场，1998（1）：30–31.

4.1　推销方格

销售人员在推销过程中要与各种不同类型的顾客打交道，他们的态度及行为会与顾客的态度及行为相互影响，从而影响推销的效果。美国知名管理专家罗伯特·R. 布莱克和 J. S. 蒙顿教授研究了推销行为与顾客购买行为之间的关系，最终提出了推销方格理论。这一理论现在被广泛地应用于实际的推销工作中，并取得了显著成效。

这种理论的基础是，产品推销是一种面对面的双向交流过程，由于销售人员与顾客的立场不同，看问题的角度不同，结果对于推销和购买会产生不同的认识。这种认识对彼此的关系和推销结果会产生不同的影响。所以，这种理论强调，针对不同的顾客，销售人员必须采取不同的推销态度和行为，只有这样才能成为一名优秀的销售人员。

推销方格理论又分为销售人员方格和顾客方格，分别研究推销过程中销售人员和顾客的心理状态及对推销结果的影响。掌握和运用推销方格理论，可以帮助销售人员分析自己的态度对推销结果的影响，看到自己工作中存在的问题，进一步提高自己的推销能力。推销方格理论也有助于销售人员更深入地了解自己的推销对象，更有的放矢地开展推销活动，提高推销工作的效率。

4.1.1　销售人员方格

推销方格理论认为销售人员在推销中一般会有两个具体目标：一是要千方百计地说服顾客，达成交易，努力完成推销任务；二是要竭力迎合顾客的偏好，以求建立良好的人际关系，为以后的产品推销做好准备。在实际的推销活动中，不同的销售人员对这两个目标的态度与关心程度常常是各不相同的。有的销售人员只注重自己交易的达成，不太关心与顾客之间建立长期的关系；有的销售人员比较注重与顾客之间保持良好关系，而忽视产品交易与推销任务的完成；还有的销售人员能够做到两者兼顾。这就构成了不同的推销风格。

布莱克和蒙顿教授用平面坐标图形来表示销售人员对上述两个目标的关心程度及态度。这就是如图4-1所示的销售人员方格。销售人员方格（以下简称推销方格）中的纵坐标表示销售人员对顾客的关心程度，横坐标表示销售人员对自己达成交易、完成推销任务的关心程度。两个坐标的刻度都从1逐渐等值增大到9。坐标值越大表示关心的程度越高。方格中的各个交点分别代表各种销售人员的不同心理状态和态度，即不同的推销风格。布莱克和蒙顿教授认为，在众多的推销风格中，有五种风格是最典型的，分别是：

图4-1　销售人员方格

1. 履行公事型

处于推销方格中（1，1）位置的销售人员属于履行公事型，或称做事不关己型。处于这种心态的销售人员既不关心能否完成推销任务，也不关心顾客的需求是否被满足。这类销售人员既没有明确的工作目标，也缺乏工作的成就感。同时，他们也不关心顾客的心理活动，对顾客的需求与困难会采取冷漠的态度。怀有这种心态的销售人员在公司内的表现是得过且过，混日子；出差热衷于游山玩水，几乎无业绩可言。这种人有时只能依靠关系与大量回扣进行推销。抱有这种心态的人往往是不适合做销售人员的。

2. 强力推销型

处于推销方格中（9，1）位置的上销售人员就属于这种类型。这类销售人员具有强烈的推销成就感和事业心。他们十分重视与关心推销任务的完成，有一种不达目的誓不罢休的劲头。但是，他们对顾客却缺乏关心。怀有这类心态的销售人员并不理会顾客是否真正需要所推销的产品，也不愿研究顾客的心理状态。他们会千方百计地甚至是不惜运用高压的、强制式的硬性推销手段，来达到推销产品的目的。这类销售人员通常认为只要自己口才好，就一定能把产品推销出去。从近期看这样做确有可能把产品推销出去，给企业带来短期效益；但是，由于这样做会给顾客造成很大的心理压力，甚至形成很坏的印象而引起顾客的反感，最终损害企业的长期利益。因此，这类销售人员对于公司来讲也并不是好的销售人员。

3. 顾客导向型

这是一类处于推销方格（1，9）位置上的销售人员。这类销售人员只知道关心与顾客之间的关系，而不关心推销任务是否完成。在推销中，他们同情顾客的困难，照顾顾客的情绪与意愿，希望给顾客留下一个好印象。但是，他们不考虑或很少考虑如何来完成推销任务。他们宁可做不成交易也绝不得罪顾客。这类销售人员也许可以与顾客建立良好的人际关系，有很好的口碑，但却很难完成推销任务。因此，这类销售人员也不能算是好的销售人员。

4. 推销技巧型

这是一类处于推销方格（5，5）位置上的销售人员。这类销售人员既关心推销业绩的完成程度，又关心顾客的满意程度。他们认识到，如果顾客不满意的话推销任务也很难完成。而且，他们也认为推销成功与否的关键在于推销的技巧。因此，他们会努力学习推销技巧，总结推销经验，并在实践中加以应用。在推销遇到困难时，他们会用折中与说服的办法来促使顾客成交。这类顾客给人的印象是踏实肯干、经验丰富、老练成熟，且往往具有较好的推销业绩。但由于他们在推销中只关注顾客的心理活动，注重说服顾客的技巧，而不十分关心顾客的真正需要，因此，他们常常可能说服顾客高高兴兴地购买实际上并不真正需要的产品。所以，从长远看，他们也可能会损害顾客的长远利益。尽管表面上看来他们也是一个好的销售人员，但从现代推销学的角度看，他们实际上并不是最理想的销售人员。

5. 满足需求型

这是一类处于推销方格（9，9）位置上的销售人员。这类销售人员把推销的成功建立在满足销售人员自己与顾客双方需求的基础上，因此，也可以称作解决问题型。他们把推销活动看成是寻求满足双方需求的途径和方法。他们承认销售人员有完成推销任务并获取报酬的需求，更承认顾客有不同的需求。他们会努力寻找有需求的顾客，发现和分析顾客需求的内容和特点，寻求既满足顾客需求又完成推销任务的途径。他们既了解自己所推销的产品，也理解顾客所处的环境及困难。他们在推销活动中会以平等协商的办法去寻求解决双方困难的途径。他们在满足顾客需求的同时也完成了自己的推销任务。这类销售人员才是最有可能取得优异业绩的杰出推销人才。

综上所述，销售人员方格从销售人员对顾客的关心程度以及对完成推销任务的关心程度两个维度的结合上，来分析销售人员的态度与工作有效性之间的关系。它克服了只考虑单一因素的传统推销理论"简单化"的局限性，有利于销售人员分析、评价和调整自己的心态，提高推销的有效性。

推销实践 4—1　　　　哪种销售人员最能成功?

英国克兰菲尔德管理学院（Cranfield School of Management）的莱内斯·赖亚尔斯教授和巴斯大学（University of Bath）的伊恩·戴维斯实地考察了 800 名销售人员在销售会议中的表现。具体研究了他们与销售成功相关的七种技能:一是会议准备;二是与客户互动;三是介绍公司;四是陈述讲解与建立关系;五是卖力地推销;六是讲推销故事;七是应对挑战。

围绕这七种技能,研究者们着重评估了他们在如下三项重要活动中的绩效表现:一是确保与客户的进一步接触;二是进入交易的下一阶段;三是完成交易。据此,确定不同技能对推销业绩的影响大小。

研究结果发现,这些销售人员可以分为八种类型。其中只有三种类型的销售人员的业绩能够持续上升。这些销售人员仅占全部样本的 37%。而剩下 63% 的销售人员由于某些行为可能影响销售的成功,会导致业绩的下降。研究者进一步指出,这种分类是按其行为倾向,而不是个性特征来做的,所以只要能够改变行为,那些业绩不良的销售人员也是完全可以提升销售业绩的。

1. 三类最佳销售人员

（1）专家型销售人员。这类销售人员可以毫不费力地实现推销成交,他们也能让顾客保持愉悦的心情,并且销售业绩总能超过同行。这类销售人员在所研究的样本中仅占 9.1%。由此看来,公司应当对新的销售人员提供指导,也应努力帮助大多数低效的销售人员提高业绩,并提倡在全公司范围内推广最佳的推销模式。

（2）成交型销售人员。这类销售人员往往能达成大宗的交易（但多数为产品交易,而非服务交易）,并能有效地消除顾客的异议。但他们的能言善辩也会让部分客户望而却步。这类销售人员在所研究的样本中占 13%。公司从他们身上所得到的启发是,需要对销售人员加强培训,进一步提高他们销售服务产品的能力。而且,公司对于这类销售人员应当建立一套有效的机制来激励和留住他们。

（3）顾问型销售人员。这类销售人员善于倾听顾客意见和解决问题,制订各种解决方案,满足客户的需求,但他们往往缺乏多向思维,且不能充分利用有助于增加销售业绩的宝贵案例。这类销售人员在所研究的样本中占 15%。公司从这些人身上所得到的启发是,销售人员需要接受辅导,在销售中培养多向思维,并加强与客户之间的互动。这类销售人员经过培训有潜力成为专家型销售人员。

2. 其他类型的销售人员

（1）故事型销售人员。这类销售人员以客户为中心，乐于提供案例研究，但他们往往在销售过程中夸夸其谈，浪费大量的时间，又难以取得成效。这类销售人员在所研究的样本中占7%。公司对于这些人需要加强培训，让销售洽谈具有更明确的目标和重点，学会深刻地领会洽谈的内容和要求，并对自己的行为有明确深刻的了解。

（2）专注型销售人员。这类销售人员对自己的产品有深入了解且深信不疑，但缺乏自信。他们往往特别关注产品的特征细节，又可能没有注意到客户需求。这类销售人员在所研究的样本中占19%。公司应当让这类销售人员接受提高倾听能力的培训，并学会运用专业技能满足客户需求的推销技巧。

（3）读稿型销售人员。这类销售人员了解自己产品和市场，但过于依赖于销售演讲稿。他们离不开销售材料，难以很好地回答客户的挑战性问题。这类销售人员在所研究的样本中占15%。公司应当让这类销售人员接受销售中提高询问技巧和临场反应的基本指导，让他们将注意力从PPT和产品手册转移到客户身上。

（4）进攻型销售人员。这类销售人员完全将推销洽谈看做讨价还价的价格谈判。他们或许能够大获全胜，很少做太多的让步，不过，很多客户并不喜欢这种咄咄逼人的方式。这类销售人员在所研究的样本中占7%。公司需要进一步对这些人进行更广泛的销售技能、更丰富的市场知识的培训。让他们接受自我意识方面的培训，也许会有所帮助。

（5）社交型销售人员。这类销售人员善于通过亲友、汽车和社区等问题开始友好的交谈，最初或许会给客户留下深刻的印象，但往往无法由此而深入交谈下去，所以很少能达成交易。这类销售人员在所研究的样本中占15%。公司应当让这些销售人员经过培训尽快转变推销模式，加快销售节奏，也应当为他们制定明确的短期目标，并让他们接受上司的比较细致的管理。

资料来源 莱内斯·赖亚尔斯，伊恩·戴维斯. 哪种销售人员最能赢 [J]. 陈召强，译. 人大报刊复印资料：市场营销，2011（7）：53.

4.1.2 顾客方格

推销的成败不仅取决于销售人员的态度，也受到顾客态度的影响。因此，我们也必须对顾客的态度进行分析，以便因人而异，有针对性地开展推销。为此，我们也按照建立销售人员方格同样的办法来建立起顾客方格。

在购买活动中，顾客至少也有两个目的。一是希望获得有利的购买条件，通过购买满足自己的需求。二是与销售人员建立起良好的人际关系，以便今后更好地合作。但是，不同的顾客对于这两个目的的重视程度往往是不同的。某些顾客可能更注重自己能否以有利的条件完成购买。而另一些顾客则可能更注重与销售人员之间的关系，更在乎销售人员的态度和服务质量。布莱克教授和蒙顿教授依据顾客对这两方面关心程度的不同，也建立了顾客方格，及相应的顾客方格图形。

顾客方格图中的纵坐标表示顾客对销售人员的关心程度，横坐标表示顾客对自己完成购买任务的关心程度。关心程度也从低到高等值地分为九个等级。坐标值越大表示关心的程度越高。方格中的各个交点分别代表各种顾客不同的心理状态和态度。这样也就得到了许多顾客的不同购买风格的类型（如图 4-2 所示）。布莱克教授和蒙顿教授认为在顾客对于推销可能采取的各种反应中，最典型的是如下五种反应风格：

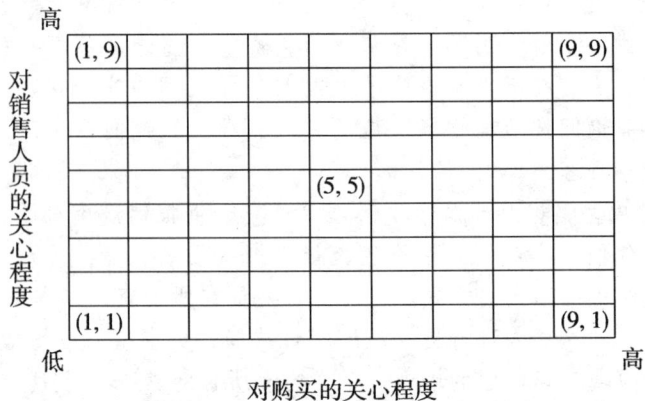

图 4-2　顾客方格

1. 漠不关心型

处于顾客方格（1，1）位置上的顾客就属于这种类型。这类顾客既不关心购买行为及其结果，也不关心销售人员及与他们之间的关系。这类顾客多半是受人委托进行购买的，自己并没有购买决策权；或者是不愿承担责任，往往把购买决策推给别人，自己只愿意做一些询价和搜集资料等辅助性工作。这类客户所购买的往往并不是自己真正所需要的物品，因而，对购买持有消极的态度，不想承担购买的责任，对于购买也就不热心了。他们把购买行为视为应付差事。为避免吃力不讨好，能推就推，万不得已才会承接购买任务。所以，他们也就不会主动找销售人员，只把销售人员看成是找麻烦的人，尽量回避销售人员。

2. 软心肠型

这是一类处于顾客方格（1，9）位置上的顾客，也可以称做情感型。这类顾客同情并关心销售人员的处境和感受，重视与销售人员建立起融洽的关系，但却不太关心自己的购买任务能否顺利完成。软心肠型的顾客极易受销售人员的影响，较为注意销售人员的言谈举止，重视建立感情，对推销气氛十分敏感，宁愿花钱买销售人员的"和气"与"热情"。顾客产生这种购买心理的原因既可能是出于对销售人员的同情，也可能是因为顾客个性所造成的。

由于这类顾客重感情、少理智，可能会购买一些自己很可能并不需要，或者尽管需要，但实际上并不需要那么多的东西。尤其是，当销售人员态度热情周到，与顾客的人际关系较好时，这类顾客就很容易被销售人员的热情所感动，而接受销售人员的购买建议。此外，销售人员多倾诉工作的辛苦，往往容易博得他们的同情，而达成交易。

3. 防卫型

这是一类处于顾客方格（9，1）位置上的顾客。这类顾客与软心肠型顾客恰好相反，因此，也称做购买利益导向型。他们只考虑如何更好地完成自己的购买任务，而毫不关心与销售人员之间的关系，甚至对销售人员抱着敌对的态度。这类顾客大多不相信销售人员的话，只相信自己对产品的判断。他们认为销售人员只会欺骗顾客，不会为顾客着想，只有自身关注购买行为，才能避免上当受骗。这类顾客一般比较固执，不易被说服。

产生这类购买心理的原因有很多，主要是顾客由于传统观念或先验性感受所带来的偏见。因此，这类顾客对销售人员的拒绝并不一定是因为他们不需要所推销的产品，而是他们根本不能接受销售人员所做的推销工作。针对这类顾客的购买心理，销售人员首先应该推销自己，要以实际行动说服和感化顾客，获得顾客的信任，打消顾客固执的偏见，而不要急于推销产品。

4. 干练型

这是处于顾客方格（5，5）位置上的一类顾客。他们既关心自己的购买行为，又关心销售人员的态度和服务，因此又称做聪明型或公正型的顾客。这类顾客在实施购买过程中，既乐意听取销售人员的意见，又倾向于自主做出购买决策而不愿受他人的影响。这类顾客一般较为理智，会根据自己的经验和知识来选择品牌，决定购买数量。他们又比较重感情，乐意听取销售人员的意见与购买建议，但又不会轻信销售人员的承诺。这类顾客一般还比较自信，购买决策往往由自己做出，其真正的购买动机是显示自己的聪明与公正，有时是为了抬高自己的身份，满足虚荣心的需要。对待这类顾客，销售人员应该摆事实、提供证据，进行客观的比较分析，让顾客自己判断后，做出购买决策，不宜在顾客前面表现出过分的殷勤。

5. 寻找答案型

这是一些处于顾客方格（9，9）位置上心态的顾客。这类顾客既高度关心自己更好地完成购买任务，又高度关心销售人员的推销工作。这类顾客的购买往往是理智分析的结果，而不是凭一时的感情冲动。他们往往很了解自己的需求，又乐意与各种销售人员接触，以便发现能更好地满足自己需求的途径和解决自己问题的方法。他们也愿意与能够帮助自己了解情况与解决问题的销售人员保持良好的关系。这类顾客在购买中愿意接受销售人员的帮助和参谋，且主动与销售人员合作，寻找解决问题的途径，一般不会提出无理要求。

对于这类顾客，销售人员应该认真分析顾客问题的关键所在，真心诚意地为他们服务，应推销最适合于他们的产品，为顾客排忧解难。如果销售人员知道顾客并不需要自己所推销的产品，就应该停止推销。理智的销售人员应当清楚，试图向寻求答案型的顾客推销他们实际上并不需要的东西是不会得到理想结果的。

推销实践 4-2　　　　　说服不同类型客户的技巧

说服是一个交流的过程。它是对话而不是独白。交流过程本身就是一个互动过程。其结果既依赖于信息传递者，也依赖于信息接收方；否则，效果就会大打折扣。人们的购买行为往往是由购买决策风格所决定的。销售大师罗伯特·米勒和他的团队调研了大约 1 700 名有采购决策权的高管人员对他们的决策风格做了详细的统计分析。米勒认为，所有购买者的决策风格都可以归结为五种类型：

（1）开创型。这类经理人员总是不断地寻找新的思想，很容易接受大胆甚至标新立异的想法。他们富有激情，决策果断，行动迅速，但他们又并不草率，会让别人谨慎对待。他们的责任感非常强，又讨厌繁文缛节，还善于与人交往。

（2）思考型。这类经理人员思维缜密，办事谨慎，制定决策时要求以信息为基础，注重决策方法和程序；对观点和信息尽量要求量化和精确；会坚持对供应商提供的方案进行全面的论证；处理问题小心谨慎，喜欢平衡，善于听取大家的意见。

（3）怀疑型。这类经理人员生性多疑。对于任何与其观点不符的信息都持不相信态度。他们只相信极其可靠的信息来源，不信任任何人，说话直言不讳；他们的自信心极强，对一切都无所畏惧，有个性和独立主见，不随波逐流，意志坚定、目光敏锐。

（4）继承型。这类经理人员以其信得过的同事过去的成功经验为蓝本来制定决策。他们对经过实践检验的做法和经验深信不疑。只要别人做成过，他们都觉得放心。他们不愿大胆创新，对公司忠心耿耿，老于世故，是人际关系的高手，善于心领神会，能从别人的立场出发来观察和解决问题。

（5）权力型。这类经理人员事必躬亲，对决策过程的方方面面都不放权。任何一种想法未经他们的同意绝不能实施。他们刚愎自用，不受他人想法的左右，只相信自己；行动上强调先下手为强，注重细节；一切都要求尽善尽美；一旦遇到问题，通常不愿承担责任。

　　这五种决策风格迥然不同。销售人员如果只针对某种决策风格制定好应对策略，成功的概率就很小。

　　经理们决策风格的形成受到两类因素的影响：一是动机，二是逻辑。动机包括对责任的承担和对风险的惧怕等。而逻辑是指遵循一种什么样的程序进行决策。那么，怎样去说服各种不同类型的客户呢？

　　传统的销售说服的步骤总是：亮明自己的观点，阐述自己的想法，对想法进行解释，对不理解的客户进行指导，但这样做完全是闭门造车。

　　从本质上讲，任何真正的说服过程都应当是提问、聆听和讨论，而不仅是准确地阐述自己的想法内容。只有让对方觉得有启发的情况下，他才可能被说服。只有通过聆听和提问才能发现自己和客户之间的鸿沟。所以，真正的说服应当是五步法：询问、探查、聆听、讨论和解决。下面讨论应对上述五种不同对象时可采取的不同说服方法。

　　（1）说服开创型客户的技巧。一位公司经理是"富二代"，对销售人员所提出的解决方案中的一种办法特别感兴趣。喜欢的原因是，这种方法就连行业中的领先企业都没有用过，所以一定要试用。显然，销售人员遇到了一个典型的开创型的决策者。要想说服这类人需要直接阐明利益和风险。一旦他们表现出兴趣就要紧追不舍。因为这些人虽然本身感兴趣但也经常会被部下和对手所左右，而有多变的倾向，所以，不能有丝毫的懈怠，要防止他们的注意力被转移。

　　（2）说服思考型客户的技巧。一位主管采购的副总裁为了购买 A 公司的一个软件，把 A 公司和所有竞争对手的软件功能都研究了一遍，把产品搞得比 A 公司的销售人员都要熟。这是一个典型的思考型决策者。销售人员需要逻辑性地与他交流，详细阐述每一个工作步骤，并经常与他保持沟通。由于这类人决策比较慢，需要耐心等待。

　　（3）说服怀疑型客户的技巧。销售人员与一位成功的老板洽谈一个购买管理软件的项目，一开始就陷入了困境。老板认为，管理软件不要个性化，该像汽车一样标准化。销售人员当然不同意。而老板个性极强，与销售人员争论了两个多小时也绝不妥协。很显然，销售人员遇到了典型的怀疑型决策者。销售人员只能坚持自己的观点，谨慎地与他讨论，但绝不能有情绪上的失控。

　　（4）说服继承型客户的技巧。一位公司总裁拟定了一项请外部专家实施的系列性培训项目，前期还请人对很多培训公司开展了调研，但最后决定还是由他自己和其他副总裁讲课，不请外部人士了。这是一个典型的继承型决策者。销售人员想要说服他的正确做法是提供自己成功的案例，以及和他的疑问有关的资料供他参考，但所提供的东西一定要简明扼要，因为这类人本来就没有主见。和他们谈也不要说"革新"、"巨变"之类的词汇，要把决策可能带来的变化看成是他们现在工作的延伸。

（5）说服权力型客户的技巧。一位老板最喜欢挂在口头的话是"创新是公司的核心竞争力"，但是每当创新需要钱的时候他基本都是坚决不批。不过，表面上他一定会和大家开很多会，装模作样地讨论几次然后否决。这是一个典型的权力型决策者。销售人员想要说服他，正确的做法是搞定他的左膀右臂，他所信任的那些人，尽量避免在建立信任前直接与其接触，同时给他们提供一切想要的信息。

由此可见，在销售中要说服客户必须努力按照客户的思维模式来考虑问题，而不能要求所有客户都按照自己的想法去做事。

资料来源　崔建中．驴唇如何对马嘴［J］．发现，2011（11）：28-30.

4.1.3　销售人员方格与顾客方格的关系

从销售人员方格理论来看，销售人员的推销心理越接近于满足需求型或解决问题型，就越可能取得较好的推销业绩。因此，每一个销售人员都应该培养良好的个性心理品质，提高自己解决问题的能力，既重视顾客的利益，也关注自己的推销业绩。

从顾客方格的角度看，顾客的需求是千变万化的。不仅不同的顾客有不同的需求、兴趣、爱好和性格，就是同一个顾客，在不同的时机和场合、面对不同的销售人员也会表现出不同的心理特征。那么，面对具有不同心态的顾客，销售人员怎样才能达成交易，提高自己的推销业绩呢？

如前所述，从提高业绩的角度看，具有或接近于满足需求型或解决问题型心态的销售人员，其推销能力越强，推销业绩也就越好。但是现实是，不可能所有的销售人员都能达到这样理想的素质水平。有些销售人员在运用销售人员方格理论来分析时，经常认为自己短期内很难达到那样的境界，就认为自己天生不适合从事推销工作，因而丧失信心，逃离推销职位。其实，销售人员应当克服这种错觉，树立起获得成功的信心。

首先，从长期看，销售人员的推销心态不是天生的，而是后天形成的。销售人员的推销心态会受到自身的推销观点和外部环境的影响，随着外部环境的变化和推销经验的积累而不断发展变化。只要销售人员肯认真学习推销理论，总结经验教训，完善自己的推销行为，其推销心态必然会逐步接近，最后达到（9，9）位置的理想目标，获得理想的推销业绩。

其次，从短期看，即使那些与处于（9，9）位置的满足需求型或解决问题型心态还有很远距离的销售人员，在面对不同顾客时也还是能取得一定的推销业绩的。假如一个处于（1，9）位置上的顾客导向型的销售人员遇到一位处于

（1，9）位置上的软心肠型顾客，由于双方相互替对方考虑，因此，照样也可以取得不错的推销业绩。另外，处于（5，5）位置上的推销技术型的销售人员在遇到一位处于（5，5）位置上的干练型顾客时，多半也会取得推销的成功。

由此可见，正确把握销售人员自己的心态与顾客购买心态之间的关系是十分重要的。只要销售人员保证自己的推销心态与顾客购买心态之间的协调，推销就可能取得成功。

布莱克教授和蒙顿教授总结了具有不同推销心态的销售人员与具有不同购买心态的顾客组合时，对推销成败与业绩的影响情况，得到了销售人员方格与顾客方格的有效组合表（如表4-1所示）。

表 4-1　　　　　　　　　　　**销售人员方格与顾客方格组合关系表**

顾客 ＼ 销售人员	满足需求型 (9, 9)	强力推销型 (9, 1)	推销技巧型 (5, 5)	顾客导向型 (1, 9)	履行公事型 (1, 1)
漠不关心型 (1, 1)	+	0	0	−	−
软心肠型 (1, 9)	+	+	+	+	−
干练型 (5, 5)	+	+	+	0	−
防卫型 (9, 1)	+	0	−	−	−
寻找答案型 (9, 9)	+	0	0	0	−

这个表反映了销售人员方格与顾客方格之间的不同组合对于销售人员业绩影响的规律性。表中的"+"符号表示销售人员取得成功的概率高；"−"表示销售人员面临失败的概率高；"0"表示推销成功与失败的概率几乎相等。

从组合关系表中可以看到，具有（9，9）型心态的销售人员无论遇到什么类型的顾客争取推销成功的可能性都比较大，而具有（1，1）型心态的销售人员无论遇到哪一种心态的顾客，推销成功的可能性都很小。

美国有关研究结果表明，满足需求型的销售人员所创造的推销业绩相当于事不关己型的75倍至300倍，相当于强力推销型的9倍，相当于推销技巧型的3倍以上。根据这项研究，不同心态的销售人员对推销工作贡献差异之大可见一斑。每一个销售人员都应当从理论上认识到树立正确的推销态度的重要性，并加强对态度的自我培训和锻炼，努力成为一个具有成功心态的现代销售人员。

4.2　推销模式

推销模式是根据推销活动的特点和对顾客购买活动各阶段心理演变的分析，以及销售人员应采取的策略，总结出来的一些程序化的标准推销方式。一批杰出的推销大师通过对推销实践经验的总结，形成了一些获得国际公认的基本推销模式。借鉴这些成功的推销模式可以帮助销售人员提高推销的有效性，提升推销业绩。但是，另一方面，在具体的推销实践中，由于市场环境的多变性、推销活动的复杂性，销售人员也不应当完全被这些标准化模式所束缚，而应当把握推销活动的内在规律，灵活运用推销模式。只有这样，才能有效提高推销业绩。

推销模式有多种，这里主要介绍应用比较广泛的模式：爱达（AIDA）、迪伯达（DIPADA）、埃德伯（IDEPA）和费比（FABE）。

4.2.1 爱达推销模式

1. 爱达推销模式的基本含义

爱达（AIDA）推销模式（以下简称爱达模式）是欧洲著名的推销专家海因兹·姆·戈德曼于1958年在《推销技巧——怎样赢得顾客》一书中提出来的。爱达模式从研究顾客的购买心理活动出发，针对不同推销阶段顾客的心理特点，提出应当采取的相应对策。爱达模式进而认为，一次成功的推销活动可以概括为四个具体的步骤：首先是要将顾客的注意力吸引到所推销的产品上来，然后努力唤起顾客对所推销产品的兴趣，接着要激发顾客的购买欲望，最后是要促使顾客做出购买决定，实现成交。因此，爱达模式把整个推销过程划分为四个阶段：

第一阶段：A——attention，表示要吸引顾客的注意力。

第二阶段：I——interest，表示要唤起顾客的兴趣。

第三阶段：D——desire，表示激发顾客购买所推销产品或服务的欲望。

第四阶段：A——action，表示要促使顾客采取购买行动，达成交易。

这四个阶段的英文缩写就是AIDA，通常就称为"爱达模式"。爱达模式根据顾客购买心理的变化特点，归纳总结出销售人员在不同阶段的推销目标和任务，对具体推销实践具有一定的指导意义。爱达推销模式不仅适用于店铺的推销，如柜台推销和展销会推销等，也适用于一些易于携带的生活用品和办公用品的推销，还适用于新销售人员以及面对陌生顾客时的推销。

由于市场环境千变万化，推销活动本身也是复杂多变的，所以销售人员在运用爱达推销模式时应当分析面临的具体情况，灵活地确定目标和策略，避免僵化和生搬硬套的做法。

如果在推销开头顾客就表现出对所推销产品的兴趣，则推销过程就不再需要经历前两个阶段了。假如顾客已经对产品表现出强烈的购买欲望，则推销活动就可以直接进入到促使成交了。所以，在某些时候，爱达模式的某些阶段常常是可以省略的。

此外，在推销活动过程中，完成爱达模式中各个阶段所需要的时间长短差异可能很大，四个阶段的先后次序也不是一成不变的。销售人员需要根据具体情况来决定。有的推销阶段可能需要几个月、半年甚至一年的时间才能完成，而有的阶段则只需要几分钟就能完成，或者干脆可以省略。在某些特殊情况下，销售人员也可能需要重复某些步骤。

　　根据爱达模式，每个销售人员在推销前和推销过程中，都应该依此检查一下自己的推销陈述和表现，并向自己提出以下四个问题：第一，我的陈述和表现能否立刻引起顾客的注意；第二，我的陈述和表现能否引起顾客的兴趣；第三，我的陈述和表现能否使顾客意识到他需要我所推销的产品，从而促使他产生购买欲望；第四，我的陈述和表现能否使顾客最终采取购买行动。

2. 爱达模式各阶段的要点

　　（1）吸引顾客注意。在推销开始时，如果顾客的注意力仍然集中在自己关心的其他事物上，则对于销售人员的介绍和建议就会心不在焉、无动于衷和麻木不仁，即使对于最精彩的推销陈述也不可能做出积极的反应，推销就会失去机会。因此，在推销开始阶段，能否吸引顾客注意力是决定整个推销活动能否成功的重要前提。吸引顾客注意在推销刚开始时更显得特别重要。因为对于人们心理活动的研究表明，如果销售人员在刚开始的几分钟，甚至在几十秒钟之内不能给顾客留下良好的印象，推销活动就可能很难继续进行下去。

　　为吸引顾客注意力，销售人员主要可选择下列几种方法：

　　①仪表形象吸引法。如果销售人员能够给顾客以深刻的第一印象，往往能有效地吸引顾客注意。所以，销售人员的仪表、神态、举止和气质都应当给顾客在视觉上产生良好的第一印象，使顾客在看到销售人员的第一眼时就产生信任和欣赏等感觉。

　　②语言吸引法。这是销售人员所使用的最基本方法。一般地说，潜在顾客在倾听销售人员的第一句话时注意力是最集中的，听完第一句话后，很多人就会立刻决定是继续交谈下去还是尽快把销售人员打发走。即使再听第二句话，注意力也就不那么集中了。所以，在面对面的推销工作中，说好第一句话显得尤为重要。销售人员应当事先对第一句话做好充分准备。销售人员与顾客见面的第一句话从内容上看必须是非常重要的，能迅速吸引顾客注意的。从表达上看，销售人员所讲的第一句话必须是生动有力的，不能拖泥带水，更不能支支吾吾的。

　　③动作吸引法。销售人员在接触顾客时如果能做到言语彬彬有礼，气质风度非凡，举手投足得体，动作潇洒利落，就可以通过动作给顾客造成良好的第一印象，从而吸引顾客的注意。

　　④产品吸引法。如果销售人员能够充分发掘产品本身的新颖、美观、独特和稀缺性，从而形成特有的魅力，就能吸引顾客的注意力，但无论是用外观造型、独特包装，还是特殊功能来吸引顾客注意，都要让顾客一目了然，才能达到吸引注意的目的。

　　⑤柜台广告吸引法。对于店堂柜台、订货会或展览会的推销，柜台广告也是一种吸引顾客注意力的重要手段。这种直接在购物现场所做的广告，只要设计得当，富有对于感官的足够冲击力，就可以有效吸引顾客的视觉、听觉或味觉。

　　（2）引起顾客兴趣。推销中引起了顾客的注意仅仅完成了推销的第一步。

顾客仅仅注意到了销售人员或所销售的产品，并不意味着他们就会购买所推销的产品。所以，吸引顾客的注意远不能简单地理解为导致成交。要让顾客做出购买的决定至少要让他们对所推销产品感兴趣。唤起顾客的兴趣往往是引导成交过程中必不可少的重要环节。

能否引起顾客兴趣的关键在于让顾客意识到他们购买产品后可以得到的利益。站在顾客的角度看，不仅要听到销售人员陈述和分析自己购买所得到的利益和好处，而且，还希望能够证实产品的特性、优点和购买后的利益。因此，在引起兴趣阶段，销售人员的主要任务有如下两项：

①演示是引起兴趣阶段的主要工作。引起顾客兴趣的关键是使顾客清楚地意识到他们在接受所推销产品后可以得到的利益或好处。使顾客了解这种利益和好处的一种办法是从一开始销售人员就说明产品的特性、优点和使用价值，但陈述事实不同于证实事实，重复自己说过的话也不同于用事实证实所说话的真实性。如果销售人员能够用事实证明所推销产品确实具有某些优点，就更能引起顾客的购买兴趣。引起顾客兴趣阶段的主要办法就是演示或展示。

推销演示或展示是向顾客证实所推销产品确实具有某些优点的好办法。演示所产生的效果常常是任何语言所不能达到的。熟练地演示所推销的产品不仅能有效地吸引顾客的注意力，而且能使顾客对产品直接产生兴趣。

演示是推销工作中必不可少的手段。演示时，销售人员运用动作的刺激使顾客的注意力集中于所推销的产品上，可以防止顾客注意力的转移和分散，就更容易让顾客产生兴趣。演示又能给顾客以一种视觉、触觉或嗅觉等方面的刺激。这给顾客的印象要比仅仅听觉的印象深刻得多，并且使人更容易理解、更具体，所以也就更会感兴趣。

②了解顾客的基本情况。了解顾客的基本情况是做好演示的一个重要先决条件。在引起兴趣阶段一开始，销售人员就需要对顾客情况进行了解。为了使产品满足顾客的愿望和需求，销售人员应当分析需要了解顾客的哪些方面的情况，由此来确定提问内容和提问方式。要争取通过提问既了解顾客情况，又直接与顾客交换意见和看法，提高成交的可能性。

演示的具体方法和成功演示的要点我们将在第9章专门讨论。

（3）激发购买欲望。对某种产品感兴趣的顾客，仍然可能不采取购买行动。要使顾客做出购买决定，还必须激发顾客的购买欲望。兴趣和购买欲望并不是一回事。对某种产品感兴趣的人，也不一定有购买欲望，或者欲望不大，结果仍然不会购买。所以，顾客对产品的兴趣只是销售人员说服和激发顾客购买欲望的基础。为了达成交易，激发顾客的购买欲望是必要的。

购买欲望是指人们想通过购买某种产品或服务，给自己带来某种特定利益的一种需要。激发欲望是一个过程，可以通过三个阶段来达到目的。首先，要让顾客明白，所推销的产品正是他所缺乏和需要的。其次，要让顾客相信，所推销产品可以满足他的这种缺乏和需要。最后，应让顾客知道购买所推销产品后可以获得的各种满足。

销售人员可以从情感上和理智上两个方面来激发顾客的购买欲望。通常，促使思考的原因是道理，而引起行动的力量是感情。在激发欲望时，如果自始至终给人讲道理，那么失去顾客的可能性将很大。预期的顾客会逐渐离开这个销售人员到别的销售人员那里去购买。相反，如果始终运用感情，那么签约成交的可能性会大大提高；但是，事后取消订单的可能性也会增加。销售人员在激发欲望时如果能兼顾道理和感情，而不过分强调哪一个方面，那么现在取得订单，将来也会使顾客满意的概率就会大得多。

从情感和理智两个方面激发顾客购买欲望的办法，也是回答和处理顾客所提出的不同意见时的有效手段。如果顾客从逻辑性角度提出意见，销售人员最好是采取诉诸感情的回答办法。如果对方从感情角度提出问题，销售人员最好采取逻辑说理的办法进行回答。这样做效果会更好。

①从情感上刺激顾客的购买欲望。从情感上刺激顾客购买欲望的办法就是在向顾客介绍产品特点、性能的同时，更注重于传递自己的感受和体会，并强调顾客购买后所得到的利益和好处，以此来刺激顾客的购买欲望。采用这种办法时，销售人员不仅要突出产品的特点，更需要提出富有创意的建议，巧妙地让顾客明白，他在购买所推销产品后将感到的满意、享受的乐趣、得到的好处和利益，以此来刺激顾客。

购买欲望不仅与获得产品的利益和喜悦联系在一起，而且也往往与失去这种产品的恐惧心理有关。所以，从情感的角度刺激欲望既可以强调顾客从购买中所得到的利益和好处，也可以说明拒绝购买所导致的机会损失。一个人如果一生都没有得到他想要的东西，这将是一种极大的遗憾。对于另一些顾客，如果他们的同事、同行、邻居及朋友们都已经拥有了某种产品，而他们由于没有购买，就失去了占有、使用这种产品所带来的利益、享受和乐趣。心理学研究表明，对于顾客来说，避免蒙受损失的恐惧对心灵造成的冲击往往要比得到的欲望更为强烈。因此，从情感上激发欲望时，销售人员既可以从说明购买某种产品的利益和好处来正面刺激欲望，也可以通过强调由于不购买或延迟购买所可能造成的损失，从反面来激发顾客的购买欲望。

从情感上激发顾客购买欲望时，不要讲过去。过去也许顾客并没有因缺乏所推销的产品或服务而感到不舒服。有的顾客即使觉得过去并不好，但这也并不能促使他们购买所推销的产品，谈论过去也可能促使顾客回忆起过去的不快而影响情绪，拒绝购买。

也不要与顾客议论现在。谈论现在往往会使顾客的心理压力增大，顾客感到压力太大时往往会选择逃避和反抗。

要大说特说将来。将来对顾客有吸引力。销售人员如果能说明顾客拥有产品或服务后可以获得的好处和利益，就可以引导顾客理解产品对于他们的使用价值，从而去想象拥有产品的喜悦和愉快。要使顾客相信拥有这样的产品才是最明智的选择。

②从理智上说服顾客购买。对于一些花钱不多、顾客随意购买的产品，从情感上刺激顾客的购买欲望，通常就可以促成交易。但当顾客购买某种贵重物品，购买某种足以改变顾客某种购买习惯的产品，或者是对企业的生产经营影响较大的生产资料产品时，仅仅靠情感上刺激顾客的购买欲望就远远不够了。要让顾客相信他的购买决定不仅在情感上是合理的，而且在理智上也是正确的。

对于较贵重的消费品来说，一般是由家庭成员共同做出购买决定的。因此，销售人员不仅要说服顾客本身，还应当为他提供向家庭成员说明购买决定正确的理由，只有这样才能保证最终成交的实现。

对于生产资料产品来说，采购者是代表他的企业购买的。他要做出购买决定也需要向他所在的公司或工厂证明他的购买决定的正确性。因此，销售人员在说服顾客时，最好同时向他提供能证明他的购买决定正确的理由。如果销售人员能够讲清道理，向他证明，他的购买会得到所期望的效果，那么他的购买欲望就一定会迅速增强，成交可能就会大大提高。

要从理智上向顾客证明他的购买决定的正确性，或为他们提供向其他人证明他购买决定正确的理由，就要采取讲道理、算细账的办法，把顾客从购买中所得到的利益详细具体地分析罗列出来。

理智上激发购买欲望的最常用方法是采用 T 形账户或 T 形表分析法。所谓 T 形账户或 T 形表分析法就是在一张白纸上端画上一条横线，横线中点往下再画一条竖线，把整个区域分成左右两边。左边列出购买的正面理由，强调购买的利益；在右边列出反对购买的理由，列举购买的风险和不利因素。然后，销售人员帮助潜在顾客权衡比较正反两方面的结果，经过分析，一步步地引导潜在顾客最终得出并确信采取购买行动是更合理、更明智的决策的结果。

（4）促使顾客成交。

①把握成交的机会。除了极少数潜在顾客在有了购买欲望以后，并不需要外部促进就会自行做出购买决定外，对于大多数顾客来说，做出最终购买决定通常是缓慢而困难的。那些虽然具有购买意愿的潜在顾客往往会处于一种相互矛盾的考虑之中。一方面是购买后的好处驱使他们采取购买行动。另一方面是购买所需要支付的代价往往又会促使他们停滞不前。因为对顾客来说，购买决定就意味着要减少他手头上所有的资金，而且还迫使他放弃购买其他所需要东西的机会。可见，为了最终达成交易，销售人员需要引导顾客及时做出购买决定。

大多数销售人员在顾客没有做出购买决定时，会不停地说服，反复地宣传产品的特点，催促顾客尽快做出决定，但事实上，这种做法常常事与愿违。大多数顾客并不会因为被销售人员催促得走投无路、精疲力竭而做出购买决定；相反，一长串冗长而使人感到厌烦的说教只会促使顾客打消购买的念头，而断送掉成交的可能。

销售人员想要促使顾客做出购买决定，达到最终成交的目的，就需要掌握适当的时机。然而，缺乏经验的销售人员不仅可能因急于成交，不断催促顾客购买，引起顾客反感而失去成交机会，也可能因多种原因而痛失成交机会。

痛失成交机会的最常见的原因是销售人员对于成交缺乏足够的信心。许多销售人员会因担心正面提出成交要求，遭到顾客拒绝的尴尬，而往往没有勇气直接提出成交要求。因此，只能喋喋不休地拼命重复产品的特点，希望顾客主动提出购买要求，但事实上，顾客一般是不会主动提出购买要求的。

痛失成交机会的另一种原因是没有把握成交的主动权。有些销售人员虽然敢于正面提出成交要求，但是在顾客未能当即做出购买决定时，就不再坚持成交要求。他们总觉得为了不把事情搞乱弄僵，应当给顾客一定时间进行考虑，让他们在日后某个时刻做出购买决定。于是他们总是说："请再好好想一想，我以后再来。"但是到了下次，顾客的购买念头就可能早已烟消云散、无影无踪了。在推销工作中，"今天订单近在眼前，明天订单就会远在天边"的情形是经常发生的。销售人员一定要把握成交的主动权，促使顾客及时做出购买决定是非常必要的。

把握成交机会的关键是要善于识别和紧紧抓住潜在顾客可能发出的成交信号。在第 10 章我们还将对与此有关的问题做进一步的讨论。

②促使成交的方法。促使成交的方法有多种，我们也将在第 10 章对成交方法有关的内容做进一步的分析，这里不做一一介绍。

4.2.2　迪伯达推销模式

1. 迪伯达推销模式的含义

迪伯达（DIPADA）推销模式（以下简称迪伯达模式）也是国际著名的推销专家海因兹·姆·戈德曼根据自身的推销经验总结出来的一种推销模式。迪伯达（DIPADA）中的六个字母分别代表了迪伯达模式的六个不同的阶段。迪伯达模式把推销过程分为如下六个不同的阶段：

第一阶段：D（definition）意为确定、界定，就是首先要准确地发现和确定顾客的需求和愿望。

第二阶段：I（identification）意为结合，这一阶段要把所推销的产品与顾客的需求或愿望结合起来。

第三阶段：P（proof）意为证实或证明，这一阶段要证实或证明自己所推销的产品正是符合顾客的需要与愿望的。

第四阶段：A（acceptance）意为接受，这一阶段是要促使顾客接受所推销的产品。

第五阶段：D（desire）意为欲望，这一阶段就是要刺激顾客的购买欲望。

第六阶段：A（action）意为行动，最后一阶段就要促使顾客做出购买决定。

迪伯达模式的特点是一开始就抓住顾客需求。因此，它体现了以需求为核心的现代推销学的思想，这既是对传统推销理论的突破和发展，也是对于现代推销理论的成功应用。迪伯达模式把推销成功建立在满足顾客需求的基础之上，因此是一种富有创造性的推销方法。迪伯达模式虽然比爱达模式复杂，步骤多、任务繁，但每一步针对性强，一般地说，其推销效果比较好，因而受到推销界的普遍重视。

与爱达模式不同，迪伯达模式适用于：对生产资料类产品的推销；对老顾客及熟悉顾客的推销；对保险、技术服务、咨询服务、信息情报和劳务市场上的无形服务产品的推销；向组织或机构购买者的推销。

2. 迪伯达模式各阶段的具体内容

（1）准确界定顾客需求和愿望。迪伯达模式与爱达模式在推销活动开头时的目标是不同的，这是因为：

①对于熟悉或相识的顾客，并不需要刻意去引起他们的注意。向熟悉的顾客推销产品完全可以直入正题。

②生产资料产品的购买行为完全不同于消费品。生产资料产品的购买者之所以会购买产品往往源于生产与经营的现实需要，受感情和兴趣的影响比较少。而且，他们自己往往具有明确的购买目标和要求。所以，发现和界定他们的现实需求和愿望远比引起注意和兴趣重要得多。

③生产资料产品的购买行为受到各种政策与规章制度的规范和约束。爱达模式开头两个阶段的吸引注意和引起兴趣对于生产资料购买者所产生的作用并不大。只有准确地了解顾客的需求和愿望，为顾客找到购买的理由才有可能达到推销的目的。

生产资料购买者的需求和愿望往往是由其本身的生产经营过程的需要、竞争的需要和他们用户的需要等几方面所决定的。

生产资料购买者本身的生产经营过程是决定他们需求的最基本因素，生产经营过程的发展变化又会产生许多新的需求。生产资料购买者希望提高产品质量、增加品种、降低成本、提高生产速度或效率、提高生产过程或产品的安全性等。这些都是生产资料购买者购买中的基本需求和愿望的内容。

竞争又会迫使生产资料的购买者改进产品和工艺，制定一定的竞争策略，增强竞争力，由此又会产生一系列新的需求和愿望。

生产资料购买者与消费品购买者的最根本区别是：消费品的购买者是为个人或家庭消费而购买的，而生产资料购买者却是为生产而不是为自己消费而购买的。生产资料购买者是为了生产市场所需要产品而购买原材料、设备或零配件的，因此，他们在购买时不仅要考虑自己的偏好，更重要的是受到终端市场需求的影响。市场上所畅销的最终消费品一旦发生变化，有关的生产资料产品的购买者的需求必然也会发生变化。

要发现和确定生产资料购买者的真正需求或愿望需要销售人员事先做深入细致的市场调研工作，收集信息，善于观察分析，不断总结，积累经验。

（2）把推销的产品与顾客需求结合起来。迪伯达模式的第二阶段的核心是要把第一阶段中对顾客需求的探讨过程与此后的推销程序"结合"起来，实质上是把客户需求与自身的推销"结合"起来，是一个由探讨需求的过程向开展实质性推销过程转变的阶段。

要达到"结合"的目的，要注意转变的程序和步骤。如果转变过于突然可能会破坏气氛，达不到预期的效果。在"结合"阶段，首先，应简单地总结与提示顾客的主要需求，同时也应征得顾客同意与认可。这样做有利于取得顾客信任和好感。其次，应当再简单扼要地介绍一下自己的产品，只要准确明了地说明产品的主要优点及性能作用就够了。最后，把产品与顾客需求结合起来。这一步是实质性推销工作的开始。有时这种结合是很自然的，但是由于需求的个性化、差异化，加上生产资料产品的专业性、复杂性和差别性特点，有时这种结合会变得很困难。

要达到预定的目的，这种结合必须是符合实际的、合理的。为此，销售人员必须找到顾客需求与所推销产品之间客观上存在的内在联系。勉强结合、牵强附会的结合只会令顾客反感，最终断送推销。这种结合还必须以顾客的利益为出发点，并能令顾客的需求得到满足。这种结合还必须是可以证实的，即具有能把顾客需求与所推销产品结合的证据。最好是可以通过现场演示或展示证据而令顾客感到信服。此外，结合过程应是顾客逐渐参与的过程。销售人员如果能引导顾客参与结合过程，一起寻找解决问题的方法和途径，就能取得理想的效果。

（3）证实所推销产品符合顾客需求。证实销售人员的介绍是真实的，继而向顾客证实他们的购买选择是正确的。证实并不等于简单地重复前面的说明。证实就是销售人员利用各种手段与证据来证明产品的确能满足顾客需求。证实的目的与含义实际上是为顾客寻找购买的理由与证据。生产资料的购买者是为企业、组织进行采购的。他们必须向委托他们采购的企业或组织说明购买理由，证明他们的购买决策是正确的。因此，销售人员就要为顾客寻找与提供购买的理由，提供令顾客及其企业或组织相信购买决策是正确的证据，使顾客认识到所推销的产品是符合他们需求的，他们所需要的也正是所推销的产品。

要达到证实的目的，销售人员所提供的证据必须是客观的，能够获得顾客信任。同时，所提供的证据要有针对性，要证明产品恰好能满足顾客的需求和愿望。

证实必须要有证据，所以，销售人员事先就要做好证据的收集工作。有用的证据只有主动收集才有可能得到。生产资料产品的销售人员既要有收集证据的意识，更要有收集证据的能力。市场调查是收集证据的良好渠道和方法。实际上，通过市场调查，销售人员对于顾客需求和产品功能用途都会有更深入的了解，积累了经验，也更有可能收集到各种更富有说服力的信息资料和证据。

要使证实达到预期的效果，除了收集证据外，销售人员在推销前还应做好在推销活动中如何应用与展示证据的准备工作。清楚地了解每一份证据的内容、重点及作用，确定证据的展示时机和步骤。只有这样，证据的展示才能获得顾客的认可，达到推销的目的。

（4）促使顾客接受所推销产品。顾客只有从心理上接受了某种产品才会购买。因此，迪伯达模式的第四阶段"促使接受"，就是要使顾客真正了解与认识产品，达到认识上认可、肯定和欣赏产品的程度。上一阶段的证实并不一定能使顾客接受。证实与接受之间还存在不可忽视的沟壑。要消除这一沟壑就需要销售人员促使顾客接受产品。促使接受就表示销售人员在证实以后不能等待，而应积极主动地促使顾客接受产品。

促使接受并不意味着就是强力推销。顾客是否真正接受产品既决定于这一阶段中销售人员的行为，也受到销售人员在前三阶段中行为的影响。所以，在顾客不接受产品时，销售人员也需要检查自己前三阶段的工作。如发现问题，应立即补救前三个阶段中的工作，不择手段地强制顾客接受会适得其反。

促使接受需要继续不断的努力。如果经过销售人员的初步努力，顾客仍然不愿接受产品，销售人员除了应设法排除顾客的异议外，仍然需要尽量忍耐顾客的不接受。很多交易往往是销售人员多次努力、"促使接受"的结果。销售人员一开始推销顾客就立即接受的情形是很少见的。销售人员要坚信，只要顾客存在着对产品的客观需要，他就应该继续努力，促使顾客接受产品并完成交易。

促使接受有多种办法，最常用的一些方法是：

①询问—诱导促使法。销售人员在介绍产品和证实的过程中不断询问顾客是否认同或理解销售人员的讲解及演示，借以促进顾客集中精力听取介绍与证实，维持及增进顾客对产品的注意与兴趣，通过询问顾客对产品的接受程度，促使顾客接受产品。如果销售人员事先对所提的问题经过精心设计，使得后一个问题的回答总是以前一个问题为基础，而顾客对每一个问题的回答又都是肯定的话，就能有效地诱导顾客最终接受产品。

②总结—确认促使法。销售人员在与顾客洽谈中不断地对前段推销活动及进展情况进行总结和确认，也是一种促使顾客接受产品的方法。销售人员一方面要总结产品对顾客需求的满足程度，另一方面要总结已经被证实的产品优点及特色。与此同时，还要强调和总结顾客与销售人员之间取得的共识，边推销边总结，促使顾客认可和接受产品。销售人员如果把顾客认同的内容记录下来，放在显眼的地方作为确认书就可以起到更好的效果。

③演示检查促使法。这是一种通过检查演示效果而促使顾客接受产品的方

法。销售人员在演示前、演示中和演示后不断地向顾客提出一些带有检查性的问题，试探顾客的接受程度以及是否有购买意图。如果发现顾客并没有接受某些关键问题，就立即补充纠正。由于这种办法随时随地可以检查推销效果及顾客的反应与接受程度，可以使销售人员有停顿调整及转换话题的机会，从而始终掌握推销主动权。同时，这种方法也促进了销售人员与顾客之间的双向沟通，增进了了解，因此得到了广泛的应用。

④试用促使法。这种办法是销售人员把已经介绍与初步证实的产品留给顾客试用，从而促使顾客接受产品。销售人员把已经初步证实的产品设法留给有需求的顾客试用，在客观上已形成顾客接受了该产品的事实。尽管销售人员都说"不满意可以退货"或"免费试用"，但是通常使用过的产品一般都更容易被顾客接受。

由于迪伯达模式的第五阶段——激发欲望和第六阶段——购买成交分别与爱达模式的第三步和第四步相同，所以不再重复。

4.2.3　埃德伯推销模式

埃德伯（IDEPA）推销模式（以下简称埃德伯模式）把推销过程分为五个阶段：把所推销的产品与顾客的愿望相结合（identification）阶段、演示（demonstration）阶段、淘汰不合格产品（elimination）阶段、证实顾客的选择是正确的（proof）阶段和促使顾客接受产品（acceptance）阶段。埃德伯模式主要适用于向熟悉的中间商推销，或者是对主动上门购买的顾客推销时运用。

1. 把所推销的产品与顾客愿望相结合

对于主动上门与销售人员接洽的顾客都带有明确的需求目的，因此，不再需要应用迪伯达模式确认顾客的需求，而直接可以应用埃德伯模式把所推销的产品与顾客的愿望结合起来。

埃德伯模式强调对于上门主动求购的顾客都要热情接待。许多销售人员在产品畅销时就会对顾客摆出一副不屑一顾的架势，在产品滞销时又求爷爷告奶奶地向顾客讨好。其实不管产品滞销还是畅销，对于上门求购的顾客，销售人员都应热情接待，要努力探索顾客的愿望与要求，并把产品与这些愿望结合起来。

2. 向顾客演示产品

埃德伯模式的第二步强调要根据顾客的需要来演示产品。销售人员越是能准确地发现顾客需求，并按需求特点来演示产品，推销成功的把握就越大。同时，演示也是了解顾客的反应，进一步明确顾客需求的好方法。所以，销售人员也注意通过演示的方法进一步深入确认顾客的需求。

3. 淘汰不合格的产品

由于在埃德伯模式的前两步中销售人员向顾客推荐和提供了多种产品，因此，在第三步中需要淘汰与顾客需要的标准差距较大的产品，尽量使顾客买到最合适的产品。

4. 证实顾客的选择是正确的

当顾客选择某种产品后，销售人员需要证实与赞扬顾客的挑选是正确的，这样做绝对是必要的。证实的主要方法是采用案例证明的方法，通过向顾客提供成功的例子使顾客坚定自己的购买决策是正确的信念。

5. 促使顾客接受产品

促使中间商接受产品就是促使成交。要促使中间商成交，销售人员应针对顾客的不同特点开展推销工作。原则上就是帮助顾客解决购买中的问题或困难。销售人员只要帮助顾客解决了他面临的困难和问题，成交也就成为自然而然的事了。

4.2.4　费比推销模式

费比（FABE）推销模式（以下简称费比模式）把推销过程分为四个阶段。第一阶段是 F（feature），意为特征；第二阶段是 A（advantage），意为优点；第三阶段是 B（benefit），意为利益；第四阶段是 E（evidence），意为证据。

费比（FABE）模式的第一阶段是强调"特征"，就是要求销售人员在见到顾客以后就要以准确的语言向顾客介绍产品的特征。为了提高介绍产品特征的效果，费比模式强调销售人员事先应根据产品的特点，准备好广告式的宣传材料或卡片。在介绍产品特征时直接将材料或卡片交给顾客。这样做对于那些特征明显的产品来说，效果通常是比较好的。

费比模式的第二阶段的要点是"优点"，就是要求销售人员把产品的优点充分地介绍给顾客。介绍优点应针对第一步中所介绍的特征，寻找出其特殊的作用、特殊的功能和特殊的利益等。所介绍优点的内容需要结合产品和顾客的特点，具有针对性，努力使顾客认可所介绍的优点。

费比模式的第三阶段的重点是"利益"，就是要求销售人员在了解顾客需求的基础上，尽量多地向顾客列举产品能够给顾客带来的利益。不仅要讲产品给顾客带来的实质上的利益，也要讲产品外观、包装设计等给顾客带来的形式上的利益，既要讲产品所带来的经济利益，也要讲产品带来的社会利益。

费比模式的第四阶段的关键是"证据"，就是要求销售人员以真实的数字、案例和实物等为证据解决顾客购买中的异议与顾虑，促使顾客购买。

主要概念

推销方格　　销售人员方格　　顾客方格　　推销模式　　爱达（AIDA）模式　　迪伯达（DIPADA）模式　　埃德伯（IDEPA）模式　　费比（FABE）模式

基本训练

@ 知识题

1. 推销方格理论着重辨识了销售人员的哪些类型心态和行为？
2. 顾客方格理论主要辨识了哪些类型的顾客心态和行为？
3. 爱达模式的基本步骤和适用条件是什么？
4. 迪伯达模式的基本步骤和适用条件是什么？
5. 埃德伯模式的基本步骤和适用条件是什么？
6. 费比模式的基本步骤和特点是什么？

@ 技能题

认真研读"推销实践4-1：哪种销售人员最能成功？"的资料，对照案例中的三种最佳销售人员和其他五种销售人员的情况，你认为自己今后与最佳销售人员的最大差距可能是什么？分析自己最需要防止和避免哪些行为？

@ 实训题

实训目标：掌握应用不同推销模式的要点和技巧。

实训方法和步骤：

1. 分组和确定产品。全班同学分成若干小组（最好偶数组），每组以 3～5 人为宜。由老师为每两组指定一种产品。

2. 确定推销模式，拟定推销陈述方案。小组成员集体讨论根据推销对象是熟悉的，或是不熟悉的两种情形来确定选择相应的、合适的推销模式。根据所选定的推销模式来制订推销陈述方案，并编写出每种推销模式的陈述方案。

3. 互动和交流。选择同一个产品的两个小组进行互动。先有一组派代表扮演销售人员，另一组派代表扮演顾客。一轮推销过程结束后进行角色轮换演练。

4. 老师从各组中选扮演销售人员最有竞争力的组和扮演顾客行为最成熟的组，各一组。在全班同学前上讲台演练。全班同学参与讨论交流，最后由老师小结。

第2篇 人员推销过程管理

第5章 搜集市场信息与创造推销机会

学习目标

知识目标：深刻理解搜集市场信息情报的重要性、内容、要求和来源；认识和理解开发和创造推销机会的基本方法。

技能目标：培养整理、分析和应用市场信息情报的能力；掌握应用、开发和创造推销机会的技能。

引 例

当丁益拿到当月的销售报表确认完成了全年任务时，从自己的办公椅上站起来，双手握拳高高举起，心里重复着一句话："推销机会是可以创造的！"

东北某品牌啤酒对于地区分公司销售业绩考核的期限是从上年11月初到当年10月底。遗憾的是，这家地区分公司当年10月初离完成全年任务指标还差50万箱，而上年同期10月的销售量仅为21万箱。更糟糕的是，上个月刚做过一次对终端的促销，部分经销商趁机大量囤货，许多零售终端的存货足够卖到春节。所以，当年10月初销售部几乎面临着一项不可能完成的任务。

销售总监丁益知道，东北地区家庭在冬天都有喝酒的习惯，但都是以高度数白酒为主的。要改变消费者的习惯让他们在大冷天喝冰凉的啤酒并非易事。

丁益想起每年冬季自己家里有把生姜和枸杞放在一起煮啤酒的习惯，突发奇想，决心通过把这种健康的饮酒方式普及给更多的人来实现啤酒的促销目标。于是，丁益迅速拟订了一个促销方案，活动主题是"×啤煮着喝，健康为全家"。规定活动期间，凡是购买一箱×啤的顾客均可获赠价值2元钱的生姜和枸杞混合装促销品一袋，并在每个市场选择区域内的大型社区搞免费品尝和现场热卖。对活动如何组织也进行了详细的规划。促销方案很快得到了总公司的批准。

经过认真的准备，活动正式开始。200 家终端零售店同时悬挂活动宣传口号的广告横幅，张贴了详尽的活动海报。与此同时，社区免费品尝热卖活动也开展得如火如荼。短短几天时间，这种宣传健康饮酒方式的独特的销售主张和强大的推广活动就得到了回报。无论是终端宣传售卖，还是社区免费品尝热卖都取得了极大的成功。

据零售终端现场反馈的情况看，许多消费者开始是在好奇心的驱使下尝试性地购买的，回去煮着喝以后，很快就喜欢上了。活动进行一个星期后，已经有大约 30% 的零售终端出现了脱销。社区活动现场也持续热卖，差不多把经销商的库存全淘空了。随后，丁益又把这种强调健康饮酒方式的促销活动扩展到了餐饮终端。到当月底共销售了 63 万箱，轻松地超额完成了当年的销售任务指标。

资料来源　李耀军. 最后的销售［J］. 销售与市场，2008（3）：94-97.

5.1　搜集市场信息情报

推销需要以市场信息情报为基础。无论是要有效地开发推销对象，还是把握、利用或创造推销的机会，甚至是确定与某个客户开展业务洽谈的方案，只有掌握了适当、有效的市场信息情报，才能把握主动权，提高成功率。但是，另一方面，并不是任何市场信息情报都是具有价值的。市场信息情报的质量不高、应用方法不当，反而有可能会带来严重的后果。所以，销售人员既需要深刻认识到市场信息情报的价值和作用，也需要掌握获取可靠有效的市场信息情报的方法，还要善于对市场信息情报进行整理和分析，同时也要培养应用市场信息情报创造推销机会的能力。

5.1.1　市场信息情报是推销的重要工具和手段

市场信息情报是推销中的一种重要而特殊的资源。充分利用这种资源是推销能够成功的保证。如果销售人员能及时掌握和利用适当的信息情报就能充分利用各种市场机会，在最有利的时间、以最合适的方式，把产品推销给适当的对象，取得预期的经济效益。相反，如果不及时掌握市场信息，推销就可能陷入被动和困境。而且，现在的推销活动比以往任何时候都更受市场信息情报的影响，更需要运用市场信息情报来指导、计划、促进和评价推销活动了。

1. 市场信息情报在推销中的作用

（1）市场信息情报是制订和实施推销计划的基础和前提。制定推销决策和计划时需要确定推销目标、明确推销对象、选择适当的推销产品和推销方式，制订自身推销队伍的建设方案等，所有这些都需要以准确及时的市场信息情报为基础。正确可靠的市场信息情报能够保证所制定的推销决策和计划具有针对性和有效性。

（2）市场信息情报能帮助发掘和鉴别推销机会。任何一个销售人员依靠自己走访客户所发掘的推销机会总是有限的。而适当的市场信息情报可以帮助销售人员极大地拓宽所推销的市场面和推销对象，发掘出更多的推销机会。可靠的市场信息情报也能使推销的目的性更明确，从而提高推销工作的有效性。

（3）掌握市场信息情报能提高成交率。准确的市场信息情报可以使销售人员了解客户的真实需求、购买和使用同类产品的历史、采购计划，甚至获得客户内部决策制定程序和决策制定的相关人员等情况。根据这些信息情报所制定的推销目标会更可行，推销对象会更明确，推销活动更可能集中在克服推销障碍上，自然，推销的成功率也会更高。

（4）掌握市场信息情报能提高企业的竞争力。收集、处理、分析和应用市场信息情报的能力本身就是构成企业竞争力的重要因素。现代企业之间的竞争，已经不仅仅表现为单纯的产品质量、品种、价格和服务方面的竞争，也反映在市场信息情报方面的收集、处理和应用方面能力的竞争。只有及时地掌握相关的市场信息情报，在推销中才能客观地看待自身企业和产品与竞争对手相比的优劣势，才能既防患于未然，又做到有的放矢。

（5）掌握市场信息情报有利于提高推销的效益。掌握必要的市场信息情报能提高推销工作的针对性，集中精力克服推销活动可能产生的障碍和困难上，缩短推销周期。同时，正确及时的市场信息情报也可以使销售人员节省走访客户的次数和时间，从而减少推销成本和费用，提高推销的效率。推销周期的缩短和效率的提高都能有效提高推销的效益。

2. 推销活动现在比以前更需要重视市场信息情报的原因

（1）市场行情受社会和自然因素的影响越来越大。在一个地区性的封闭市场上，销售人员可以通过直接走访客户来了解市场行情，制定推销决策，但现在越来越多的企业所面临的市场都是全国性，甚至是国际性的了。销售人员已经不可能再光靠自己的直接访问，而不得不依靠有关的信息情报来把握市场行情了。另一方面，随着各地区市场开放的程度越来越高，世界各地的社会、政治、经济、军事以及气候等因素对市场行情的影响日益增大。很多产品的市场行情经常处于剧烈的变动之中。不同地区之间、不同产品的行情之间，以及不同企业的经营态势之间的影响也越来越大。只有广泛、及时、深入地掌握市场信息情报，才能掌握推销中的主动权。

（2）顾客的需求和购买行为变得越来越复杂。顾客需求的"个性化"和"多样化"导致购买行为的复杂化，而且，顾客的需求又日益体现出多变的特征。任何一种产品能在市场上流行的时间越来越短。要想日复一日地依靠同一种方法推销始终不变的产品取得成功已经不太可能实现了。只有随时掌握市场行情变动的信息情报，才能对推销策略和方法做出调整，保证推销的成功。

（3）市场竞争的手段变得越来越复杂和多样化。随着市场竞争的激化，销售人员必然会面临众多的竞争对手和各种各样，五花八门的竞争手段。单靠价格竞争手段取胜的推销办法正面临着十分严峻的挑战。任何一个想要成功的销售人员都需要掌握竞争对手的动态和策略，并根据客户需求和竞争对手的动态和策略来决定自己的行动方案。这也使得销售人员比以往任何时候都需要更加重视收集和分析市场信息情报，并据此确定行动对策。

5.1.2　市场信息情报的内容、要求和来源

1. 市场信息情报的内容

推销工作的成效受到多种因素的影响，因此，对于推销工作有用的市场信息情报涉及的面也特别广。一个成熟的销售人员除了会收集与所推销的特定产品直接有关的市场行情外，还会收集整个行业及相关行业的经营态势，同时，还经常需要收集影响市场和行业供求关系的宏观和微观的因素，以便全面、正确和及时地把握市场的发展趋势。所以，推销中需要注意收集、整理和分析的市场信息情报包括如下几类：

（1）与市场环境有关的信息情报。在一个相对熟悉的老市场上开展推销活动的人通常只需要收集那些可能变动的影响因素就足够了。但是，任何一个刚进入新市场开展推销工作的人都需要全面收集影响市场的社会环境、经济环境和政治环境等信息。对于从事多种产品推销的人来说，收集当地社会人口结构、风俗习惯、价值观念和审美观等信息，以及它们的变化趋势常常是有用的。关于各种重大社会活动和事件的信息情报更是必要的。当地的经济发展基础、战略和规划也是非常有用的市场信息情报。各级政府部门所颁布的新政策和法规，行业管理等信息也是非常必要的信息情报。

（2）市场供求行情信息。与市场供求行情有关的信息情报肯定是销售人员最关心的信息。因为供求行情最直接关系到产品价格的升降、关系到销售量的多少、关系到销售的难易程度和销售的速度快慢等。但是，在收集和分析市场行情信息时，有两点是需要特别加以注意的。

①任何产品的行情都是可能随时发生变动的。行情的稳定是相对的，变动是绝对的。所以，在收集和分析某种产品的行情信息时一定要与行情的有效期间联系在一起。要关注行情有效期以后的变动趋势，要区分短期趋势和长期趋势之间的差异。

②要区分产品大类行情与特定规格品种行情之间的差异。政府部门或新闻媒体所公布或报道的绝大多数都是某些产品大类行情的信息，但是，对于许多销售人员而言，所需要或最有用的恰恰是某些规格品种产品的行情。某种产品从大类上看是供不应求的，但是，对于某些特殊品类或规格来说，又可能是供过于求的。相反的情形也是经常出现的。所以，销售人员在收集得到市场供求行情信息

后还必须根据自己企业的具体情况再做必要的补充调研，来验证信息情报的适用性。

（3）与竞争态势有关的信息。销售人员首先要了解所处行业的竞争格局，究竟是完全竞争、垄断竞争、寡头垄断还是完全垄断。不同的竞争格局会影响企业的决策，也直接决定了推销工作的难度大小。在越接近于完全竞争的市场上，销售人员更需要掌握必要的关于竞争对手的信息。只有掌握了竞争对手的发展方向和策略选择，才可能制订出自己正确合理的推销计划。

（4）企业自身销售现状的信息。许多销售人员只关心把自己产品推销给中间商，而不关心经销商销售自己产品的情况。结果，产品可能全部积压在经销商的仓库中，最后，推销仍然是失败的。成功的销售人员不仅关心产品能否从自己手中卖出去，更会关心经销商是否能顺利地把自己的产品销售给最终消费者，也会关心最终用户对于购买自己产品的满意程度。销售人员对于自身产品销售状况的信息最主要的应当包括：市场上出现的对于本企业产品的各种替代品的信息情报；各类顾客对于本企业产品价格的反馈信息；分销渠道中各级经销、代理商的销售状况，以及对于与本企业合作的满意程度等；市场对于企业促销活动的反馈信息等。

2. 对市场信息情报的要求

销售人员活动范围宽、接触对象广泛，几乎每天都会接触到大量的市场信息。但是，在众多的市场信息中，既存在有很高价值的信息情报，也有完全没有价值的信息。有的信息确实是可靠的，但许多信息可能并不可靠。销售人员收集、整理和分析信息的目的是要应用并发挥它的价值，因此，有价值的市场信息情报应当符合下列要求：

（1）系统性。我们平时所接触的市场信息往往是粗浅的、零乱的、彼此孤立的，它们只能反映局部的、表面的东西，真正对推销有价值的信息情报应当是连续的、全面的。连续的就是要求信息情报要不间断地跟踪某一个研究对象在一段时期中的情况，反映对象的发展变化整个过程。全面的就是要求信息情报要把握事物的正反两个方面以及和事物发展的两种可能性，信息还应包括影响事物变化的多种因素的状况。只有利用连续的信息情报，我们才能把握事物的运行规律，并判断其发展趋势。只有根据全面的信息情报，我们才能把握事物发展变化的全局状况。总之，只有运用系统的信息，我们才能够减少风险，保证推销的稳定发展。

例如，有人在听说"中国的速冻蔬菜在日本市场很有销路"的消息后，就迫不及待地筹建蔬菜速冻加工厂，准备向日本出口速冻蔬菜。其实，对这个信息应当进行全面的分析。中国速冻蔬菜具有多方面的市场优势，在日本确实深受欢迎，也有很大的市场发展潜力。但同时也应该看到，日本对进口蔬菜的要求很严。中国某些企业在蔬菜的栽培、收割、包装、速冻加工和运输等环节的加工和管理技术方面，离日本的要求可能还有某些差距。要达到速冻蔬菜保鲜、不易烂、耐存放、不损伤、无污染等要求，还需要做某些改进。由此可见，经过补充完善以后的全面信息应当是："中国蔬菜在日本很有销路，但要扩大对日出口，还需要在品质方面下工夫改进。"

（2）真实性。真实的信息情报能引导出正确的决策，虚假错误的信息情报会导致陷入困境之中。真实性是市场信息情报的生命。随着人们对信息日益重视，信息的来源渠道越来越多。各种网络、新闻媒体和广告所传递的信息内容也越来越广泛，形式也越来越多样化了。但随之而带来的问题是，不少渠道和媒体所传递的信息质量不高，真实性很差，甚至往往出现相互矛盾的信息情报。有人认为，在市场信息传递中也存在着严重的信息污染现象。轻信虚假信息情报往往会导致错误的决策，而产生非常严重的后果。所以，销售人员要避免因误信虚假信息而遭受意外的损失。

许多市场信息情报的真实性差是由下列原因所引起的：

①有关部门对网络、新闻媒体和广告信息还缺乏有效的监管。这导致社会上众多信息传播者以讹传讹，结果是大量信息渠道鱼目混珠、良莠不齐，绝大多数人难以辨别真假。这需要通过全社会对网络、新闻媒体和广告信息进行有效监管，坚决制止传递虚假信息的行为，对有意传递虚假信息的机构和个人进行严肃处理，并提高信息渠道和媒体的责任心。

②市场信息情报传递的多环节、多层次性造成的信息偏差。销售人员所收集得到的市场信息情报往往已经经过了多个环节的传递，可能在中间的某个环节产生了偏差和失真。销售人员应当提高自己的职业素养，避免误解、轻信，养成对信息情报进行验证和确认后再采取行动的习惯。

③确实存在某些为了达到自己盈利的目的而有意歪曲市场信息，甚至编造、散布虚假市场信息的现象。所以，作为一个销售人员，对于所收集的重大市场信息情报必须加以验证，以剔除虚假信息。要防止因轻信某条片面信息，草率决定，而上当受骗，给企业和个人带来不必要的损失。

（3）准确性。市场信息情报不仅要真实，而且要能准确地反映客观事实。如果市场信息情报不准确、不可靠，或者似是而非、模棱两可，其结果或者是失去时机，或者是导致错误的决策。但是，通常我们初次所收集到的市场信息情报总是很粗糙、不太准确的。而且市场信息情报往往需要经过多个环节的传递，任何一个环节的失误都可能影响到信息情报的准确性。此外，许多市场信息的传播渠道又是非正式的渠道，这又会影响到信息的准确性。因此，保证市场信息的准确性既是十分重要的，又是相当困难的，一定要非常谨慎。

为了保证市场信息情报的准确性，销售人员应当尽量收集第一手资料。销售人员要努力利用各种机会亲自参加市场调研活动，在收到某个市场信息情报以后，要尽量找当事人进行核对，只有那些经过查证核实的市场信息才能认为是有价值的情报。

（4）及时性。市场行情是不断变化的。因此，市场信息的价值会随着时间的流逝而降低。最真实、可靠、准确的信息情报，超过了一定时间以后也就可能失去任何价值了。随着现代社会经济活动节奏的加快，市场行情更是瞬息万变，信息的更新周期越来越短，对信息及时性的要求更高了。为保证信息的及时性，销售人员一方面要尽量采用各种先进的通信工具，加快信息情报的收集、整理和传递过程。另一方面，在发现有价值的市场信息情报以后，要及时制定决策，充分挖掘信息情报的时效性作用，把握市场机会，采取有效的行动。

3. 市场信息情报的来源和途径

收集市场信息情报需要掌握收集的方法、信息的来源和途径。收集推销有关的信息情报的方法与开展市场调研收集资料的方法是一样的。销售人员有时也需要承担某些产品或市场的调研工作。市场调研中既需要收集二手资料，更需要收集第一手的原始资料。收集原始资料的方法主要有询问法、观察法和实验法等。收集推销所需要的信息情报主要也就是这几种方法，所以我们不再详细讨论，下面主要讨论市场信息情报的来源。

（1）各类相关网站和论坛。互联网已经发展成为传播各类信息的最重要渠道。每个销售人员应当根据所推销产品及所开发的市场区域列出一批最值得关注的网站。每天通过浏览这些网站来收集有关的市场行情信息。互联网的特点保证了所传递信息具有很好的及时性。但是互联网所获得的多数信息往往是宏观，或者是其他地区市场的。应用这类信息一般需要较强的分析推断能力，要培养从表面上不相干的信息中分析出其可能产生的影响，并挖掘出信息潜在价值的能力。

（2）各类公开出版物。许多报纸、杂志、图书和文献资料都会刊载多种市场行情的信息情报。此外，还有一批报刊本身就是专门介绍各类市场信息情报的，有的名称就是"市场信息报"。这些公开出版物应当是销售人员收集市场信息情报的相当重要的渠道。据国外某些研究机构分析，世界上60%～70%的信息情报都来自于公开出版的各类资料。销售人员应当经常注意从这些渠道收集所需要的信息，要养成天天翻阅报纸，经常阅读相关的杂志的习惯，从中收集对自己有用的信息资料。

（3）各类相关的会议。政府有关部门所召集的会议往往是了解相关决策机构制定政策策略动向的适当渠道。有关行业和协会所召开的各种会议往往既有领导，又有有关专家参加，因此，是了解各有关方面的综合意见以及对未来发展的预测判断的理想场所。此外，科技交流会、专业性学术研讨会可以提供技术和产品发展的趋势和前景的信息，是把握新技术对产品推销可能影响的重要机会。各种产品交易会、产品展览会、企业业务恳谈会和评比会则能更直接地提供有关产品和市场的行情情报。

有的会议名称表面上看与推销无关，但参加会议的人往往掌握着大量有用的信息情报，能够提供有价值的信息情报。争取参加这些会议，与掌握有价值信息的人交流接触，也往往能获得有用的信息。因此，销售人员要利用各种机会，积极争取参加有关的会议，及时分析研究会议所提供的信息，从中发现有价值的信息情报。

（4）各类社会服务机构。销售人员也可以从银行、信托、保险、商检、环保、交通和电信等各类社会服务机构收集到所需要的信息情报。许多社会服务机构既与生产部门有密切的联系，熟悉某些产品的生产、销售、库存、投资和贷款等情况，又与社会公众有密切的联系，掌握消费者购买力的投向和变化，常常拥有许多有价值的市场信息情报。而且，这些部门所掌握的资料来源广泛，信息真实可靠。如果能同这些机构保持经常、密切的联系，常能获得有价值信息情报的。

（5）直接从各类社会公众收集。销售人员也可以直接从各类社会公众收集所需要的市场信息。销售人员经常需要旅行，具有与各类社会公众广泛接触的机会，因此，旅行也是销售人员收集信息的很好时机。无论是乘车船，还是住旅馆饭店，销售人员都应该利用机会，主动与周围人士交谈，引导他们提供自己所需要的信息。有些销售人员为了获得更多的市场信息情报，每到一个新城市都专门打听，选择到那些销售人员住宿较多的旅馆入住，然后利用各种机会接触其他的销售人员，彼此交换信息，了解更多的市场行情。

此外，成功的销售人员往往还深入到各种商店和公共场所，了解某类产品的供求状况和消费者的反应。通过参观访问其他企业、单位和部门来收集别人对市场信息情报的看法和分析。总之，作为销售人员只要保持对周围事物变化的敏感性，善于观察生活，总能获得有价值的市场信息。

5.1.3　市场信息情报的整理、分析和应用

1. 市场信息情报整理和分析的步骤和内容

通常，收集得到的资料信息往往是分散、零星和杂乱无章的，要发挥信息情报的作用和价值，必须先对收集到的信息进行整理分析，使之上升为能够直接指导市场推销的情报。市场信息整理和分析的步骤和内容大致可以分为三个步骤：

（1）加工分类。这就是将所收集到的资料信息按一定的标准进行分类，以便能进行分析、储存和应用。分类的方法有按时间分类、按地域分类、按品种分类和按部门分类等几种，在实际中可以选择最合适的一种方法来分类。分类后整理出完整的检索目录和内容提要，以便检索、查询、分析和应用。

（2）分析处理。这就是对加工分类后的资料信息先进行初步的筛选，决定取舍，然后对筛选出来有用的信息再进行认真的检查、核对和分析，消除其中错误的、片面的或者虚假的信息，辨别信息的可靠程度，挑选出对自己工作影响最大的重要信息，使保留下来的信息是有应用价值的。

（3）交流传递。这就是将整理分析后所掌握的有价值的市场信息情报迅速

地传递给有关部门和企业的主要决策者，以便取得他们的合作和支持，及时采取行动。迅速交流传递是利用和实现市场信息情报的时效性价值的必要前提。

2. 市场资料信息分析处理的要点

在信息情报整理分析的三个步骤中，分析处理是关键，难度也是最大的。在分析处理信息中，要掌握下列分析处理的要点：

（1）辨别真伪，明确信息的可靠性。销售人员每天都会接触浩如烟海的市场信息资料，真假信息会互相混杂，如果以假当真，后果会不堪设想。所以，在分析处理中，辨别真伪，明确信息的可靠性是最重要的。虚假信息既可能是由某些用心不善的"投机者"有意编造出来的，也可能是人们无意中道听途说、以讹传讹的结果。

要辨别市场信息的真伪可以采取以下几种办法：

①用常识来衡量和识别信息的真伪。市场上有时会出现一些违反常理或常识的信息情报，只要用最基本的科学道理来仔细推敲就知道是假的，没有价值的。

②跟踪追击以信息来源辨别真假。为了确定信息的真实性，可以向传播信息的人了解信息的来源究竟是亲眼所见、亲耳所闻，还是仅仅道听途说的。若传播者说得详尽明白，甚至证据确凿，那就可以进一步向他的信息来源了解。若传信人也是一问三不知，只是道听途说，信口开河而已，那就说明信息来源不确实，不可轻信和贸然行动。

③通过对当事人的资信情况来辨别信息可靠性。一条信息情报是否可靠，往往跟产生与传播该信息的人本身的资信，特别是他的商业道德和社会信誉有密切的关系。那些经常喜欢发表不负责任信息的人、爱弄虚作假的人或道听途说的人，所产生和传播的信息往往是不可信的。而实践中，一贯注重商业道德和社会信誉的人、深得客户信任的人，所产生和传播的信息可信程度往往就比较高。

④遇到疑点要善于调查证实。信息中一个小小的疑点也可能隐藏着大问题。但是，要发现和识别信息中的疑点也不是一件容易的事，需要敏锐的眼光、比较丰富的知识和较强的分析能力。因此，在发现、识别和查证疑点中，除了广开思路、善于思考外，还应当深入调查，尽量掌握第一手资料，只有这样才能做好对信息疑点的查证工作，保证信息的真实可靠。

（2）淘沙取金，筛选出关键新信息。市场每天都在产生着成千上万条的信息。如果不及时对信息进行选择筛选，那么，重要的信息，甚至最关键的信息，也可能被其他的或者价值不大的信息所"湮没"。因此，销售人员在分析市场信息情报时，要善于进行比较选择，从中筛选出最重要、最关键的信息。

信息情报的筛选可以分为两步：先粗选，再精选。粗选时要从众多的市场信息中，挑选出与自己和本企业的推销工作有关的信息。然后，再把有关的信息分为间接有关的信息和直接有关的信息。从直接有关的信息中，精选出重要的和关键的信息。

应当注意的是，重要的和关键的信息既可能存在于各种文字形式的信息资料中，也可能存在于稍纵即逝的民间口语之中，要善于从大量的民间口头信息中去捕捉和精选出最重要、最关键的信息。

（3）独立思考，透过现象抓信息本质。在分析市场信息时，一定要坚持独立思考，只有这样才能抓住信息所反映的本质，真正发挥信息的价值和作用。独立思考主要体现在以下几个方面：

①独立思考就要正确对待热门信息。每个时期，市场上都会流行引起人们广泛兴趣和重视的所谓"热门"信息。对热门信息，多数人往往随大流、跟着干，从而形成一股热潮。但是，那些运用"热门"信息动作特别快的，才有可能取得成功；而那些跟在别人后面跑，凑热闹、赶潮流的人，却往往是碰壁吃亏，甚至摔大跤。在热门信息前面，只有那些能够坚持独立思考、别出心裁、制定富有创意的决策、采取出奇制胜的行动方案的人，才能取得卓越的成就。

②独立思考要善于发掘和运用平时看到、听到和接触到的被许多人所忽视的"无用"信息的价值。对于平时所见所闻接触到的大量信息，多数人总是视而不见、听而不闻、习以为常，把它们当做"无用"的信息看待。其实，只要有敏锐的观察力和较强的分析能力，常常可以从某些貌似无用的信息中发现这类信息的价值。因此，销售人员一定要有独到的眼光，从通常人们认为"无用"的信息中，慧眼独具地发现、识别和抓住有用的信息。例如，小孩爱玩异常丑陋和带有臭味的昆虫，喜欢逗弄难看而肮脏的癞蛤蟆，并且会玩到爱不释手的地步，对此，人们早就习以为常，并不感到这是一条重要的信息。然而，有人看到这种情况时，便认识到一部分儿童很喜欢一些丑陋的玩物，将此看做非常有用的信息，组织研制了一套"丑陋玩具"向市场销售。果然，产品十分畅销，并引发推销"丑陋玩具"的热潮。

③独立思考要能从负面信息中挖掘出有用的新信息。例如，从"某种传统产品正在被淘汰"的信息中，销售人员就应该考虑能挖掘出"另一种产品可能流行"的新信息。从"某种产品最近滞销"的信息中，是否可能挖掘出"另一些产品可能畅销"的新信息。某些公司就是通过经常从负面的信息中发掘出有价值的信息而取得成功的。

（4）抓住联系，充分发掘信息的价值。事物与事物之间的发展变化总是有机地联系着的。反映事物变化的信息彼此之间也是有机地相互联系着的，孤立的信息往往是没有的。在分析市场信息时，抓住一条信息背后所反映的事物与某些其他事物之间的联系，从而推测或发掘出新的信息，也是非常重要的思路。例如，天气预报信息与某些农产品的市场行情之间往往就存在一定的联系。国际政治、经济、军事的有关信息与相关产品行情之间也常常有一定的关联。从揭示事物发展变化之间的内在联系入手，我们不仅可以从整体信息来推断局部事物发展变化的信息，有时还可以从某些个别信息中，窥视出全貌之一斑。如果具有足够的敏感性和感受能力，有时甚至还可能从局部信息中发现和了解反映全局变动本质和规律的东西。

3. 市场信息情报的应用

对信息的整理分析最终是为了应用。但是，在应用信息的整个过程中，又往往需要继续对信息进行分析和跟踪，以便发现信息新的变化动态并验证应用信息的效果。应用市场信息又必须从实际出发，注重实效。凡是能够紧密结合实际情况运用信息的，一般总能取得成功；凡是脱离实际，强加主观意识的应用，结果都会遭到失败。由于市场环境多变、竞争激烈，如何运用信息情报又没有一定的程式。这就要求销售人员要积累经验，培养正确的判断能力，掌握应用市场信息，提高产品推销的艺术。一个成熟的销售人员绝不能身陷于未经处理信息的海洋之中无力自拔，一事无成，而应当具有能够从中发现并应用有价值的信息促进推销发展的能力。有效地应用市场信息情报要掌握好以下几个要点：

（1）要保持对信息的敏感性，要有一定的冒险精神。优秀的销售人员和成功的经营者大都依靠对市场信息情报的高度敏感，当机立断，敢于冒一定的风险，迅速行动而取得成功的。如果按部就班办事，对各种有价值的信息千篇一律地兴师动众，花大量的时间精力进行一再确认，要等到排除任何风险以后，再做决策，可能就失去机会了，信息的价值也同时消失了。要认识到，市场信息的价值往往与是风险并存的。高价值必然伴随着高风险；高风险也可能带来高盈利。销售人员在应用市场信息时必须适当权衡信息价值、风险和获利能力之间的关系。

（2）应用信息要掌握好地域性。通常，我们所收集得到的信息情报都具有明显的地域性。同一条信息在不同的地方会具有不同的应用价值。在一个地方应用价值可能很大，到另一个地方应用价值可能就不大，甚至是毫无价值。由此可见，在应用某一市场信息时，应当先搞清楚这一信息究竟是反映局部市场状况的，还是全局市场状况的；这一信息是受到当地特定风俗习惯、宗教信仰影响而带有特殊性的，还是具有普遍适用性的。当应用某一地区性的信息情报去开发其他地区的市场时，要注意市场信息的地域适用性规律。通常，经济落后地区的市场需求总是滞后于经济发达地区，因此，总是跟随着经济发达地区的变化而变化的。农村地区的市场需求总滞后于城镇，也就跟随城镇市场的变化而变化的。交通落后地区的市场需求变化多半是跟随交通发达地区的变化而变化的。根据这种规律，我们可以从经济发达地区、城镇和交通发达地区的市场变化的信息情报来推测经济落后地区、农村及交通落后地区的市场变化行情。

把握信息的地域性特征还要求掌握好地区之间消费者需求变化滞后的时间规律性。把从一个地区得到的信息过早或过迟地应用于另一个地区都可能会遭受失败。过早地根据发达地区的市场行情来制订落后地区的推销计划，可能会遭受到消费者的拒绝和抵制，因为消费者一时还不能接受和适应这种变化；如果过迟，就会失去市场机会。

（3）应用信息要掌握好超前性和趋势性。市场信息情报的收集、整理分析和传递都需要一定的时间，因此，信息在反映事物变化的动态方面总有一个时间上的滞后期。在我们得到某个市场信息情报时，市场的实际情况可能又发展变化了。同时，即使在得到信息后迅速做出决策，总也需要一定的实施期，又会导致一定的滞后。

由于信息情报应用中存在众多可能的滞后，就要求应用信息情报时增加必要的超前量。为此，销售人员要特别注意抓住那些反映市场变化新特点、新苗头，反映变化趋势的市场信息。如果某一市场信息已经被广泛传播和应用，那么这一信息情报的价值也就很有限了。成熟的销售人员应当避免受到这类信息的诱惑而陷入困境。

（4）应用信息一定要迅速及时。对于市场信息情报不仅要求信息本身要及时，而且应用信息也要迅速及时，要做到闻风而动，果断决策，迅速处理。这不仅是因为信息本身具有很强的时效性，时效一过，最有用的信息也会失去其价值，而且，运用信息也是有竞争性的。同一条信息可能被多个竞争者所掌握，谁在掌握一条正确及时的信息之后，分秒必争，果断决策，迅速行动，谁就能抢先占领市场。而如果办事拖拉，互相扯皮，行动缓慢，结果就会坐失良机，被别人抢先占领市场。到那时，其他人再应用这个信息价值就不大，甚至毫无意义了。

要迅速及时地应用市场信息并不是一件容易的事，因为推销工作一般很难独立采取行动，需要得到公司领导和其他部门的支持和配合，联络协调往往要花费较多的时间。如果行动不果断，往往就容易丧失机会。因此，销售人员在日常工作中就要注意树立果断的工作作风，营造与各部门紧密配合，协调动作的风气。

但是应用信息要求迅速及时，并不是就可以草率马虎，而是要求根据信息所反映的活动的具体情况和要求，及时、尽快地处理，并采取行动，而不是粗心大意、仓促应付，这同样也是应用信息情报中的大忌。

5.2 利用、开发和创造推销机会

推销活动需要利用机会。没有良好机会的推销会显得软弱无力，消费者也会因找不到购买理由而缺乏购买热情。推销机会是客观存在的。销售人员的重要任务之一就是要发现机会、抓住机会和利用机会。随着市场环境的变化越来越迅速，市场竞争越来越激烈，推销机会一方面会不断涌现，另一方面也往往稍纵即逝。因此，销售人员不仅需要利用现成的机会，而且还要善于创造新的机会。

销售人员需要培养和掌握利用、开发和创造推销机会的技巧。概括起来，这

些技巧可以分为借用热点和人气、邀请参与、免费赠送、培训传授知识和创造机会等几种类型。

5.2.1　借用社会热点和人气创造推销机会

推销既可以借助于节假日、重大社会活动或事件所造成的热点和人气，也可以借用名人、名公司和名城名市等的名气，获得成功推销的机会。

1. 借用节假日的热点人气

重大节假日总是伴随着人们长期的风俗习惯所形成的购物高潮，本身就是推销的好机会。现代社会的工作和生活压力，使得许多消费者本身就存在一种寻找机会，放松和释放压力和情绪的需要。他们只是苦于找不到这种时间、地点和场合，重大节假日恰巧提供了满足这种消费欲望的机会。所以，对于绝大多数产品来说，节假日本身就是一个自然而然又难得的推销机会。只要稍加留心，销售人员就可以发现身边可以利用的节假日推销机会。

（1）利用新节假日带来的机会。有多种原因导致现代社会中节假日变得越来越多了。首先，社会发展和人们生活水平的提高，消费者更有能力在节假日期间潇洒购物，从而日益重视节假日。其次，随着我国社会的日益开放，国际文化交流的结果也导致许多消费者开始接受并庆祝某些源自国外的节日。某些地区的年轻人不但要在圣诞节、情人节等日子为自己庆祝一番，也会念念不忘在愚人节、万圣节和复活节等日子潇洒一回。凡是社会上出现的每一个新的节假日都意味着巨大的推销机会。成功的销售人员一定要时刻关注并利用这些新出现节假日所带来的推销机会。

（2）不断挖掘传统节假日的机会。现代社会中，消费者一方面可能会接受新出现的节假日，另一方面也会更重视传统的节假日。清明节和端午节等我国传统节日曾经一度被人们所忽视，也失去了对消费购物的拉动作用。但近年来，许多传统节日或者被列为国家法定节假日或者重新受到消费者的关注。我国传统的"七夕"节，经过某些精明商家的操作，被称为了"中国的情人节"，其市场潜力正在不断地开发出来。

（3）创造新的专题性节假日。除了传统的和受国外影响新出现的节假日外，现在，我国各地区、各行业也都出现了一大批具有当地特色，由文化搭台，经济唱戏发展起来的节假日。其中，既有以行业或产品特色为中心来组织的，如动漫节、服装节、啤酒节、丝绸节、皮鞋节和工艺品节等。也有以某些特色活动为中心来组织的，如音乐节、艺术节、泼水节、登山节、龙舟节、漂流节和冰灯节等。所有这些新开创的专题性节假日都为展示当地的特色产品和服务，为扩大经贸合作和商务洽谈提供了良好条件。成熟的销售人员要善于发现所推销产品与这些新开创的专题性节假日之间的关联性，充分利用这类节假日带来的机会。

推销实践 5-1　"光棍节"——一个被生生造出来的购物节

11 月 11 日，由于日期中有四个 "1"，形似四根光滑的棍子，而光棍在中文中有单身的意思，所以，这一天被越来越多的人称为光棍节，成为单身一族的另类节日。

光棍节首先产生于校园，并通过网络等媒体传播，逐渐形成了一种光棍节文化。如今越来越多的人会选在光棍节结婚。光棍在以前是一个颇为寒碜的词，但如今已经变成一个中性词。随着社会变迁，都市中大龄未婚男女青年越来越多，婚期普遍延后，而光棍节为年轻人提供了寻找乐趣，调节身心的很好机会。

但如今，光棍节已经完全变身为一个购物节、一个全民狂欢节。

光棍节变成购物节，公认是从网上蔓延到网下的。最早挖掘出这个商机的，应该是淘宝网。2009 年 11 月 11 日，购物网站天猫首次启动光棍节营销，27 个品牌五折促销。结果都市里的剩男剩女们就打造出了一个不亚于情人节的巨大消费市场，当天销售额就达到 1 亿元。2010 年光棍节网站的销售额达到 9.36 亿元。2011 年光棍节销售额飙升到 52 亿元。在 2012 年光棍节，支付宝的总交易额达到 191 亿元，其中天猫是 132 亿元，淘宝是 59 亿元。

在淘宝网的带领下不仅各大电商竞相涌入光棍节市场，而且现在就连百货商场和其他各类实体店也争相推出大手笔的光棍节促销活动，渴望从光棍节的巨大市场商机中分得一杯丰盛的羹。所以，近年的光棍节俨然已经变成了电商、百货商场和其他实体店全线加入的，把商场、超市和旅游机构裹挟在内的 "全民狂欢" 节。

当然，也有人质疑，光棍节究竟是昙花一现还是落地生根，这种消费热潮能否延续？对于这个问题的答案，可能既需要等待时间的考验，同时也更取决于各种商家能否找到成功开发消费者购物需求的秘方。

资料来源　邵敏宸，等. 11·11 一个被生生造出来的节日［N］. 钱江晚报，2012-11-12. 寿莹颖，等. 光棍节这个借题发挥的营销血战是怎样形成的［N］. 钱江晚报，2011-11-11.

2. 借重大社会活动或事件的机会

可以说，任何重大的社会活动或事件都是销售人员利用和创造推销机会的绝佳时机。2008 年的北京奥运会、2010 年的上海世博会，亚运会、世界大学生运动会和世界休闲博览会等，都曾经造就了巨大的市场，为销售人员创造了很好的推销机会。这类重大社会活动或事件对于几乎所有产品的需求都是巨大的。任何一个销售人员，不管他是从事何种产品推销的，只要能积极主动地抓住和利用这种机会，肯定能够取得非常丰厚的果实。

下面我们仅以重大体育赛事为例来进行讨论。

现代社会中，重大的体育竞赛越来越受到全社会的关注，成为商家必争之地。不仅历届奥运会和世界杯足球赛成为众多著名公司的争夺市场的宝地，而且就连亚运会、大运会、网球公开赛和各种邀请赛等地区性\专业性的竞赛，也已经成为成千上万的公司和销售人员的必争之地。因此，凡是有一定规模和影响的体育竞赛都成为了各种不同行业、不同公司和几乎所有销售人员施展聪明才智\大展拳脚本领的场所。

大企业借助于体育赛事推广产品的最主要形式有冠名、赞助、合作伙伴、指定产品、广告和体育明星代言人等几种形式。在 2008 年的北京奥运会期间，各行各业的众多国际巨头都曾不惜花巨资争夺冠名、赞助、合作伙伴和指定产品的机会。实践证明这些形式的效果都很好，众多的赞助商和合作伙伴，通过"奥运营销"极大地开拓了市场，成功地实现了预定的目标。但是，对于有影响的重大赛事，能够获得赞助或合作伙伴称号的企业毕竟是少数。那么，其他众多的非赞助企业如何才能获得自己的机会呢？

1996 年美国亚特兰大奥运会上，"锐步"才是正式的鞋类指定供应商，"耐克"根本不是赞助企业，但照样通过成功的体育营销取得了巨大的成功。耐克是非赞助企业无法进入奥运会场馆。它在可口可乐公司的奥林匹克城和奥林匹克公园旁边租用了一家私人停车场，设立了耐克体验中心，搞了一些观众参与的大型活动，给人们免费体验享受运动的快乐。由于耐克所租用的是私人财产，奥委会无法阻止耐克的活动。另外，耐克还雇用了很多大学生在奥运场馆外向观众分发一种胸牌挂绳，便于观众携带门票。当胸前挂着有耐克商标挂绳的大批观众出现在奥运场馆时，许多观众都竟误以为耐克也是本届奥运会的赞助商。

大公司往往舍得花巨资来利用这些机会。但是由于上述形式都需要雄厚的资金，中小企业就难以利用这些方法来获得推销机会了。小公司就需要如推销实践5-2 中的久久丫一样，巧妙地借用机会。

推销实践5-2　　小公司怎样利用大赛事的机会

中小企业如果能够出奇制胜，同样也能够创造出自己的推销机会。下面介绍的久久丫公司就是一个成功的例子。

2006 年德国世界杯足球赛以前，久久丫只不过是一个靠 50 万元起家，在全国拥有 600 多家连锁店的熟食企业，而且公司也一直因无法打开广州等南方市场而发愁。久久丫决定抓住世界杯足球赛这个四年一遇的机会，从球迷身上找到突破口，打开市场。但久久丫又知道自己只是一个小企业，不可能像大公司一样烧钱在央视做广告。于是，久久丫想到了啤酒，看足球喝啤酒一直是众多球迷的消费习惯，如果再加上鸭脖子就是一种绝妙的搭配。当时，久久丫得知国内啤酒巨头之一的青岛啤酒投入了几千万元冠名了央视世界杯栏目。于是，久久丫主动找到青啤集团，提出了联合营销并为青啤提供在所属连锁店中免费陈列的优惠条件。数百家连锁店的销售网络对于青啤是个不小的诱惑，青啤权衡利弊后接受了久久丫的建议。

于是，"青啤—久久丫"合作的新闻发布会在上海、北京、广州和深圳四地轮番召开，双方联合打出的口号是"看世界杯，喝青岛啤酒，啃久久丫"。就这样，久久丫借力青岛啤酒，充分利用了世界杯赛的机会，在全国范围内掀起了久久丫鸭脖子的销售高潮。结果，当年久久丫的销售额增长了100%。而为了世界杯营销，不过投入了50万元左右的资金，投入产出比达到了1：12。

资料来源　本刊编辑部．变招突围　抓住后奥运商机［J］．人大报刊复印资料：市场营销，2008（6）：24.

当然，在利用体育赛事创造推销自己产品的机会时，也必须考虑到体育赛事本身与自己产品之间的关联性以及竞争的差异化等，避免在做法上的简单模仿、抄袭和同化现象。

3. 借用新闻或知识赢得机会

销售人员应当关心和积累可能与自己所推销的产品有关的新闻或相关的知识。在发现有用的新闻和知识后，注意向适当的目标推销对象传递信息，往往能收到很好的效果。

一位负责推销第二代强排式燃气热水器的销售人员在某社区推销宣传自己产品时，试图说服顾客购买，以更新家中原来的第一代燃气热水器。但是，当地居民都表示暂时没有更新的计划，推销几乎没有任何结果。后来，他收集了本省近年来因第一代燃气热水器使用不当造成人员伤亡事故的新闻报道，并放大后做成宣传资料摆放在推销陈列的现场，很快引起了不少人的关注，推销取得了理想的效果。

又曾经有一位客人到一家餐馆就餐，餐馆老板向他推荐自己店中最拿手的菜——鹅肉。但这位顾客习惯上是不太爱吃鹅肉的，就拒绝了。但是，餐馆老板说："你知道这世界上，哪种动物是不得癌症的吗？一种是海上的鲨鱼，另一种就是陆地上的鹅了。"客人听了老板的介绍后，胃口大开，竟然一口气吃了两盘。其实，老板简短的自问自答，只是传递了一条简单的知识，唤醒了客人内心对健康的诉求，对产品产生了好感。所以，向适当的对象传递某些有用的知识就可能获得推销的机会。

4. 借用经典人物、地点和事件的名气

在比利时的首都布鲁塞尔，有一尊世界闻名的塑像"撒尿的小男孩"，用来纪念曾经撒尿拯救布鲁塞尔全城人性命的男孩小朱利安。由于这个故事广为流传，几乎每一个到布鲁塞尔旅游的人都不会错过这个著名景点。因此，塑像周围

总是人气很旺，经常围着一大群来自世界各地的游客。

有一天，男孩小朱利安塑像的"尿"中散发出了醇香芬芳的气味。顿时，吸引了更多的游客观看塑像"撒尿"。正当人们迷惑不解时，有好奇者亲口品尝了一下"尿"，惊喜地发现那"尿"芳香醉人，沁人心脾，原来铜塑像尿出的竟是上好的啤酒。随后，人们进一步发现，这原来是比利时撒利尔啤酒厂的杰作。小朱利安铜塑像尿出撒利尔啤酒的消息不胫而走。这条新闻被各国游客和新闻媒体迅速传播，使得撒利尔啤酒名扬四海。从此，到布鲁塞尔旅游观光的游客几乎都会品尝撒利尔啤酒。撒利尔啤酒借助于小朱利安铜塑像的名气而驰名世界。

5.2.2　利用邀请参与创造推销机会

通过邀请客户参加某种活动来创造推销机会有多种办法。其中主要的有会员制、客户体验、组织会议或客户活动。

1. 会员制

通过会员制来发展推销机会，关键是要成功地扩大会员的队伍。保证会员数量稳定且达到一定的规模。发展会员有如下两种途径：

（1）组织专业的发展会员的队伍。对于汽车俱乐部而言，会员的数量是关键。没有会员，即使服务能力最强，也是英雄无用武之地。成立于 2005 年 3 月的联合汽车俱乐部（United Automobile Association，UAA）在我国众多的汽车俱乐部中是个后来者。为了能够吸引到更多的会员，UAA 首先学习"携程"的做法，大力发展和完善会员制的推销。UAA 通过三种形式吸收车主成为它的会员：电话、网络注册和由会籍销售顾问介绍入会。电话和网络注册是一般电子商务公司的惯常的入会做法。而由会籍销售顾问在加油站和停车场直接面对车主，吸收和发展会员，可以增加车主对 UAA 的亲切感和信任感，同时也能借此了解车主的需求信息。由于 UAA 每天都派会籍顾问在加油站和停车场等车主聚集地，耐心细致地与经过的车主进行沟通，所以在公司成立后短短的 2 年半时间里就吸引了 200 万的会员。

与"携程"的广泛发卡的方式不同，UAA 的会员制均采用实名制。每个会员都需要提供姓名、年龄、性别、车牌号码、通信方式，以及入会车的一些具体情况。这就给 UAA 打造了一个含金量极高的会员数据库。这样的数据库可以给 UAA 以翔实的目标消费者的信息并能够提供个性化的服务。同时，由于有会员数据库在手，UAA 就可以利用这些会员信息资源，在与服务供应商的谈判中保持强势地位并获得极低的折扣。此外，也正因为拥有了会员数据库，UAA 也把为会员的服务从汽车服务延伸到旅行服务和银行服务等领域，通过最大限度地满足会员的需求来锁住会员。

（2）依靠现有顾客来发展会员。成功地利用现有顾客来发展新会员完全有可能使会员数量呈几何级数的增长。例如，有家企业为了发展会员定期开展促销。在促销期间，每一位购物的顾客可以得到企业的两张优惠券：一张给顾客自己使用，另一张由顾客推荐给其朋友使用。使用每张优惠券购物都可以享受 8.5 折的优惠。作为推荐人，顾客同时得到 1 个亲情积分。介绍来的顾客同样可以继续推荐他的朋友来购物，并获得亲情积分。累积达到 10 个亲情积分的顾客，即可升级为 VIP 顾客，全年享受 8 折优惠，且拥有参加公司多项活动的优先权。亲情积分既可以兑换本公司销售的产品，也可以参加亲情团的旅游。利用这些办法对于激励现有顾客帮助企业发展会员确实能起到一定的作用。

当然，对于会员制营销而言，争取和获得足够数量的稳定的客户群仅仅是开始与基础，想要最终成功还需要不断与客户保持交流与互动，保证满足客户的需求，并不断提升客户的忠诚度。

2. 客户体验

体验式推销就是企业通过组织消费者直接参与某种产品或服务的使用和消费体验活动，让消费者留下难以忘怀的美好感受和愉快记忆，从而促使消费者购买的办法。汽车销售公司就是常采用客户体验来获得推销机会的。每当推出一个新车型时，汽车销售公司就会组织一批潜在的购车者进行试驾。通过试驾培养潜在购车者对新推出车型的感情，增强购买的意向。

许多企业为了证明自己产品货真价实，原材料、成分含量和功能确实达到了广告宣传所宣扬的水平，就常常邀请和组织消费者、社会公众和新闻媒体参观公司或生产场所。当年某品牌的龟鳖丸、某蛇胆胶囊等公司就都曾经邀请消费者代表参观它们的生产基地。这些亲身体验活动不仅对参加活动的代表们以强烈的感受，大大提高了他们的购买积极性，而且对于广大消费者也起到了强烈的震撼作用，提高了广大消费者对产品的认同感和信任度。

3. 组织会议或客户活动

这种方式有时也常称做会议营销或活动营销，就是通过邀请和组织潜在顾客参加联谊会或其他活动来创造推销的机会。这种形式主要适用于保健品和药品的销售。组织者以公益活动的形式吸引潜在顾客，安排知名专家做相关的健康讲座，通过营造合适的会场气氛，最终实现销售。顾客联谊活动具有很强的推销力量，能创造出很理想的推销机会，但最终效果还依赖于市场基础和大量的客户资源。无论是针对新产品还是老产品，组织顾客联谊活动都需要有一定的基础销售量的积累，有一定数量的老顾客。

组织顾客联谊活动的通常程序是：先收集潜在顾客名单，落实目标群体、发邀请函、文娱节目表演、专家讲座、顾客代表发言、仪器检测、现场订货。收集潜在顾客名单的最好方法是，事先组织社区义诊，请专家小组到社区与患者及潜在顾客进行面对面的沟通。典型的专家小组通常是由 3 ~ 5 人所组成的，小组中最好包括大夫、检测、登记和宣传等人员，在开展义诊的同时，也可现场销售。

不过，应当看到近年来由于会议营销这种组织形式被个别企业滥用来向老年人过度推销保健品，在社会上产生了一些负面的影响。所以，会议营销的组织者想要成功需要加强服务，真正使顾客受益才能取得比较好的效果。

5.2.3　利用免费赠送创造推销机会

免费的午餐总具有更大的吸引力。从免费赠送产品或服务入手，往往能够轻而易举地克服推销中的障碍。免费赠送是许多企业在新产品上市之初通常采用的方法。许多饮用水生产企业在开发市场的初期都曾经在某些城市中挑选一批中小学校，连续几天向学生赠送饮用水。也有些饮用水企业则是广泛地向社会公众赠送自己的产品。免费赠送也已经成为小家电企业创造推销机会的常用手段。食品企业在向市场推出一种新产品时也常常会采用免费赠送的办法来获得更多的推销机会。就连某些通信运营商也会通过向重点客户免费赠送手机来开发新业务。

不仅在销售实体产品时可以通过免费赠送来获得更多的销售机会，即使对于服务产品，也同样可以利用赠送来获得更多的推销机会。当《哈里·波特》那样的国际巨片在大中城市受到人们追捧、票房火爆的时候，那些处于偏僻地区的电影院引进同样的大片却因为票价太高而门可罗雀。于是，有一家处于偏僻地区的电影院在引进《哈里·波特》时为了避免其他影院所陷入的困境，宣称免费放映《哈里·波特》第一集影片。很多人抱着反正不要钱的心态前去看着玩，结果观众们受到了哈里·波特的命运和奇妙魔术的强烈吸引。当这家电影院决定收费放映《哈里·波特》第二集、第三集时，很多观众就选择了购买门票继续观看，电影院因此获得了巨大的成功。

通过免费赠送获得推销机会可以有多种形式。例如：

（1）副产品免费赠送带动主导产品的销售机会。苹果公司在推出 iPod 时就用副产品免费提供音乐下载的手段来促销主导产品 iPod，结果 iPod 全球性热卖。其实，相对于 iPod 昂贵的价格和丰厚的利润，苹果公司为免费提供音乐下载所花费的促销成本几乎可以略去不计。

（2）以零首付的分期付款形式销售。零首付的分期付款对于消费者来说就意味着当时就能免费获得所销售的产品，消除了购买时支付所造成的障碍，能起到免费赠送同样的效果。对于销售公司来说，则通过随后的分期付款获得正常的本利。对于像高档手机和笔记本电脑等产品采用这种办法往往能获得成功。

（3）免费提供产品付费消费。首先免费为顾客提供产品促进使用，再通过对顾客使用产品过程中所消费的副产品或服务收费而获利。网络游戏免费注册促进使用，再通过对于具有特定功能装备的收费来获取盈利。许多软件在刚发布的初期都实行免费下载培养使用习惯，在升级成熟后实行收费使用。

（4）对部分人免费，对其他人收费。娱乐场所经常通过对部分人的免费促进其他人的消费。儿童公园对儿童免费，而通过对陪同儿童的成人收费来获取盈利。

（5）对顾客免费，再通过对能获取相关利益的第三方收费来获取盈利。Google 一直坚持实施免费的策略，先后把图书馆、资料检索、电子邮箱、地图、照片管理和办公软件等服务都免费了，结果成了全世界知名的互联网公司。实际上，它通过向有关广告公司收费获得足够的盈利。

为保证免费赠送的效果，需要考虑如下两个问题：第一是决定如何选择赠送的对象，是向特定对象赠送好还是广泛地赠送给社会公众好。除了少数特殊产品外，一般地说，向特定对象的赠送更可能获得较好的效果。当然，对于特定对象的选择要符合目标市场顾客的特征要求。第二是在赠送后应当进行必要的回访，既可以通过跟踪促成交易，也可以收集反馈意见。

5.2.4　利用培训传授知识、创造推销机会

培训或者培训式推销也是创造推销机会的好办法。培训式推销就是企业通过对目标客户组织免费培训，提高他们的某种知识与技能，由此培育和锁定客户达到销售自己产品和服务的目的。

用培训的方法创造推销的机会特别适用于服务和软件类产品的推销，如各种模拟炒股大赛、外汇交易模拟训练、黄金交易培训、某种软件使用方法的培训等。很多公司都会不惜投入成本，对报名参加竞赛或训练的人进行培训，帮助参加者掌握企业想要传递的知识、技能或某种软件的操作技巧，从而培养起一支基本的客户队伍。

例如，某公司在其网站上就提供了各种有关外汇交易的学习资料，包括外汇市场的形成及其发展；如何判断市场发展趋势；如何看懂价格图表、技术指标；如何操作交易平台，并使用不同的分析工具及交易策略等。消费者只要注册成为该网站的免费会员就可以获得所有资料，并可以得到虚拟的 5 000 欧元的初始资本，进行模拟性外汇买卖交易，从中学到外汇交易的方法和技巧。

5.2.5　直接主动创造推销机会

1. 制造新闻

制造与所推销产品直接或间接相关的新闻，能迅速吸引社会公众的注意力，创造出巨大的推销机会。

当年，我国几大牛奶公司竞争中就有企业提出"无抗奶"的概念，曾经引起社会广大公众广泛的关注。人们开始关注牛奶中的抗生素含量的问题，而首先提出"无抗奶"概念的企业自然得利不少。

奥克斯空调公司曾经通过发布空调价格白皮书，既吸引消费者对低价空调的关注，又试图改变自己产品在消费者心目中低价、低质量的形象，几乎吸引了全国消费者目光的关注，在短时间内取得了惊人的推销业绩。

某地的海岛——桃花岛为了大力开发旅游业，通过制造一系列的新闻事件，

把自己与金庸的武侠小说中的桃花岛相联系起来，顿时人气大旺，游客如云。某小山村为了发展旅游业，就请媒体报道了当地的长寿现象，结果不仅直接带动当地旅游业迅速发展，也带动了当地山区土特产品的畅销。

不过，制造新闻往往是与事件营销紧密联系在一起的。在制造新闻、吸引社会公众关注的同时，也应当注意防止和避免事件营销可能带来的后遗症或不良影响。

2. 创造竞争

创造竞争就是通过把自己的产品与市场上现有的另一种产品联系起来，并直接说明自己产品的竞争优势，从而获得更多的推销机会。创造竞争对于新产品推销而言特别有效。一种不知名的新产品通过创造竞争，就能直接与人们熟悉的产品相联系，便于记忆和了解。如果把竞争对象选择为市场上的领先品牌，再通过创造竞争在消费者心目中产生"不选 A，就选 B"的非此即彼的想法，就更有可能迅速成功。

创造竞争最通常的做法是挑起与自己所选择的竞争对手之间的争论。相传在美国费城，有两个紧邻的商店，既是同行又是竞争死对头，经常展开价格竞争。两个商店整天就是你降价，我降价，你骂我，我骂你。有时竞争过火了，店员之间还打架。常有一家店像疯子一样大甩卖，引来一大批到两家商店看热闹的人，借机买到各种物美价廉的商品。有一天其中的一位老板去世了，几天后，另一位老板也停业大清仓，搬家走了。房子卖给了别人。新主人在清理房子时发现两位老板的住房间有一条暗道。于是，有人深入调查发现，两个老板竟是一母所生的亲兄弟。原来两个老板之间的竞争只是演戏，当一个通过降价引来一批抢购者时，另一个也通过暗道把自己的商品抛售出去。骗局居然维持了 30 多年而未被人发现。因为人们总相信越是竞争激烈的地方商品总是越便宜。实际上，没有竞争对手就没有对立面，就很难引起消费者的关注。

推销实践5-3　　　　美的与九阳的豆浆机之争

早在 20 世纪 90 年代九阳就开始生产豆浆机，到 2008 年九阳已经毫无疑问地成为了豆浆机品类的开创者和领导品牌。2008 年"毒奶粉"事件后，美的凭借自己在资金和技术方面的优势进入豆浆机市场时，它意识到自己毕竟是后来者，要获得更多的销售机会，被市场认同的最佳策略就是挑起竞争，与作为品类开创者和领导品牌的九阳形成对立之势，抢占市场。这样就可能共同分享产品开创者长期辛苦开拓的品类市场。

于是，美的就主动挑起竞争。竞争是由美的提出的"干豆 VS 泡豆，无网 VS 有网"的争斗开始的。美的产品在上市之初为了与九阳形成对立，实现差异化，选择了"无网打干豆"的诉求。为了说明自己的干豆比泡豆的优势，美的甚至拿出了某大学的测试数据，说明泡豆的营养流失量是干豆的

11 倍，泡豆 6 小时菌落总数是干豆的 170 倍……甚至还危言耸听地说，泡豆还会产生致癌物质黄曲霉素。

随后，估计是九阳无法及时应对"无网"和"打干豆"的双重攻击，先只选择了对"打干豆"进行反攻。为此，九阳搬出豆浆在中国的发展历史，依次证明"中国正宗豆浆是需要泡豆的"，又邀请国家权威营养专家力证"制作豆浆泡豆是必需的"来加以回应。到 2009 年初，九阳开始针对无网进行反击——"拒绝简易，倡导精磨"，并技术升级聚焦于"五谷精磨器"、"X 型旋风精磨刀"与美的的"锰合金旋风研磨刀头"形成对立。

为了应对九阳的反攻，美的又针对九阳突出品类领导者的宣传进行了反击，打出了"豆浆机升级了"的广告，攻击九阳"专注好豆浆，九阳 15 年"，暗喻九阳已经是老一代豆浆机了。

针对美的所挑起的争论与挑战，有专家甚至认为，九阳的最佳选择可能是不参加这场争论。作为品类领导者，九阳与竞争对手争论某个技术问题完全没有必要。争论还可能在消费者中间造成一个"要么九阳，要么美的"的局面，这正是美的所希望的。九阳要做的是要继续在地理范围内扩大自己"品类第一"认知广度和深度的优势，继续传播"豆浆机开创者与领导者"的理念。

资料来源 李亮. 九阳豆浆机："反对立"成当务之急 ［J］. 销售与市场，2009（11）：75.

主要概念

市场信息情报的系统性 专题性节假日 创造竞争

基本训练

@ 知识题

1. 按重要性大小列出销售人员最需要掌握的市场情报的种类，并说明获取这些类型市场情报的主要渠道有哪些。

2. 简述销售人员需要注意推销对于市场情报的要求。

3. 销售人员在分析处理市场信息时需要注意哪些要点？

4. 总结回顾大学生活以来有可能利用和开发的推销机会，说明为什么没有成功利用和开发的原因及障碍，分析那些成功地利用和开发这些推销机会的人之所以成功的原因。

5. 以小组为单位讨论，提出你认为今年以来当地公司或销售人员中最成功的创造推销机会的公司和销售人员是谁，说明理由，并在小组间交流从中得到的启发。

@ 技能题

1. 仔细研读本章引例的资料，从销售总监丁益创造冬天推销啤酒机会的案例中，分析丁益创造推销机会成功的关键要素有哪些，并说明销售人员从这个案例中能得到哪些启示。

2. 收集本省各地由政府和民间组织的重大社会文化和经济活动的清单。讨论如何利用这些活动来创造企业的推销机会。

3. 以世博会、亚运会和奥运会等国际重大活动或国际重大体育赛事为例，分析从活动的前期组织准备、正式开始、结束，直至事后收尾过程中，可利用的推销机会有哪些，并联系实际提出自己利用这些机会的设想和计划。

4. 讨论某些专家所提出的以下一些观点，说明自己的看法和应对策略。

（1）现代社会环境的发展将促使销售人员花费更多的时间来开拓他们所销售产品的应用范围或者寻找新市场，而不仅仅是频繁地走访客户。

（2）走访客户推销产品在整个推销功能中的比重会越来越小，对于销售人员来说，将自己的产品整合到客户的商业模式中去，理解商业环境会变得越来越重要。

（3）社会发展的趋势要求销售人员成为客户的财务工程师。那些理解客户是如何赚钱的，并能够说明自己的产品或者服务对客户盈利贡献的销售人员，将更能取得成功。

第6章 开发推销对象

学习目标

知识目标：深刻理解合理推销对象的条件和团体购买者的特点；理解寻找、调整和扩大推销对象的方法和途径；深刻理解与不同类型顾客成功沟通的要点。

技能目标：培养识别适当的推销对象的能力；应用适当方法不断扩大推销对象的能力；掌握与不同类型顾客成功沟通的能力。

引 例

每个销售人员都知道对方最后的采购决策都必须由领导来做出。只有见到对方领导，成交才有可能。但几乎每个销售人员都经历过这样的情形：折腾了老半天，就是见不到对方领导。原因是五花八门的，如领导忙，这事我（中基层人员）就可以做主，领导经常不在等。于是，许多销售人员要么是相信了对方的谎言，要么是假设领导对购买没有影响，可以忽略。更有甚者，有的销售人员硬闯老板办公室，结果也只能是搞得自己"头破血流"。

从事采购的人最懂得其中的奥妙了。一位采购总监就对熟悉的销售人员分析说，你见不到领导是因为有人不想让你见！绝大多数情况下，都不是领导没有时间，而是中基层的采购人员根本不想让你见到领导。其原因主要有以下几条：

（1）他根本就没有感觉到你的产品能解决他必须解决的问题。采购人员根本不关心你的产品能解决的问题，他只关心自己必须解决的那些问题。

（2）他根本就没有打算选你。没打算选你，再带你去见领导不就变成了讨领导骂吗？

（3）他感觉不到你的价值。他不知道带你到领导那里能帮自己做什么（如协调资源、树立形象、赞扬他的工作等）。如果他感觉不出自己可以得到什么利益，他自然不带。

（4）他感觉你的水平太差。他担心带你去领导那里，可能丢人，怕领导骂他办事不力。

说到底，不想让你见领导的这个人压根儿就没有打算买你的东西。

资料来源　崔建中. 采购眼中销售的八大蠢. 销售与市场，2011（5）：44-47.

6.1 识别适当的推销对象

6.1.1 开发潜在推销对象的重要性

销售人员的职责既需要不断与老顾客继续达成交易，也需要不断开发新的顾客群。尽管现有的客户通常占有了公司销售额和利润的绝大部分，使他们满意就能得到他们重复购买的业务。但是，由于各种原因，任何一个销售人员每年都不可避免地会流失掉一部分原有的顾客。有研究表明，一般公司每年平均的顾客流失率都会在15%～20%。当然，根据推销方式的不同、行业和产品的不同，顾客的流失率会有波动和差异。不过，老顾客流失的现象是普遍存在着的，几乎是不可避免的。

顾客流失的原因是多方面的。首先，可能是销售人员本身的原因所造成的。如果销售人员无法使原有的顾客保持满意，他们自然就会寻求从其他新的销售人员或者新公司手中购买。这样，顾客当然就流失掉了。其次，即使是销售人员千方百计使顾客对原来的交易是高度满意的，但是也仍然不能完全避免顾客流失。对于家庭和个人购买者，可能因搬家离开本地，可能消费需求因家庭条件的改变而变化，或者顾客因年龄关系而淡出市场。对于公司或组织购买者，可能因业务改变而不再需要购买，也可能因购买决策者的变化而终止了与原来公司的交易。

由此可见，除非销售人员能够不断发现新的潜在顾客来补充和替代流失的顾客；否则，推销业绩的下降将是不可避免的。随着客户的不断流失，销售收入和利润就会随之减少，甚至陷入入不敷出的困境。因此，对于销售人员来说，尽可能地维持老客户，并不断开发新客户，是保证推销成功的重要前提。

6.1.2 合理推销对象的条件及审核

推销，无论是推销产品还是服务，都必须明确自己的对象。最终能够实现每一笔交易的都是一位或几位具体的人物。因此，销售人员不能光看到自己所推销的产品，更需要看到这些与交易有关的具体人物。成功推销的经验就在于销售人员把注意力集中在顾客身上，而不是只注意到产品本身。

合理的推销对象应当是可能购买所推销产品的人，即潜在顾客。从理论上说，潜在顾客具有广泛性，几乎每一个消费者都具有购买某一种产品的可能性，但实际上对于任何一种产品而言，真正可能购买某种具体产品的人毕竟又是有限的。销售人员不可能向每一个人都推销，如果这样做他无异于把自己贬低为一个小贩，而非真正的销售人员了，而且这样做的效率肯定是很低的。如果找错了推销对象，推销也就可能一事无成。所以，为了提高工作效率，销售人员早在访问顾客前，就应当明确可能购买自己产品的、能够作为自己推销对象的是哪些人。

理想的推销对象应当具备如下三个条件：

1. 必须有实际需要

推销对象确实有实际需求是开展推销活动最基本的基础。如果对方确实没有实际需求，即使他拥有最强的购买能力，最终也是不可能成交的。因为没有人会花钱买自己不需要的东西。对于根本没有需求的人开展推销只能是浪费时间，是不值得推销的。但是，反过来，销售人员也绝不能把这种实际需要公式化，人为地限定推销对象的范围。有的销售人员听到对方说"我们不需要！"就放弃推销，或知难而退。其实，对方说不需要，往往是只说明他本人或本人所在的部门不需要，或者暂时还没有需要，或者还没有认识到自己的需要。至于他的家庭中其他成员、所在公司或组织中的其他部门仍然有需要的可能。退一步说，即使他现在不需要，也许今后就变得需要了。

销售人员在寻找和选择推销对象时，往往有过分重视购买能力，忽视实际需要的倾向，从而影响推销业绩。我们应当认识到，这里所指的需要是广泛的，并不局限于推销对象个人的、当前的需要。

在识别和确认推销对象是否具有实际需要时，销售人员一定要开拓思路，不仅要努力去发现、挖掘推销对象的需求，也需要培育和创造推销对象的需求。事实证明，许多新产品的需求都是通过激发欲望创造出来的。

2. 必须具备支付能力

一般地说，人们需要和希望得到的东西与他们买得起的东西常常完全是两码事。所以，合理的推销对象应当是对购买所推销的产品具有实际支付能力，或者具有一定的收入来源的人。顾客的支付能力是销售人员最终能否按时收到货款的客观基础。

如果计划向消费者个人或家庭推销，销售人员应该事先对其进行信用调查，确定其有没有对于所推销产品的支付能力。如果是向企业或组织推销，事先也应当尽量了解对方的支付能力。

确定被推销对象的支付能力时，需要考虑其收入情况和信用记录两方面的因素。

对于个人，其收入来源状况可以根据职业、职务和身份地位等因素来判断；信用记录需要向有关部门进行调查。对于企业和组织机构的收入状况和信用记录的判断要复杂得多。特别对于企业而言，在调查了解其收入情况时，既需要了解其经营规模，也需要了解其实际的经营状况，更需要把握其财务运行情况。对于企业信用记录的调研和审核要注意到其可能的变化。

在选择和确定推销对象时，无论是对于个人，还是企业或组织购买者，掌握他们的信用限度是十分重要的。不论是对于任何个人或企业，销售人员与他们做超过对方信用限度的交易是十分危险的，发生欠账、呆账和坏账的可能性就会迅速增加。所以，必须确保交易额在对方信用限度以内，才能保证对方有足够的实际支付能力。

从保证交易对方有足够的支付能力的角度看，企业或组织中根本不了解财务状况的人就不能算是合适的推销对象，起码光是这些人参与是无法达成交易的。至少推销对象中应当包括了解企业或组织财务状况的人，这样才能保证推销对象有实际支付能力。

3. 必须有权做决策

合理的推销对象必须是有权决定、建议或反对的。不管是家庭、企业，还是组织机构，能够做出购买决定的人往往只是几个人或部分人，而不是一个人，即使是一个小家庭也不例外。家庭中的几乎每个成员在购买决定中都可以扮演五种不同的角色。他们有的是发起者，即第一个想到或提议购买某种产品的人；有的是购买的影响者，能或多或少地影响购买决策的人；有的是购买决定者，最后决定是否购买，买什么，怎么买，何时买和何处买的人；此外，还有购买执行者和使用者，即实际从事购买的人和使用所购买产品的人。作为个人消费者，每个人都可能担任其中的一种或几种不同的角色。而且，同一个家庭成员在购买某种产品时可能是决定者，而对于另一种产品的购买也许只是个影响者。销售人员要提高推销的成功率就需要根据所推销的产品，分析谁可能是发起者、谁是决定者、谁是影响者。

对于向企业或组织的推销，更应当注意各个部门在购买决策中的作用。除了采购部门以外，技术部门、生产部门、财务部门的有关人员往往在购买决策中也有重要的作用。销售人员要根据不同的人和不同的部门在购买决策中的地位和作用，进行有针对性的推销。但毫无疑问，推销对象必须是有决定权或者对决策具有较大影响的。有时，销售人员会遇到对方说"我们对你们的产品不感兴趣"，此时，销售人员就需要搞清楚，他到底是否有权做决定，其实，也许他根本就无权做决定，当然也就不感兴趣了。

6.1.3　组织或团体购买者的特点及推销对象

1. 组织或团体购买者的特点

除了柜面和展销会的推销外，大多数销售人员所直接接触的多半是团体购买者。团体购买往往是一个集体购买决策的过程，具有与许多家庭和个人消费者不同的特点。掌握团体购买者的特点，对于向团体购买者实现成功的推销是非常必要的。

（1）多人参与购买决策造成推销对象的复杂性。在面对团体购买者时，销售人员必须辨明谁是决策参与者，谁是最终决策制定者。推销既不能只向决策制定者一个人推销，也不能只顾说服决策参与者，而忽视了最终的决策制定者的重要作用。

许多销售人员都存在着一种错误的倾向，就是只是一味地向某个购买关键人物讨好，而忽视了其他的决策参与者。此时，推销多半会遭到其他决策参与者的抵制，很难成功。即使靠某个关键人物促成了交易，但是，如果推销对象不发展到其他的决策参与者，推销也不能认为是成功的。许多成功的销售人员在向团体购买者推销中深深地体会到"最危险、最容易失去的交易就是只靠一个人实现的买卖"。因为在这种情况下，任何人事上的变动、其他决策者的反对和对方内部管理制度的调整都可能会失去这个顾客。

推销中另一种错误的倾向是过分重视决策参与者的意见，而忽视了实际上的最终决策制定者。有些销售人员在遭到某些决策参与者的反对或抵制后就退缩，停止推销了。其实，决策参与者的意见并不是最终的决定。如果销售人员能设法说服决策的最终制定者，推销仍然是可能取得成功的。特别需要注意的是，在会见最终决策者的过程中，销售人员往往会受到其他决策参与者和影响者的阻挠。他们可能会告诉你，购买决策者已经决定不购买了。但是，除非与最终决策者在面对面交谈后，仍然表示拒绝，否则销售人员应该认识到与最终决策者进行面谈仍然是必要的。在面对面的交谈中，仍然有可能说服对方，达成交易。

（2）推销对象期望不同造成推销的复杂性。与个人购买决定容易受感情影响不同，团体购买决定更富有理性，所以，更倾向于逻辑性、实际性和具有冲突性的特点。许多消费者把购买自己所要的东西看成是一种乐趣和享受。然而，对于团体购买者来说，几乎每次购买都是艰难，有时甚至是痛苦的。团体购买的决策过程往往是矛盾冲突和协调的过程和结果。

由于许多人参与了团体购买的决策过程，而不同的决策参与者由于其个人的背景、信息来源和认识上的差异，自然对购买会有不同的期望和偏好，因此对推销也会做出各不相同的反应。生产部门的人员可能更强调交货期和供应的可靠性；工程技术人员可能更注重产品的质量；而采购人员则可能特别注意供应的可靠性和价格。同时，决策参与者个人的性格对决策也会产生不同的影响。由此可见，在向团体购买者进行推销时，不仅要辩明购买决策有关部门的人是谁，更需要了解不同的决策参与者各自特定的购买期望和标准都是什么。要针对不同的对象，开展有针对性的推销。

2. 组织或团体中的推销对象

对于生产资料类产品的推销，销售人员可能需要面对如下六种不同的推销对象：

（1）客户机构的高级主管。其往往是大批量购买的最终决定者。他们关心的是购买所产生的宏观结果和影响。销售人员应尽早与客户高层领导建立相互信任的关系，这对于确保交易的成功是十分重要的。

（2）使用部门管理层。一个客户机构内部可能会有多个使用部门。使用部门的管理层关心的是所购买的产品对部门日常工作的帮助和促进，产品或服务给具体工作带来的利益，以及使用是否方便。所以，销售人员需要对潜在的使用部门进行调研，根据他们的需求和购买潜力来制订推销计划。

（3）技术部门管理层。技术部门在产品购买前往往负责根据使用部门的需求来决定所购买产品的技术指标。在产品安装使用后负责对产品的维护。因此，技术部门最关心的是所购买的设备能否达到项目的要求以及购买以后设备的售后服务问题。

（4）采购及财务部门。企业的采购部门负责制定和管理采购流程，负责谈判和方案的评估比较。对于零星的采购订单，采购部门往往有直接决定权。

（5）直接使用者。设备或其他产品的直接使用者往往也是所购买计划方案好坏的最终和直接的评估者。有时这些使用者会直接参与采购计划方案的设计、选型和评估比较。即使不直接参与评估，他们所提供的意见也会影响决策。所以，当一位陌生的销售人员试图向一家可能使用某种自己设备的厂家进行推销时，也许首先应当去找这类设备的操作工，了解他们的需求和对现有设备的评价。据此来确定潜在客户可能存在的问题，以及向这家公司其他人员和管理层推销陈述的要点。

（6）技术人员。工程师们经常参与采购计划方案的设计、评价和比较，并负责对于设备和其他产品的维护。也有一些技术人员会负责制定具体的招标书，直接参与采购活动。与他们建立良好的关系对于成功的销售是非常关键的。

但是，客户不同部门内的采购流程可能也会有所不同，有时所采购的货物不同，流程也会不同，因此，上述角色也不是一成不变的。

推销实践6-1　　　　　推销中的蠢事

　　某公司计划进行一次大规模的装修。领导指定销售部负责装修的招标事务。一接到任务，销售部内上下立刻摩拳擦掌，群情激昂。这些销售人员天天做乙方，受尽了甲方的欺压和白眼。现在逮到一次做甲方的机会，个个都决计要猛烈地发泄和玩弄一把乙方。真是八仙过海，各显神通，很快就有了结果。项目结束后，公司内组织销售部人员开会，讨论和总结整个装修招标过程的感想。

　　销售员甲（负责找装修公司）说："这帮人一直认为我就是决策人物。自从开始接触以后，天天缠着我，要请我吃饭。他们认为搞定我，就搞定项目了。我严重声明，我该吃吃，该喝喝，却从来没有干出格的事。明摆着的嘛，决策权都在老板您手里。我要是干了出格的事，后面根本就没法收场。我就是一个橡皮图章。这帮人真拿我当佛拜了。"

　　销售员乙（负责标书审核）说："我们的标书一共修改过三次。每次都有一些特殊的原因。三次都及时通知了所有的装修公司，可没有一家问我们为什么要做这种修改？他们只要多问一句话就会很清楚我们的想法了。说实话，我根本不懂装修，累得半死，却没有一家装修公司给过我指导和建议。再看人家销售员甲打几个电话就有这么多人争着请吃饭，下次一定要和他换换位置。"

销售员丙（负责谈判）说："我这里是最搞笑的。其实，咱们已经确定好了哪一家中标了，可是那些没中标的公司都以为只要自己降价就有希望。一个个争先恐后往火坑里跳。更有意思的是，那家已经中标的公司直接被大家的大无畏精神所吓毛了，几分钟时间精神上就彻底垮了。我不费吹灰之力就按领导的要求砍下了 12.5 万元。还有更可笑的是，等谈判完了，报价最高的那家公司给我发了个短信说，之所以报价高是想给我个人留点，希望我对他们照顾一下。也不想想，项目到这份上，我哪有这本事。"

接着，参与采购评标的"评委们"也纷纷积极发言。大意是说这帮家伙真是太蠢了，根本就不知道该怎样卖东西。

最后，老板看看大家，淡淡地问了一句："这些蠢事，你们曾经干过吗？"

资料来源 崔建中. 难得做一次甲方，还不整死丫的！ ［J］. 销售与市场，2011（5）：43.

6.2 寻找和发现推销对象

6.2.1 确定推销对象的范围

能否找到足够多的、合适的推销对象是决定推销成败和推销效率高低的关键。因为推销员固然可以挨家挨户地去访问，但除了极少数产品外，这种推销方式肯定是非常低效的。如果能选准推销对象，就可以事半功倍。因此，无论推销什么产品，在着手进行推销以前，都要明确合适的推销对象是谁，在哪里能够找到他们，并把推销的努力集中在这些推销对象身上。

寻找适当的推销对象首先应当确定他们的范围，然后再借助于一定的途径和方法去发现他们。

确定推销对象范围的基本方法是市场营销理论中的市场细分策略。依据消费者在需求、购买动机、购买行为和习惯上的差异，把消费者分成为不同类型的群体，然后根据所推销产品的特点，从众多小的群体中选择一个或几个合适的群体作为自己的推销对象。这些被选中的群体就是目标推销对象。

但仅仅确定推销对象的范围往往还缺乏可操作性，销售人员还需要掌握寻找具体推销对象的方法和途径，或者最好是获得更具体的能够借此找到合适推销对象的一张清单或者表格。

6.2.2 寻找合适推销对象的方法和途径

寻找合适的推销对象有多种方法和途径，销售人员需要根据所推销产品的特点、所确定的推销对象的范围，以及自己所确定的推销区域，来选择最为合适的方法和途径。通常，销售人员可以选择的方法和途径有如下几种：

1. 地毯式寻找法

地毯式寻找法也称逐户寻找法，就是销售人员在只能确定推销对象的范围，而对推销对象的情况一无所知或知之甚少时，直接采用上门、信函、电话或电子邮件等方式，向某一特定区域或特定市场内的所有个人或组织无一遗漏进行推销，以期寻找到合适的目标顾客的方法。

采用地毯式寻找法来搜寻合适的潜在顾客时，关键是要挑选一条合适的"地毯"，也就是先要划定合适的访问范围或区域。根据所推销产品的特点和用途，销售人员首先需要对推销范围或区域进行可行性研究，确定一个较为合适的推销对象范围或区域。

地毯式寻找法的优点是：不会遗漏任何有价值的顾客；该方法与市场调研结合，获得更多有用的市场信息；扩大影响，提升自己企业的形象。但地毯式寻找法也有如下的缺点：成本高、费时费力；盲目性较大，容易导致顾客的反感和抵触。

2. 链式引荐法

链式引荐法，也称无限连锁介绍法，就是销售人员在访问现有顾客时，请求为其推荐可能购买同种产品或服务的潜在顾客，以建立一种无限扩展式的链条。采用链式引荐法成功的关键在于销售人员首先要取信于第一位顾客，促使他愿意按销售人员的请求引荐其他顾客，然后产生第二个链节，来发展更多的顾客，最终形成不断扩展的"顾客链"。

用链式引荐法来寻找无形产品，如旅游、教育、金融和保险等潜在顾客尤其合适，因为在服务领域，信誉、感情和友谊显得更为重要。同时，生产资料产品的推销中，采用这种方法也非常有效，因为同行业的客户之间通常较为熟悉，且相互之间经常有广泛的联系。

链式引荐法的优点在于：通过现有顾客的引荐可以避免推销的盲目性；有利于取得潜在推销对象的信任；推销的成功率比较高。这种办法的不足之处在于：如果现有顾客不愿意引荐新的潜在顾客，推销工作就会陷入被动；同时，由于依靠现有顾客介绍新顾客，事先难以制订完整的推销访问计划。

3. 中心开花法

中心开花法是指销售人员在某一特定的推销范围内发掘出一批具有影响力和号召力的核心人物，并且在这些核心人物的协助下把该范围内的个人或组织都变成自己的潜在顾客。中心开花法实际上是链式引荐法的一种特例，只是中心开花法中的"核心人物"不是普通的顾客，而是具有影响力和号召力的顾客或销售人员的朋友。采用中心开花法成功的关键是找出核心人物，并极力说服他们，在取得他们的信赖和支持后再利用他们的影响力、权威性或示范效应来带动一大批潜在顾客。

中心开花法主要适用于金融、旅游和保险等无形产品，以及时尚性较强的有形产品的潜在顾客的寻找。

中心开花法的优点是：只需要集中精力做好核心人物的工作，可以节省大量的时间与精力；同时利用核心人物的影响，提高产品的知名度。中心开花法的缺点是：核心人物的寻找与确定是比较困难的；把过多的希望寄托在核心人物身上会增加推销的风险。

4. 关系拓展法

关系拓展法是指销售人员利用自身与社会各界的种种关系寻找潜在顾客的方法。其实际上也是链式引荐法的一种。只是这种方法首先开始启动的链节是销售人员自己的关系户，然后逐步扩散渗透，形成一张推销某种产品的关系网，关系网中的人员可能就是销售人员的潜在顾客了。由于关系拓展法也是链式引荐法的一种，因此也具有链式引荐法的优缺点。这种方法主要适用于寻找日用消费品的潜在顾客。

关系拓展法根据所利用的关系是来自于企业内部还是外部，又可以分为如下两种：

（1）从企业内部出发拓展关系。企业内部就存在许多可以用来拓展关系的潜在顾客信息。从企业内部获得的这些信息针对性强、真实可靠，几乎不需要成本和费用，应当是销售人员首选的方法。公司内部可以用于拓展关系的资料来源主要有：

①公司销售记录。销售人员从中可以发现过去几年内曾经与公司有过交易而现在停止订货的客户清单，分析这些客户流失的原因，并重新把他们争取回来。

②公司客户服务电话记录。其除了接受现有客户的服务申请和投诉外，还会接到非客户的咨询电话。这些电话记录也是拓展潜在客户的有用渠道。

③公司网站所收集的潜在客户信息。网站作为公司的窗口，经常能获得对公司及产品感兴趣的人的信息，及时处理、主动提供反馈也是获得潜在顾客的渠道。

（2）从企业外部拓展关系。这包括：

①利用现成的信息源拓展渠道关系。销售人员要学会从当地的图书馆、行业协会、民间团体和政府机构等单位与部门所发布或出版的公开的与非公开的信息中创造性地开发出自己的潜在客户名单。特别要注意从各种贸易展销会、行业性会议和多种形式的研讨会中去收集与自己推销的产品有关的潜在客户名单。

②创建自己的社交网络。利用社交网络也可以达到快速高效地拓展客户关系的目的。通常，销售人员为了拓展业务关系会千方百计地直接去寻找新客户。销售人员与一些可能的客户见面，希望通过谈判，最终实现签约成交。这种办法尽管在近期较为有效，但从长期看要不断发现可能的客户并不容易。

利用社交网络拓展关系时，销售人员不仅仅是要寻找单个业务决策人，而且要致力于培养客户资源。社交网络的概念并不是以销售为中心，而是以信任、理解和合作为基础的。创建自己的社交网络就为那些在相同或相似行业中工作的人们提供了一种建立相互关系的机会和环境。与社交网络的成员相处是没有风险的，容易建立信任，而销售是以信任为基础的。社交网络中培养起来的关系会不断带来新的客户。因此，从长期看，社交网络是开发潜在客户的更有效的工具。

建立有效的社交网络的机会很多。各种专业性的协会、商会、研究会、校友会、俱乐部、群众团体和各种会议都是建立社交网络的好机会。在会议上发言和发文章是建立社交网络的好方法。这样做就向其他社交网络成员表明自己在做什么、想什么，对其他成员有吸引力。但社交网络本身并不是销售。要通过社交网络开发潜在客户，关键是要在社交网络中物色、建立、发展与潜在客户的关系。要有计划地回访社交网络中的潜在客户，最后发展成现实的合作伙伴。

③关注竞争对手的客户。竞争对手的客户也有可能成为自己业务拓展的对象。值得注意的是，有些销售人员喜欢直接去挖竞争对手的客户，这虽然是一种可行的办法，但绝不是一个好办法。因为这样做可能导致相互挖墙脚的恶性竞争。合理的做法是注意竞争对手不能很好地服务或未能满足他们需求的那部分客户。这部分客户在竞争对手看来并不是核心客户，不会因此做出激烈的反应。这些客户由于对竞争对手的服务并不满意，要他们改变供应商也比较容易。

5. 个人观察法

这是销售人员根据自身对周围环境的直接观察、判断、研究和分析，寻找潜在顾客的方法。这是一种寻找顾客的最古老、最基本的方法。

利用个人观察法寻找顾客时，成功的关键在于培养销售人员个人的灵感和洞察力。杰出的销售人员无论是在电梯里，长途汽车、火车或飞机上，还是在餐厅或商店等场所，都会留心观察周围的人和发生的事，尝试着与身边的人进行交谈，并由此去发现身边可能的潜在顾客。这种方法运用得当，也可以取得良好的效果。例如，美国曾有一位成就卓著的汽车推销员就整天开着一辆新汽车在住宅区的街道上转来转去，寻找旧汽车，当他发现一辆旧汽车时，就通过电话和该汽车的主人交谈，把这些旧汽车的主人当成潜在顾客直接开展推销。

个人观察法的优点是简单易行，而且长期坚持也能培养销售人员养成良好的思维习惯，积累推销经验，提高推销能力。但是这种方法的缺点是*严重地依赖于销售人员个人的知识、经验和能力，成功率比较低*。

6. 委托获取法

委托获取法就是销售人员委托有关人员来获得寻找潜在顾客的方法。销售人员可以雇用一些临时性销售人员作为助手去寻找潜在顾客，自己则集中精力从事实质性的推销活动。委托获取法又可以分为委托助手法和直接购买客户名单法。

（1）委托助手法。这就是雇用临时销售人员以市场调研或免费客户服务的名义，在选定的区域内开展地毯式访问，一旦发现适当的潜在顾客，立即通知高级销售人员安排正式访问。

（2）直接购买客户名单法。销售人员也可以直接从那些专门收集企业和个人信息的公司手中购买客户线索名单。这类名单既可以是某个地区从事某种行业生产经营活动的企业或组织机构，也可以是居住在某个区域内的家庭名单。但由于这类名单会被出售多次，且一直使用，效果就会大受影响。

委托助手法的优点是：可以使销售人员把更多的时间和精力集中在有效的推销活动上，避免浪费大量的时间；迅速获得有效的推销信息。这种方法的缺点是：要获得适当的助手或购买到有价值的客户线索名单较为困难；推销的业绩依赖于推销助手的合作程度与所购买客户线索名单的价值，推销的主动性较差。

7. 广告探查法

广告探查法就是销售人员利用各种广告媒体来寻找潜在顾客的方法。寻找潜在顾客时可以采用的广告媒体主要有直接邮寄广告（DM）、电话广告和电子商务广告等几种。

广告探查法通常用于市场需求量大、用户覆盖面广的产品推销。采用这种方法时，销售人员走访客户前首先发动广告攻势，刺激和诱导消费需求的产生，然后不失时机地派人推销产品，把"拉引"和"推动"两种推销策略结合起来使用，提高推销的效率。

广告探查法的优点是：广告的信息传播效果好；对于覆盖面广的市场来说，这种方法相对地节省时间与精力。广告探查法的缺点是：需要支付高昂的广告费用；广告针对性和及时反馈性较差。

8. 文案调查法

文案调查法实际上就是一种市场调查法，是指通过收集整理现有的文献资料，来寻找可能的购买者的方法。文案调查法着重于二手资料的收集、整理和分析，以确定适当的推销对象。

文案调查法的优点是：减少了推销工作的盲目性；节省寻找潜在顾客的时间和费用；可以帮助做好接近顾客的准备工作。这种方法的缺点是：查阅的文献资料受时效性的影响；要找到适当的文献资料并不容易。

6.3 调整、改变和扩大推销对象

6.3.1 调整和改变推销对象

一种产品在向预定的推销对象推销时，也可能受到反对、抵制或者拒绝。此时，销售人员就必须考虑调整和改变原定的推销对象。通常的推销对象是最终消费者或直接转卖商。直接转卖商是指那些纯粹进行产品买卖的普通中间商。如果最终消费者或直接转卖商都不愿意接受所推销的产品，就有必要改变推销对象。有时，把推销对象由最终消费者或直接转卖商改变为某些特定的中间商或转卖商，推销的成功率往往可以大大提高。

这类特定的转卖商可能是普通意义上的真正中间商，但是在多数情况下，它们并不是通常意义上的中间商，而是生产制造部门或者是其他的单位、机构或部门。它们有的本身并不从事经营，但是，对某些产品确实起着特定的中间商或转卖商的作用。这类特定的中间商主要有系统转卖商、组合转卖商和把关转卖商等。

1. 系统转卖商

如果向最终消费者或直接转卖商的推销遭到拒绝，销售人员首先可以考虑转向系统转卖商进行推销。所谓系统转卖商是指那些不直接经销所推销的产品，但可以把所推销的产品作为他们所经营系统产品的一部分来出售的特殊中间商。由于这种系统产品往往是更有价值的重要产品，因此，在系统转卖商那里，我们所推销的产品是作为更有价值的完整系统产品的一部分，以新的形象在市场上出现的。

人造奶酪是一种以从高蛋白的大豆中提炼出来的植物油为主要原料制成的人造乳制品。这种产品刚进入市场初期时的推销就曾经遇到了巨大的挑战。尽管这种产品的技术鉴定报告证明，其营养价值比天然奶酪还高，而胆固醇的含量却比较低，同时其成本也比天然奶酪要低，但是由于人们还没有养成食用这种食品的习惯，把人造奶酪看成仅仅是对于天然奶酪的次等代用品，因此当这种产品在零售商店出售的初期，消费者都不愿意购买，推销遇到了严重的困难。

于是，人造奶酪的销售人员就改变了产品的推销对象，转而向学校、快餐店、政府机构和军队的餐厅推销。他们实际上是请这些企业、组织和机构充当系统转卖商，把人造奶酪和其他食品一起掺入到各类汉堡中出售给他们的顾客。由于这些机构有专门的采购人员，对食品有更多的知识，他们很容易就被说服了，接受了这种新的代用乳制品。同时，经过加工掺入到他们自己的食品制成品中，成功地卖给了他们的顾客。就这样，学校的学生、快餐店的顾客和军队中的士兵都逐渐接受了这种代用乳制品。慢慢地，家庭也开始接受了人造奶酪。人造奶酪的推销终于取得了成功。

2. 组合转卖商

有时，销售人员也可以转向组合转卖商推销。组合转卖商是指那些在市场上收集相关的产品，并把它们组合起来后作为一个整体产品出售的中间商。由于组合起来的产品可以弥补单个产品的缺点，组合转卖商把它作为一个整体产品来推销就容易得多了。对于未能向最终消费者或直接转卖商成功地实现推销的产品，若能找到一家机构充当组合转卖商的角色，把这种产品与组合转卖商的产品组合在一起销售就可能取得成功。

家用洗碗机在美国市场刚出现，作为新产品向市场推销时就遇到了巨大的困难。可以说，家用洗碗机初期的推销经历了漫长的失败。导致失败的原因来自于多个方面：持有传统观念的人认为，洗碗机对于家庭来说没有什么用处，因为家庭中几乎谁都能洗碗；还有不少人不相信洗碗机能够洗干净碗，因为他们缺乏洗碗机方面的知识；还有的人虽然欣赏洗碗机，但认为价格太贵了。总之，这种新产品最初的推销遭到了最终购买者的拒绝。

于是，生产厂家试图通过促销活动来反复宣传洗碗机的价值。他们强调用洗碗机比用手洗碗更卫生、更安全，能杀灭更多的细菌，还强调洗碗机具有处理那些难于清洗餐具的能力。然而，这些宣传仍然没有成功。销售方面的困境甚至威胁到了洗碗机这种新产品的生存。于是，这一产品的销售人员就改变了推销对象，转向了特殊的中间商。这次，他们选择了房地产商。通过向他们推销，终于成功地打开了洗碗机的市场。

当然，房地产商具有与最终消费者不同的购买动机和要求。对他们来说，产品的经济价值，即能否帮助他们自己获利将是影响购买决定的主要原因。于是，在销售人员的开创并倡导下，洗碗机制造商与房地产商一起做了一个实验。在同一地区建造了一批户型完全相同的住宅；有些安装了洗碗机，有些没有安装洗碗机。结果是出售安装有洗碗机的住宅比出售没有安装洗碗机的普通住宅要快好几个月。这说明，建造安装有洗碗机的住宅可以加快房地产商的资金流，获得更多的利润。安装洗碗机所需要的额外费用完全可以从加速资金周转中得到补偿。这个结果引起了房地产商的兴趣，于是在新建住房中开始配备洗碗机。

为了进一步刺激房地产商购买洗碗机的积极性，某些洗碗机制造商还提出只要房地产商向他们订购所需要的全部家用电器设备，就可以对洗碗机给予一定的折扣，从而又进一步提高了房地产商在建造新住宅时购买洗碗机的积极性。随着新住宅中洗碗机的普及，对老住宅进行装修的公司也开始安装洗碗机。洗碗机在日常生活中的地位逐渐巩固。到此，洗碗机制造商看到，重新对最终消费者直接进行推销的时机已经成熟。于是，制造商一方面让洗碗机直接进入零售渠道，开始对最终消费者直接进行洗碗机单个产品的推销；另一方面大力激发消费者的购买兴趣，促使消费者自己掏钱，最终整个社会逐渐接受了洗碗机这个产品。

3. 把关转卖商

把关转卖商与系统转卖商和组合转卖商不同，他们本身大多并不从事经营活动，但是，对于某些产品的购买与销售又确实具有重要的影响。例如，对于某些技术性或专业性较强的产品，最终消费者可能并不具备鉴定某种产品质量或价值的专门知识；对于许多消费者被动消费购买的产品，购买决定本身就不是消费者自己做出的。此时，购买者的决定往往会受到某些专门组织、管理机构或者权威部门的影响。这些组织、机构或部门就充当了把关转卖商的角色。

如果直接向最终使用者或传统中间商推销并不成功，销售人员就应该考虑对于所推销的产品是否存在把关转卖商，以及利用把关转卖商推销产品的可能性。销售人员如果能够找到最终购买者所信任的把关转卖商，获得具有高度专业性和技术专长的把关转卖商的认可，或请把关转卖商向最终购买者推荐，往往能够获得意想不到的成功。例如，尽管药品的最终使用者是病人，但病人对药品的选择和购买完全是医生们推荐、介绍和决定的结果。所以，医生对于很多药品起着把关转卖商的作用。银行的理财经理对于想要从众多投资渠道和理财产品中选择自己投资产品的投资者来说，也扮演着把关转卖商的角色。向这类把关转卖商推销的效果自然要比直接向最终购买者推销好得多。

一家消防器材制造企业开发了一种在发生火灾时的高空逃生装置。最初，这家企业招募了一批销售人员直接向当地的饭店、旅馆和高层公寓的居民上门推销。尽管这种高空逃生设备已经经过鉴定，取得了产品合格证书，但是，销售人员发现所有这些被推销对象对这种新型的高空逃生设备的可靠性和安全性还存在一定的疑虑，所以，迟迟无法做出购买决定，推销一度陷入了困境。在市场调研和客户沟通中，这家企业的销售人员发现，对于消防器材产品来说，公安机关中的消防管理部门扮演着把关转卖商的角色。如果能够取得消防管理部门的认可和推荐，就将迅速克服这种设备推销中的诸多疑虑、担忧和障碍。于是，他们转而重点向消防管理部门推销，并通过实战演练等多种方式获得了消防管理部门的认可和推荐，结果就迅速打开了当地市场。

推销实践 6-2　　　　　寻找自己的核心客户

上海康久环保科技公司是一家新型高科技企业，主要产品是等离子空气消毒机和食品动态杀菌机。等离子空气消毒机可以瞬间在人与人之间进行隔离杀毒，从而避免个体到群体的感染。因此在家庭、医院、办公楼、学校和养殖场等地具有巨大的潜在市场。食品动态杀菌机可以在有人的情况进行持续的动态杀菌和除尘，能有效提高车间空气和食品的卫生质量。公司在进入市场初期，认为市场十分庞大，决定采取快速推广的策略。公司上下全力向预期的潜在客户推广他们的新产品，给每家食品企业邮寄产品介绍，曾经一天就寄出过上万封信，还给一些大企业寄送过试用样品，和当地食品工业协会联系合作，宣传产品的特点和优势。同时，还用快递给多家医院、学校和办公楼的物业寄过产品宣传和介绍。

经过一年多努力，尽管有一些效果，但与公司管理层的预期效果相比相去甚远。除了断断续续有个别食品企业回头联系合作外，之前所预期的高利润点的客户，如医院、学校和办公楼等几乎都没有回音。更为严重的是，由于在前期的产品概念推广与过度产能扩张中，公司投入了过多的资金，出现了现金债务和资金周转困难，公司不得不忙于应付企业的生存问题。

形势迫使公司重新客观地审视自己的产品和销售活动。在客观地分析后，公司慢慢意识到自己没有站在客户的角度和需要来考虑问题，对中小食品企业也缺乏了解。中国食品企业多而小，设备占了它们成本的大头。除非新设备对其而言效果极为明显和极为必要，否则，一般并不会考虑采用市场上新的辅助消毒设备。而家庭、医院和办公楼等客户无一例外都遇到了渠道问题。因为这些用户对于是否使用公司新产品在一定程度上也是可有可无的。意识到这些问题以后，公司立即停止了针对医院、学校、办公楼和家庭的无效推广活动，转而主攻食品企业。因为食品企业不存在大的渠道问题，而且公司在这行业内已经有了一部分客户，也积累了一定的品牌信誉。即使对于食品企业，公司也努力避免那些耗时、耗力、耗资金的无效的推广活动，而是努力提高推销效率。公司从各省市获取了食品监督局的年度产品质量检查报告名录，针对其中质量不合格的企业重点组织推广活动。这样一来，效果特别显著。公司发现，以前向 100 家企业宣传至多会有三四家企业愿意合作。现在接触十家企业就会有六七家愿意与他们合作。公司总算发现了这些核心客户。公司决定在充分开发出这些核心客户以后，再设法解决产品通往家庭、学校和办公楼等客户的渠道问题。

资料来源　卢飞强. 这家公司是如何找到自己的核心客户的［J］. 人大报刊复印资料：市场营销，2010（11）：54-56.

6.3.2　扩大推销对象的途径

1. 打破现状，创新推销对象

某些产品的推销途径、渠道和对象在许多销售人员的心中往往是约定俗成的。如果能够突破传统的思维观念，就能打破现状，扩大和创新推销的对象。按照我国的传统习惯，护肤品总是通过百货公司、超市和专业店销售给消费者的。

但薇姿,作为法国著名化妆品公司欧莱雅集团的产品在进入中国市场时就独辟蹊径地首先选择在药店里卖。

选择药店卖化妆品更利于薇姿接近自己的目标消费者:那些理性的、更加容易接受新事物、注重品牌带来健康的,同时又不太在意价格的女性。选择药店来争取更多的购买者的决策确实也使薇姿拥有更大的优势和机会。化妆品市场纷繁复杂,百货公司、超市和专业商店内众多品牌云集一处,促销竞争激烈,购买者会不知所措。薇姿单独选择药店,体现了其优质和专业化的形象,自然容易引起目标顾客的关注,取得了不同凡响的推销效果。

除薇姿外,现在有些品牌的洗发水为了体现自己产品的独特性也在逐步选择药店来开拓和扩大其推销的对象。邮政营业所正在帮助长途客运公司出售车票。某些红酒经销商正在与盐业公司合作,利用盐业公司的现有渠道开发更大市场。所有这些企业都通过创新性地拓展自己的推销对象,大大提升了推销能力。

2. 开发关键市场和新的关键客户

为扩大推销对象,在推销新产品时,选择关键性市场和关键客户作为推销对象是非常重要的。

不同市场的地位和作用是相当不同的。某些市场即使开发出来后,对周围市场几乎没有什么影响,但是另外一些市场往往层次比较高,对周围市场具有较强的辐射作用。一旦开发成功就会对周围的一大片市场产生很强的带动作用。为迅速扩大推销对象,在新产品刚进入市场初期尽量应当选择首先开发这些具有很强带动作用的市场。

当年,宁波奥克斯公司的空调刚进入市场之初,别出心裁地不在当地城市,甚至也不在本省的省会城市推销,而是直接选择进入北京和上海这两个层次高、对周围市场辐射作用大的市场进行推销。等到在北京和上海这两个关键核心市场上取得了较好的业绩以后,再利用这两个城市的辐射作用,迅速成功地扩展到了其他一大批市场。可见,致力于开发具有辐射作用的市场真正具有举一反三的作用。

即使在同一市场上,为迅速扩大推销对象,也应当尽量首先开发关键性的客户,再利用关键客户来带动其他普通客户的推销业绩。应当这样做的原因,首先是因为关键性客户本身的行为和决策对于同一市场上的其他客户具有示范和带动作用;其次是关键客户拥有比其他普通客户更多的市场资源,他们的购买决策将对市场的发展趋势和竞争态势具有举足轻重的作用。因此,即使投入一定的资源和精力去开发关键客户也是值得的。

当年,广州宝洁的大部分区域经销商都同时经营包括联合利华、花王和高露洁等宝洁的竞争对手在内的多个品牌的产品。宝洁公司对经销商的这种行为非常不满意,认为这种多品牌运作方式分散了经销商运作宝洁产品所需的资金、人力和仓储等资源，因此要求经销商实行"专营专销"。但是，原有的日化类经销商发现许多二线品牌的利润比宝洁还要高得多，出于利润的考虑，不愿实行"专营专销"。宝洁发现非日化类的经销商比较容易满足宝洁"专营专销"的要求。于是宝洁在招募新经销商时，注重发展非日化类的经销商。

为了避免因经销商调整可能带来的销售波动，宝洁要求新经销商拥有不低于500万元的资产抵押和不低于400万元的流动资金。宝洁认为招募资金实力雄厚的代理商可以在同一城市减少经销商的数量，并尽可能地做到跨区经营。结果，宝洁招募了一些原先从事房地产或其他行业的企业作为新经销商。这些经销商尽管没有日化行业的经验，但因拥有雄厚的实力，极大地提升了销售效率，节省了很多管理成本和运营成本，同样成功地实现了占领市场的目标。

6.4　开发不同类型的顾客

推销的效果在很大程度上受到顾客的性格和情绪的影响。所有交易的达成都有各种各样的感情因素在其中发挥作用。顾客的性格和偏好不同，对销售人员的反应和要求也不同，即使是同一个顾客最终是否购买某种产品也不仅仅取决于产品本身的好坏和是否存在需要，还往往与顾客当时的情绪有关。顾客情绪不好就更可能会不耐烦地拒绝推销。即使原来决定购买的东西，也会找出种种理由来加以拒绝。销售人员对于顾客的性格和情绪应当进行认真的研究，善于与各种不同类型的顾客沟通，按照顾客各自不同的性格特点和情绪状况，施加不同的刺激，促使他们采取有利于购买的态度，最后实施购买行动。下面讨论销售人员最常遇见的几种顾客的性格类型，以及与这些顾客交往时应采取的策略。

1. 不爱讲话的沉静型顾客

有些顾客沉默寡言，"金口"难开，他们对推销的反应并不立刻表现在动作或表情上。这类顾客又分为两种：一种是性格上天生害羞，不愿与陌生人交谈的老实型顾客。另一种是讨厌积极主动发表意见的顽固型顾客。顾客不爱说话的原因，除了性格上的因素以外，还可能是讨厌对方，甚至也可能是想不出谈话的内容，不知说什么样的话比较好。另外，也有人认为自己不讲话，对方就不容易猜透自己的想法，就比较主动。若一旦开口，对方会误以为自己会打算购买，从而招致销售人员的纠缠。

对于销售人员来说，最感到束手无策的，莫过于摸不清潜在顾客心里的"想法"。因此，这类顾客通常是最难对付的，因为任凭你费尽口舌，往往也弄不清他到底是同意还是反对你的意见，反应极为轻微。许多销售人员遇到这类顾客常常会推销热情锐减。

对待这类顾客的策略是要先问、要多问。事实上，这类不爱讲话的顾客并非是绝对不开口的，只要他性情好或找到适当的话题，他们也会痛快地发表自己的意见。促使他们发表意见的关键是要关心他们所关心的事，要热情地同情他们的困难。只有这样，才能发现他们感兴趣的话题。同时，与这类顾客交谈时，要顺从他们的性格，说话要轻声，提问也只应当提一些易于回答的问题，促使他们发表自己的意见，并有针对性地开展推销工作。

2. 喜欢讲话的社交型顾客

这类顾客在性格上活泼开朗，口才很好，幽默动人，才华横溢，善于交际。他们往往能与销售人员进行愉快的交谈，因此常常是销售人员最喜欢的一类顾客。但是，销售人员应当知道，聊天的对象与推销的对象是截然不同的。若过于顺从这些人的意见，过分相信对方的态度，销售人员就会丧失推销中的主动性，推销就会失败。而且，他们高兴起来就会天南地北，滔滔不绝，销售人员就不得不停留比预定的多得多的时间来与他们交往，结果影响推销的效率。由于这类顾客能说会道，讲起来滔滔不绝，常常使销售人员感到如何与他们告辞成为一大难题。

对待这类顾客的策略是要先听他讲，并经常注意把他的话题引回到推销有关的事情上来。要从对方的言谈中找出顾客内心的矛盾、误解和欲望来，再用简洁的方式，提问某些还不清楚的问题。最好在句末加上一句"请你指教"，避免顾客认为你不尊重他的误解。与这类人谈话的态度要亲切、诚恳，这样便可以促使顾客说心里话，而不是漫不经心地闲扯，从而提高推销效果。

3. 心直口快的豪爽型顾客

这类顾客急躁、单纯、直率，但有时又反复无常、易冲动，表现出异常强烈的反应。与这类人交谈时，他们不管对方是什么人，往往会以"不要、不要"的方式，干脆利索地加以拒绝，但他们常常是没有恶意的。有时，他们也能成为销售人员很好的客户，因为他们若决定购买，通常也很干脆，绝不拖泥带水。

对待这类顾客的策略是要将就他，可以顺着顾客的话来应付他，但说话要得体，不可得罪他。有些销售人员可能看不惯顾客的态度，但即使这样，销售人员也要以亲切微笑的态度对待他们。由于这类顾客的直率，他们对于销售人员的第一印象对推销结果的影响至关重要。与这类顾客交谈时，说话的方式要尽量配合他，说话的速度可以快一些；处理事情的动作也应当利落一些；介绍产品时，只要说明重点就可以了，细节可以略去。与这类顾客交往，只要表现出真心诚意的态度，多半能很快让对方产生亲切感，达成交易。

4. 难做决定的优柔寡断型顾客

这类顾客的心情总是动摇不定的，决断迟缓。他们不知道自己该如何做决定才好。因此，碰到应该做决定的时候就会举棋不定。初次接触这类顾客时，销售人员往往感到他们是最容易应付的客户，但实际上，由于他们的优柔寡断，总是迟迟做不了购买决定，因此，推销起来也特别费事费神。

要向这类顾客实现成功的推销，关键是销售人员本身应当处在主导地位。要努力给予这类顾客以诱导性的建议，把他们引导到做出肯定性决定的方向上来。对于这类顾客，销售人员不应当问他"你觉得哪种比较好"。这样只会增加他们的犹豫和排斥感。其实，这些人的内心也最希望有人帮助他做决定。如果销售人员以充满自信的态度和言语帮助他做出肯定的决定，并为他提供足够的说明购买决定正确的理由，将会受到顾客的欢迎。同时，销售人员也就实现了自己的推销目的。相反，如果销售人员本身对于自己的推销建议也多少存在一点疑问，这类顾客当然就不想购买了。所以，对于这类顾客，销售人员要坚定地促使他们做出购买的决定。

主要概念

地毯式寻找法　　链式引荐法　　中心开花法　　关系拓展法　　个人观察法　　委托获取法　　文案调查法　　系统转卖商　　组合转卖商　　把关转卖商

基本训练

@ 知识题

1. 理想的推销对象应当具有哪些条件？
2. 组织或团体中的推销对象有哪些类型？
3. 寻找和发现合适推销对象的方法和途径有哪些？
4. 在调整和改变推销对象时，需要特别注意哪些类型的特殊经销商？
5. 说明扩大推销对象的基本思路和途径。

@ 技能题

1. 选择你所熟悉的某种产品。以这种产品为例分别找出一个系统转卖商、组合转卖商和把关转卖商，并说明利用这些转卖商扩大销售对象的思路。

2. 假如你是一家办公设备供应商的销售人员，请列出你的几种类型潜在顾客的名单。对于每一类顾客说明你需要收集的信息，并如何判断与这些顾客成交的可能性大小。

3. 李燕应聘到某地市的台山银行实习。李燕的实习主管交给她的任务是推销该银行刚向市场推出的新型高端信用卡。该新型高端信用卡发行的门槛是年收入在 15 万元以上、信用卡消费每月 3 000 元以上。李燕不知道该如何着手这项工作。请你为李燕制订一个工作计划，告诉李燕找到符合要求的推销对象的思路和途径。

4. 仔细研读"推销实践6-1：推销中的蠢事"的资料，说明销售人员应当如何避免做这些蠢事？

第7章 访谈准备、约见与拜访顾客

学习目标

知识目标： 深刻理解访谈准备的含义和内容；理解约见顾客的内容、方法和途径；理解拜访顾客的目的、方法和技巧。

技能目标： 掌握访谈准备的基本技能；理解约见顾客的方法和技巧；理解拜访顾客的方法和技巧。

引例

有的销售人员一直比较顺利，会取得很大的成功。另一些人则始终生活在被拒绝和失败的阴影中。深究那些人始终难以避免失败的原因可以发现，其中一个原因就是，这些销售人员常常是盲目地拜访顾客。他们匆匆忙忙地敲开一家顾客的门，迫不及待地介绍自己的产品，在遭到顾客拒绝以后，又会赶紧去拜访下一个顾客。尽管终日忙忙碌碌，但收获不大，甚至难以完成基本的任务指标。

张先生是一家建材公司的销售人员。他在访问客户之前，不仅对自己的产品会做充分的了解，而且还总会准备一个有益于客户的构想，带着创意去拜访顾客。他发现建材产品的陈列展示对零售业绩有很大影响，于是，针对计划拜访的建材零售商拟定了一份如何改进产品陈列方法，提高促销效果的改进建议书。那家零售店的老板后来说："那天在张先生来访之前，已经有15个推销员来找过我了。这些推销员都只是一味为自己产品做广告，或谈价格，或让我看样品。但张先生首先告诉我一些改进促销效果的新陈列方法，让我深受感动。"结果，张先生自然顺利实现了推销目标，满载而归。

又有一次，张先生听说一个潜在客户计划成立一家水质净化器制造安装公司，他就开始认真思考，对客户富有建设性建议该有哪些呢？此后，张先生在另一位客户办公室等候的时候，看到了一本与自来水有关的技术性杂志。在翻阅中发现其中有一篇是论述在蓄水池上安装保护膜技术的论文，他发现可能对潜在客户有用。于是张先生复印了这篇论文，并带着复印材料拜访那个潜在客户。客户对张先生所提供的材料很感兴趣。此后，双方也建立了良好的商业关系。

不仅张先生，其他许多推销员在谈到自己推销成功的经验时都说："推销员一定要带着有益于顾客的构想，即创意去拜访顾客。这样遭遇顾客拒绝的可能就会减少，就更可能受到顾客的欢迎并直接成交。总之，带着创意做建设性拜访是推销成功的一种重要手段。"

资料来源　赵新娟. 带着创意拜访顾客 [J]. 销售与市场, 1997 (5)：46.

在走访顾客和进行业务访谈以前，销售人员需要做好充分的访谈准备。访谈准备是推销工作的一个重要部分，也是访谈能否成功的关键。对于访谈前的准备，要求是要具体、全面而且充分。只有对访谈中可能发生的一切都做了充分的计划和安排，销售人员才有可能对推销工作充满信心。这种信心对于说服顾客接受所推销的产品或服务是必要的。访谈前的充分准备也可以保证在合适的时间向合适的顾客推销合适的产品。因此，访谈前的充分准备也是推销成功的重要保证。一个明智的销售人员在准备不充分时，是宁可等待，也不会轻易去登门拜访顾客的。

7.1　访谈准备

7.1.1　访谈心理上的准备

1. 树立对访谈成功的坚定信念

推销是一件需要双方之间建立信任的工作，很少有马到成功的情况。所以，需要毅力和坚持，需要每天播种，持之以恒，坚韧不拔。推销过程更像是一个农业生产过程，而不是工业生产过程。工业生产通常能够达到立竿见影的效果，有投入马上就会有产出，多投入多产出。农业生产过程强调春天的播种、夏天的耕耘、秋天的收获，这中间还需要经过漫长的汗水浇灌的耕耘阶段，还会受到各种外部因素的影响和干扰。只有舍得在炎热的夏天投入辛勤劳动的人们才能指望在秋天获得丰收的果实。推销过程也具有农业生产过程的这一特点，只有事先的投入才有可能获得随后的收获，而且，收获往往滞后于投入一段时间。

许多销售人员今天拜访顾客，希望当天就能带回成交合同，结果却常常令他们失望。在从事销售工作的初期，有些销售人员尽管每天拜访顾客，但往往在前3个月一直是毫无收获。于是，有人垂头丧气，怨天尤人，有人得过且过或者逃之夭夭，则最后真的是一事无成。不过，如果在经历了几个月毫无收获的努力后，能够仍然继续坚持每天拜访顾客，也许在半年以后他就逐渐会有所收获。再继续坚持，一两年以后多半能够获得丰收。仔细审视销售人员开发某项业务成功的原因，都是他们在以前3个月、6个月，甚至1年时间当中的努力结果。每个销售人员都应当认识到，为保证今后有好的业绩，今天就需要行动，并坚持每天播种。

不仅新销售人员是如此，就连老销售人员也需要每天坚持。许多销售人员在取得初步成功以后，往往会减少拜访顾客的时间，甚至会出现对工作的懈怠，结果导致业绩的下降。再要恢复到原先的状态，会需要花费更多的时间。只有始终持之以恒，才能以成功带来成功，不断提升业绩。

推销工作又受到市场需求和竞争态势的影响。某段时期中销售人员的业绩会特别令人满意，但过了一段时期后业绩又会停滞不前，甚至直线下降。因此，销售人员也可能会出现事业上的低谷。推销过程中的低谷会导致销售人员的沮丧和灰心。沮丧又会腐蚀一个人的自信。销售人员缺乏自信将导致顾客的疑虑，而疑虑的顾客是绝对不会做出购买决策的，结果销售人员的业绩就会一落千丈。

由此可见，销售人员既要用成功带动成功，也要防止失败引出失败。成熟的销售人员都会认识到，每个人都会遇到业务低谷的时候，即使那些业绩顶尖的销售人员同样也可能会遇到事业低谷的时候。关键是销售人员始终要保持持之以恒和坚韧不拔的精神，每天都拥有对推销工作的热情，体会到其中的乐趣，努力激励自己，提高自信心。这样就能逐渐摆脱事业上的低谷，树立起访谈成功的信念。

综上所述，不管是新销售人员还是老销售人员，也不管是目前业绩理想还是不满意的销售人员，为了保证长期的成功，每天都必须为发展新顾客而做访谈准备或者进行访谈。只有这样，才能保证持续的成功和业绩的不断增长。

当然，销售人员对访谈成功的坚定信念并非是与生俱来的，需要培育、积累和磨炼。树立这种坚定信念的基础就是如前面有关章节所讨论的，既要掌握足够的市场信息，做到知己知彼，又要牢固地树立"相信产品，相信公司，相信自己"的信念。

2. 要善于战胜拒绝

（1）销售人员对拒绝应有的态度是：

①拒绝是普遍存在的：有推销就有拒绝。人们对于陌生普遍存在着一种恐惧。对于绝大多数顾客来说，当与一个陌生的销售人员接触时，都会存有一种戒心，担心会受销售人员的摆弄，而被诱惑购买他们所推销的东西，于是摆出一副排斥的态度也是理所当然的。世界上绝不会有等待销售人员到来推销产品的顾客。事实上，只要有推销就会有拒绝。如果推销没有遭受拒绝的难题，推销这项工作就没有任何困难了，也就根本不需要从事推销工作的人了。正因为有遭受拒绝的困难，才需要专门的销售人员。所以，销售人员应当认识到，也正因为顾客的拒绝才使销售人员显得更有价值。

销售人员更应当认识到，爱之深，才会责之切，拒绝是完全符合消费者选择产品中的心理活动特点的。因为想买，顾客才会兴致勃勃、翻来覆去地查看，挖空心思地挑剔。即使是具有购买欲望的顾客也可能会因考虑到支付的痛苦而拒绝。可见，挑剔的顾客才是真正的、最有希望的买主。对于销售人员来说，最难对付的倒不是一开口就拒绝的人，而是那些既不挑剔也不轻易表达意见的顾客。

②推销是从战胜拒绝开始的。在约见和拜访顾客的过程中，销售人员确实经

常会遭到顾客的拒绝。有的顾客往往不愿同销售人员商谈，甚至也不愿同销售人员见面，用各种理由拒绝参与访谈。对于销售人员，特别是新销售人员来说，总感到顾客冷漠地拒绝是最可怕的事。许多新销售人员在访问顾客时就往往因为无法忍受这种拒绝，而匆匆逃跑，失去了一次又一次的推销访谈机会，最后甚至不得不另谋新职。因此，只有战胜拒绝，推销活动才能得以顺利进行。推销本身就是从战胜拒绝开始的。在推销中战胜拒绝也并不是一个新销售人员所特有的问题。无论多么成功或富有经验的销售人员，其推销也同样都是从战胜拒绝开始的。另一方面，只要能够战胜拒绝，销售人员也就能取得推销中的主动权，引导双方的访谈走向成交。可见，战胜拒绝既是推销工作的起点，也是掌握推销主动权的前提和关键。

③战胜拒绝是销售人员的基本能力。对于销售人员来说，如果因顾客一口回绝或说了些拒绝的理由，就信以为真，立即退缩，那就会无所作为，一事无成。一个有作为的销售人员，首先要善于区分单纯应付性的推辞与完全拒绝之间的差别，并分别采取不同的对策，改变对方的态度。在顾客仅仅应付性推辞的情形，销售人员要通过提供更多的信息，给顾客留有再考虑的余地。这也就是给予顾客以适当的机会，让他改变自己的观点。即使在遇到完全拒绝的情形，销售人员也要从顾客拒绝的借口中看穿其拒绝的真实目的，并善于改变对方的观点，把对方冷漠地拒绝转变为对产品的关心。因此，销售人员要培育和不断积累自己战胜拒绝的能力。

（2）顾客拒绝的原因。对于初次交往的销售人员所采取的拒绝态度，往往并不是顾客认真思考的结果。曾经有人对拒绝推销的顾客做过调查，请他们回答拒绝销售人员的理由。对调查结果的统计表明，有确切理由而加以拒绝的不足20%，而70%以上拒绝推销的个人与家庭，都是以临时编造的谎言来加以拒绝的。由此可见，即使是对于采取拒绝态度的顾客，销售人员也仍然应当抱着争取成功的坚定信念去推销。

顾客拒绝销售人员的原因是多方面的：有针对销售人员个人的反对抵制的——这说明顾客对销售人员的自我推销的结果还不满意、不信任，顾客也担心说话啰嗦的销售人员会浪费他们的时间；有针对销售人员所在公司的反对抵制——这可能是因为顾客对以前与该公司的交易不满或者公司的信誉和知名度不够所造成的；还有针对产品本身的反对抵制——因为顾客对产品的某一方面不满意；或者，因个人经济原因而反对抵制——因为受到自己购买力的限制，顾客不得不拒绝。

（3）销售人员战胜拒绝的策略。销售人员首先应对可能遭受的顾客拒绝做好足够的思想准备。既然推销是从拒绝开始的，要取得最后的成功，推销中即使已经遭受了99次的拒绝，也继续应当坦然而积极地面对。销售人员需要培养战胜拒绝的胆量。在遭受拒绝后要很快地适应，千万不能因此而溃败逃走。同时，要研究顾客提出的各种拒绝理由和方式，掌握应付和消除各种拒绝形式的策略和办法。销售人员应对拒绝的策略主要有：

①应对"不需要"拒绝的策略。推销中遭受顾客最通常的拒绝理由是"不需要"，因为顾客通常认为这是最合乎逻辑和礼貌的拒绝理由。当然，对于所推销的产品，确实有不需要的顾客，问题在于这位顾客是否真的不需要所推销的东西。其实，需求总是绝对地、普遍存在着的。如果顾客不需要所推销的这种东西，那么，他到底需要哪种东西呢？而且，即使对于不是非常需要的东西，如果真正喜欢，人们也是会购买的。实际上，人们往往也愿意购买比他们实际需要的要多得多的东西。因此，面对"不需要"的拒绝，销售人员应当探索他们真正需要的是什么，帮助他们发掘需要甚至创造需要。

②应对"没有钱买"拒绝的策略。"没有钱买"是顾客通常采用的另一种拒绝的理由。对于这类顾客，当然我们需要研究他的实际支付能力，但值得注意的是，顾客往往是因为不想购买所推销的产品，所以才没有钱买的。其实，他们也可能会购买比所推销的产品要贵得多的东西。一个家庭主妇可能会以"没有钱买"的理由拒绝销售人员对于一套野外露营装备的推销，但却可能会接受另一个销售人员对于某种国际知名的高档化妆品的推销。因此，对于以"没有钱买"来拒绝的顾客，要设法通过加深了解，找出能推翻顾客"没有钱买"的借口式的理由，就能有效消除拒绝。

③要策略性地对待拒绝。在面对顾客对某一具体问题的拒绝时，销售人员的耳朵有时需要装得聋一点。不一定要对顾客的每一点意见进行解释说明，更不能对拒绝进行反驳。要善于把顾客强烈的反对意见转换为比较缓和的语气。例如，顾客可能会说："你所推销的产品质量差，不要说能用 3 年，就连 3 个月也用不到。"对于这样强烈的反对，销售人员可以这样回答："假如我正确理解你所说的意思，那就是你想弄清楚这种产品的质量是否耐久的问题，对吗？"这样一来，就能把对方强烈的反对转变成比较缓和的语气。

④要识别拒绝来自何方。要成功地战胜拒绝，销售人员还需要研究拒绝到底来自于何处。有时，拒绝不一定来自于决策者本身，而是决策者周围其他人的拒绝所造成的结果。因此，一方面，销售人员要注意消除决策者周围其他人的拒绝；另一方面，销售人员也绝不能因得到拒绝的信息，就放弃向决策者本人进行推销宣传的机会。

3. 推销访谈成功的要点（S-A-L-E-S）

有人从实践中总结了推销访谈的成功要点，并把它归纳为如下五个要点，简称为 S-A-L-E-S。这五个要点对于做好访谈准备具有一定的指导意义。

（1）S（self-confidence）代表自信。对于成功而言，销售人员的心态远比其智商更重要得多。只有具有足够的自信，销售人员才能克服顾客可能的拒绝，最后争取到成交签约。销售人员的自信心来自于对产品或服务的深入理解和事先的充分准备。自信心也要靠反复的训练才能拥有，也只有在行动中，自信心才能不断增强。

（2）A（appearance）代表外表。尽管人的外表并不总是一个人品质的指示器，但是人们的持久看法又确实常常是基于最初印象的。良好的第一印象可以增强销售陈述和演示的效果。销售人员的服饰应使顾客感到舒服，同时，干净、整洁的外表形象也表明销售人员对顾客，对其所代表的公司以及对自身的尊重。此外，真诚的微笑可以帮助建立友好和有益的氛围。

（3）L（listening）代表倾听。倾听可以帮助顾客感到销售人员真正关心自己和自己的需要，真正理解自己所面临的问题，从而有利于销售人员与顾客建立起友谊并促成交易。在倾听过程中要想与顾客成为朋友并使其放松的最好办法，是让他谈论自己的兴趣，当然有时一个恰到好处的称赞也会让顾客变得轻松和友好。

（4）E（enthusiasm）代表激情。激情实际上也就是指活力。有激情的销售人员才能精神振奋，才能激发顾客的情绪，最终赢得交易。没有一个销售人员能够在缺乏激情的情况下取得好的业绩。销售人员对自己、对顾客都必须具有足够的热情。

（5）S（service）代表服务。推销的过程本身就是一个服务过程。销售人员在做推销陈述前就需要对整个销售过程的服务有一个完整的计划，要强调可以给顾客提供的各类服务。在推销成功以后，销售人员一定还要定期回访顾客。只有这样才能获得继续交易的机会。

4. 向群体推销的成功要点

在向群体或小组进行推销时，销售人员必须记住，做出决策的并不是群体或小组本身，而是群体或小组中的人。群体是由个体所组成的。所以，在向群体推销时销售人员需要同群体中的每一个人接触，努力发展自己与群体成员个人之间的关系。只有当与群体所有人有了个性化的接触后，群体作为一个整体才会接受销售人员的服务。向群体推销时为了成功，需要记住如下的要点：

（1）搞清人员与角色。向群体推销的第一件事是要弄清楚有关的每个人是谁，以及他们所扮演的角色。销售人员可能会发现谁是领导，谁主持会议，谁是他所面对的主要对话对象。但是，应当注意不要把全部注意力指向一个人，这样就会疏远了其他人。实际上，其他人可能对最终的购买决定也会有巨大的影响。为此，销售人员应当使谈话涉及有关的每个人。要尊重群体中的每个人，使他们都认为自己在访谈中起了重要作用。

许多销售人员往往认为对公司的基层职员访谈是浪费时间。他们只愿意对上层领导访谈。但事实上，对下层职员的访谈也常常是大有补益的。

（2）确定决策进程。销售人员在做推销陈述前很有必要搞清楚这个群体所使用的决策程序是怎样的。销售人员完全可以直接询问群体的决策程序是如何进行的。尽管实际的决策过程总要比表面上的复杂得多，但是，常见的群体决策结构主要包括下列几种：

①强领导，弱成员。只要说服了群体中那位强有力的领导，就意味着推销成功。

②强领导，强成员。这时需要把每个人的争议点都考虑进去，任何一个人的异议都可能破坏这笔交易。

③弱领导，弱成员。要同每个人做朋友，花时间培养他们对销售人员的支持，而且要慢慢来。

④弱领导，强成员。这种领导可能会找别人来替他决策，因此，销售人员所提出的解决办法应当是针对每个人问题的。

当有决策者未出席洽谈时，群体一定会有信息收集者负责把有关信息传达给未出席的决策者。此时，销售人员必须指导群体如何向决策者推销自己的产品或服务。

（3）控制会议。控制会议就是要明确每个人的角色、议题以及对这个会议的期望，要使会议安排有利于销售人员的工作开展。控制会议的一种办法就是，销售人员在做推销陈述前先让对方介绍他们的情况。例如，销售人员可以这样说："在我开始介绍前，请允许我问一下你们每个人的观点以及对这个方案的目标。"当然，他也可以这样说："在我开始陈述前，我想花几分钟时间认识大家。如果每个人能告诉我一点关于你们自己以及你们对这个方案的目标，我将非常感激。"

（4）找到卖点和买点。在抢先询问群体每个成员的观点和目标以后，销售人员需要记下有争议的地方。在此后的介绍中，要清楚地给出对于这些观点的评价，并描述自己的产品或服务如何能满足他们的需求。销售人员的陈述中，必须涵盖群体成员所有的争议和关心的问题。只有这样才能建立起他们对所推销产品的信任；否则，群体是不会做出购买决定的。

（5）如何与没有明确授权的团队打交道。销售人员经常需要向没有明确授权的团队做推销陈述。例如，公司中往往有许多为某一个特殊项目而组建的交叉职能的团队。它们很可能既不是正式组织，也没有明确的决策程序。面对这种团队，销售人员可以直接问："谁是这个小组的领导？""这个项目的决策程序是怎样的？"以便搞清楚这类团队的组织体系和决策模式。

对于这类团队需要区分决策是由小组所有在场的人来做出的，还是他们只是需要向真正的决策者汇报的收集信息的小组呢？区分这一点是很关键的。如果这是个独立做出决策的小组，销售人员就可以直接说服他们。如果群体还需要向掌握真正决策权的人报告，销售人员的任务就变成了需要对在场的群体成员进行如何推销所介绍产品的培训。此时，销售人员要意识到群体人员是不会像销售人员自己一样来推销产品的。所以，销售人员需要与群体成员探讨汇报和提交的程序和环节，并努力对群体成员进行帮助。例如，销售人员可以为他们准备好一页纸的汇报材料，使他们的工作方便而有条理。

（6）处理棘手的问题。在回答群体成员所提出的棘手问题时，一定要搞清他们所关心的问题是如何与所推销的产品直接相关的。如果没有搞清楚就必须请他们做出进一步的解释。如果他们的提问是因为他们不了解所推销的产品，那就要放慢速度再解释一遍，而且应当承认是自己没有讲清楚，千万不能让他们感到你认为他们提了一个愚蠢的问题。

（7）协调处理群体内可能发生的冲突。群体内可能会存在矛盾的价值体系，导致群体成员利益的相互冲突。这样销售人员就必须协调群体成员的利益，这时，通常就需要提供另一种新的购买方案。当群体成员彼此之间有不同意见时，销售人员不应偏袒任何一方，而要尽力把那些持有相冲突观点的人组织起来讨论，决定轻重缓急。从有利于成交的观点看，销售人员最好是保持中立，绝不能偏袒任何一方，因为冲突的双方对购买决策可能会有同样的影响。

（8）确定要回访的人。群体的领导或者在访谈中说话最多的人并不一定就是处理后续细节的人。所以，在面谈后期，销售人员应当请群体确认此后应当与谁进一步联系和面谈。一旦明确了群体授权的人，销售人员就可以努力争取那个人的支持了。

7.1.2　推销与沟通工具的准备

一个优秀的销售人员不会单纯依靠讲话来与顾客进行沟通，他还会尽量利用各种推销与沟通工具来加深顾客的印象，增强拜访顾客的效果。

推销和沟通工具大体上可以分为两种。一种是公司专门为销售人员使用而准备的。另一种是销售人员根据需要自己开发和准备的。公司为销售人员准备的工具主要是与公司或产品有关的专业性资料，如样品目录、产品说明书、产品照片、订购单、合同、样本、样品、与企业或产品有关的杂志，以及有关的多媒体投影资料或录像、印有公司或产品商标标志的小纪念品等。销售人员自己开发和准备的工具主要有名片、公文包、记录本和有关的书信等。下面讨论需要准备的其中主要的一些工具。

1. 产品、模型和图片

如果有可能，销售人员当然最好是携带实物产品，为顾客提供一个演示或试用的机会。如果决定以实物演示或试用时，特别要注重产品的外观和使用性能。要避免因这些原因影响顾客的感受。当然，销售人员本人需要掌握熟练地演示产品的技巧。如果产品本身太大、太重或无法进行演示，则销售人员也可以准备一个小比例的实物模型，或者在笔记本电脑中建立一个图像模型。模型只要设计得好，也可以像真实产品一样给顾客留下非常深刻的印象。对于某些产品，即使是一张图片或照片也能为顾客提供远比成百上千句话更多的信息。不过，图片和照片都要保管在适当的地方，既要防止损坏，又要方便取用。

2. 名片

（1）认识名片在推销中的重要性。名片是商务交往中一种非常高雅的沟通工具。对销售人员来说，名片更是非常必要的，进行自我推销的重要工具。名片能消除自我介绍中的窘境，语言不好表达的内容，诸如你的职务和职称等，顾客透过它一看就知道了。它还可以帮助对方对销售人员和所在的组织产生持久的记忆。一个专业销售人员对于名片重要性的评价是："即使你忘了带钱包，也不要忘了带名片。"

（2）掌握正确的名片使用方法。名片不仅要印刷得精美、清晰，给人留下一个深刻的印象，而且，在使用时也要注意采用正确的使用方法。

销售人员在拜访顾客时，要用一种很亲切的态度与之打招呼，并报上公司名称和本人姓名，然后面带微笑地把名片递到顾客手上。在拿取名片时，动作要干净利落，不要慢吞吞＼拖拖拉拉，这样容易让顾客产生一种办事不太干净利落的印象，对推销工作是不利的。递送名片时，应注意走到顾客容易接到的距离才出手。名片应当转过来，把自己的名字面向顾客，使顾客能清楚地念出名字。

有些销售人员往往一面说"我是某某"，一面将名片往旁边的桌子上随便一放。其实，这种做法是错误的，忽视了送名片的基本礼节。因为顾客可能未听清楚你的公司名称和你的名字，又来不及很快结合名片复习有关信息，结果印象淡薄，影响了送名片的效果。

送名片要讲究礼貌，接受名片也要讲究礼貌。正确的做法是用双手接过顾客递过来的名片，拿在手上后，必须先浏览一遍，以示重视和尊敬。切不可接过名片就看也不看，立即往口袋里一放，或往桌上一放了事，或者随便放在手上捏折。这样做会使人产生不重视他、不尊重他，从而对你产生一种排斥心理。所以，在接过名片后，必须以一种很谨慎的态度将它放好。要知道，这虽然是薄薄的一张小纸，但它却是联系顾客的纽带，要谨慎对待。

此外，还要注意名片的携带法。名片不要揣在里面衣服的口袋里，需要时用手摸半天才拿出来，皱巴巴的。同时，也不应把名片放在裤子后面的口袋里。保存名片应该把别人的和自己的分开来放。如果错把别人的名片递给了对方将是一种非常失礼的行为。

3. 公文包

公文包是销售人员访问顾客时不可缺少的工具。公文包必须随时保持清洁和美观。假如一个销售人员的公文包看起来脏兮兮、皱巴巴的，不但给人一个不修边幅的印象，而且还会使人联想到你所推销的产品一定是低质量的。即使你推销的是名牌商品，也扭转不了顾客对你的印象。

公文包内要随时准备好与工作有关的各种工具，以免临时找不到需要的东西，而措手不及。给顾客造成办事没有计划性和准备不足的感觉。

销售人员在访问顾客时，放置公文包的位置也是有讲究的。一般地说，人们都习惯于将贵重的东西放在比较高的地方。所以，绝对不要把公文包放在地上。原则上，坐着时可以把公文包放在自己的双膝上，但是如果觉得不方便，也可以放在旁边的茶几或椅子上。不过，事先一定要向主人打个招呼，得到主人的同意后，才可以把公文包放上去。

4. 顾客资料

顾客资料包括销售人员所收集和记录的潜在顾客的名单及所了解的情况。以前，销售人员常用卡片的形式来记录和保存，现在，人们更习惯用笔记本电脑中的数据库或者打印的表格的形式来记录和使用了。顾客资料既是拜访顾客时的重要工具，也是销售人员的宝贵财富。无论拜访顾客还是开展其他促销活动，都需要用到有关的顾客资料。顾客资料又分为企业资料和个人资料两类。

（1）顾客资料的内容与要求。许多销售人员没有建立顾客资料库的习惯，而喜欢把什么事都装在自己的脑子里，其实，光装在脑子里是很容易遗忘的。而且，在沟通中还需要对客户情况进行整理分类。所以，建立顾客资料库是必要的。在建立顾客资料库时，光写顾客姓名、地址、购买产品的名称和数量也是远远不够的。对于个人客户，除了填写姓名、地址外，还应当记录其职业、嗜好、性格、家庭成员情况、适宜采用的推销方式以及每次推销访问情况的记录等。对于企业客户的资料，要记录公司的名称、地址、公司创立日期、资本情况、往来银行、付款条件、信用情况、开始交易日期、近期交易记录等，此外，还应包括负责人和采购经办人的基本情况，逐次访问情况的记录等。对于顾客资料的记录越详细，推销的机会也就越多。在建立顾客资料以后，销售人员在每次访问顾客或得到顾客的新情况后，都应该及时对顾客资料库中的记录进行修改和更新。

（2）顾客资料的使用。销售人员在访问顾客以前，应当仔细阅读顾客资料库中的内容，以便为说服顾客提供帮助。在制订推销计划或推销中遇到困难时，也不妨把顾客资料拿出来详细地加以分析，从中发现有价值的潜在顾客。对顾客资料进行分析，可以发现顾客的三种新需求：新购需要，即过去未买，现在需要购买的；换购需要，即淘汰过去所买的一种产品，新购买另一种产品；增购需要，即在原来购买的基础上，新添购置同类产品。销售人员要根据对顾客需求的分析来组织有针对性的推销活动。此外，建立了顾客资料库，每年就可以据此寄送贺年卡，不断扩大沟通面，开发出更多的推销对象。

5. 信件

（1）充分认识信件在推销中的重要作用：

①信件是建立和维持客户关系的重要工具。信件，包括普通邮寄函件和电子邮件等都是做好与顾客的沟通，充分地、正确地把自己的心情传达给客户，建立良好人际关系必不可少的工具。对于销售人员来说，没有信件往来就意味着工作

毫无起色。在访问顾客前后，销售人员如果能够给客户写一封表达自己真心诚意的信件，往往能够给对方留下一个好印象，可以大大提高访问的效果。有时，即使给客户寄一张明信片往往也能收到意想不到的效果。

②信件也是直接促成交易的重要手段。销售人员不仅要利用信件来加强联系，增进友谊，更需要充分利用客户的感谢信来直接促使成交和签约。一个满意的客户发给销售人员的一封感谢信或电子邮件，对于争取新客户的作用往往胜过销售人员本身的千言万语。因此，销售人员平时就要注意收集和积累客户的感谢信，并把它们整理保存好。在推销洽谈的适当时机，展示给顾客，就能打动顾客的心，促使直接成交。

（2）掌握运用信件促进推销的方法。销售人员如果收到客户的来信，不管是邮寄函件还是电子邮件，一定要做到全部的、及时的回信，绝不能拖延。尽管销售人员收到信件所涉及的都是工作上的问题，但是，他们也应当注意到其中包含着发信者对销售人员的信任、要求和希望。如果不及时回信，敷衍了事，就会严重损害客户对销售人员的信任。因此，写回信要热情、大方、不失体面。在写任何一封回信时都要把收信人看做一个具体的人，把对方想象成自己熟悉的老朋友，只有怀着这样的心情去写信，才能使对方产生信任。

有时，销售人员还需要主动去争取获得客户的感谢信。这时，销售人员需要与那些对自己所推销的产品、服务或建议感到满意，表示感谢的客户联系。销售人员可以与客户这样讲："许多人还不知道我们产品的好处，如果你能给我发个信，写下使用我们产品的好处，写出自己的想法、体会，对我将是一种很大的帮助和支持。"一般地说，对于所推销的产品感到满意的顾客是愿意满足这个要求的。

此外，对于销售人员来说，寄送贺年片也是推销中的重要工具，是与客户保持友好关系的一座桥梁。有人认为，对于销售人员来说，谁能够发出大量的满怀诚意的贺年片，谁就具有了取得良好业绩的真正实力。

6. 电话

电话不一定适宜作为某些产品的直接推销工具，但它却是用来约定访问顾客日期和时间的主要工具。电话也是销售人员用来与顾客沟通、搜集购买信息的有效手段。由于电话使用的方便性和高效率，正在日益成为推销中非常重要的工具。现在，直接以电话作为推销手段的专业性电话销售形式也正在迅速发展。但另一方面，如果电话的使用不当，也要影响推销效果。所以，销售人员要掌握把电话作为一种推销工具的正确使用方法，利用电话提高推销效率。推销中正确使用电话的要点如下：

（1）打电话准备要充分。推销过程中，使用电话与顾客沟通时事先要经过准备，做到无论顾客提什么问题，都能马上解答清楚。凡是可能需要的资料或物品都要放在手边，能够随时利用。

（2）接听电话时应答要快。电话接通后，要马上与顾客通话。对方报了姓名要马上记录下来，并在通话中不时加以称呼，使对方产生亲切感。

（3）仔细听，巧妙问，认真答。仔细听，就是要掌握善于很快理解对方意愿的倾听技巧。巧妙问，是指电话中的询问要从一般问题迅速过渡到特定问题，深入了解顾客的需要和兴趣。认真答，就是对于顾客所提出的问题要真诚、慎重而且全面地做出解答；解答一定不能让顾客产生反驳你的回答的结果。

（4）声调和语调要表现出你的热情、关心和信心。电话应答时，语句要简短，态度要表现得直爽，声调要充满感情，使顾客听后既容易理解，又感到温暖。

（5）要促使顾客下决心，并努力给顾客留下好印象。电话交流也要通过解释说明，促使顾客不再犹豫，果断地做出购买决定。而且，不管对方是否购买，最后都应当感谢对方接听了你的电话。

7. 赠品

为了与客户建立良好的人际关系，销售人员在与顾客接触沟通中给顾客赠送一定的纪念品，对于培育感情、增进友谊往往具有重要作用。人们通常认为，赠品和价格折扣是促进顾客做出购买决策的两种有效手段。但是，许多销售人员在实践中都体会到，顾客对于赠品往往比折扣会更感兴趣。这是因为，顾客常常会怀疑折扣的真实性，因为有些企业在促销时经常会事先提高价格，再以折扣来吸引顾客。所以，顾客可能担心折扣是虚假的，而赠品则是真实可见的，能使人产生好感。

不过，赠品要起到应有的作用必须要有一定的特色。如果选定市场上现成的商品作为赠品，效果往往就比较差了。因此，赠品的设计和选择是不容易的。而且，赠品的储运和分送也要花费一定的人力和物力。

赠品是一种联络感情的工具，而不是利用客户贪小便宜的心理进行贿赂的手段。所以，赠品应是小东西，应与所推销的东西有关联。如果赠品的价值过高，与所推销的产品又毫无关系，正直的采购人员就会怀疑你赠送礼品的目的是否是诱使他做出购买决定。而小的赠品则不会使顾客产生戒心，容易起到培育感情的作用。

赠品是与顾客沟通感情的工具，不应把它看成是促成交易的手段。如果企图利用赠品建立起来的人情促使购买，就是说顾客即使不需要也不得不购买，这样的交易是不稳定的。顾客为需要而买是一种享受和满足；为人情而购买，不但没有任何满足感，而且还会产生下一次绝不再买的心理。因此，即使能利用赠品所建立的人情达成一次交易，也可能因此而招致这一客户永远的排斥。

8. 其他有关的工具

除了上述主要的推销和沟通工具外，销售人员还需要准备其他一些必要的工具，其中主要的有：

　　准备一本记事本，随时把所见所闻的，与推销和客户访问有关的信息记录下来，是非常必要的。

　　要收集一批复印资料。要关注有关报纸和杂志中与所推销的产品、与本行业、本企业有关的，能直接或间接支持销售人员说服顾客的信息，并经复印后保存起来。这些由第三方在新闻媒体上所做的报道是非常具有说服力的，在适当的时候展示给顾客看，将给顾客留下深刻印象。

7.2　约见顾客

7.2.1　推销约见及其必要性

　　推销约见是指销售人员在拜访顾客前事先征得顾客的同意，然后再在一定时间和地点，以一定的方式接近或访问顾客的过程。现代社会中约见是销售人员拜访顾客的前提，是推销过程必不可少的环节，对整个推销活动的成败起着极为重要的作用。

　　销售人员无论是向新顾客还是老顾客推销，事先的约见总是必要的。其原因在于：

1. 重要的推销对象未经约见往往很难成功接近

　　值得销售人员花时间拜访的合适推销对象必须既有支付能力，又有决策权，自然都是工作繁忙、日程安排非常紧的人。对于这些人未经事先约见，拜访是很难成功的。如果顾客不在，销售人员就会"吃闭门羹"；假如顾客在，也会打扰他的正常工作，引起对方不快，影响效果。即使销售人员走运，顾客愿意接待，但由于对方没有充分的思想准备，往往也很难有结果。从推销对象的角度看，只有事先经过约见，才有可能取得实质性的进展。

2. 事先约见可以提高销售人员的时间利用率

　　推销本身就是一种需要销售人员费时、费钱、费精力的工作。未经事先约见就盲目拜访顾客，失败和被拒绝的可能性会大大增加。事先约见常常能起到一定程度的市场调研的作用，以便使准备工作更充分。事先约见不管是否被拒绝，都有利于销售人员合理安排自己的时间，从而提高推销效率。

3. 事先约见本身也是一种推销活动

　　如前所述，销售人员要成功地接近掌握着购买决策权的经理级人物本身就不是一件容易的事。想要约见到合适的经理人员，销售人员首先需要突破由接待人员和秘书等所组成的一道道防线。只有取得他们的认可和帮助才有可以获得约见关键性顾客的机会。克服和消除接待人员和秘书，直至目标推销对象的偏见、误解及其他障碍，成功获得约见的机会本身也需要技巧和方法，也是整个推销活动不可缺少的一部分。

7.2.2　约见的内容

约见的主要目的是为拜访顾客做准备，提高拜访顾客的成功率，因此，约见的内容主要地取决于接近和面谈的需要，取决于销售人员与顾客之间的关系，也取决于销售人员拜访顾客的准备情况。所以，销售人员应当根据每一次推销访问活动的特点来确定具体的约见内容，保证约见内容适合于顾客的具体情况。一般地说，约见内容主要包括以下几个方面：

1. 约见的对象

确定约见对象时，首先，要确认正确的约见目标对象究竟是谁。我们在前面已经详细讨论了适当的推销对象应当具备的三个条件，但是，对于某个具体的人、家庭、企业或组织机构，适当的推销对象究竟是谁，还需要销售人员经过具体分析来确认。特别是当针对企业或组织机构推销的情形，由于不同单位的组织结构和职责分配各不相同，因此，即使是同一行业中的不同企业，合适的推销对象的部门、职位和职称也经常是不同的。要保证找对人，首先最好进行简单的调研，进行确认，防止在错误的对象身上浪费时间。

其次，要探明并找到顺利到达约见目标的途径。在企业或组织机构中，许多具有决策权的领导人物往往把安排约见和拜访之类的工作授权给秘书或接待人员来处理。所以，要见到事先所确定的约见目标常常必须"过五关斩六将"，只有设法取得这些接待人员或秘书的合作与支持才能成功获得约见目标对象的机会。所以，销售人员在争取或安排约见时，一定要对这类人表现出足够的友好和尊重，绝对不能冷落或冒犯他们。如果为了方便约见，也可以考虑给这类人赠送一点小的纪念品，这样做往往能够收到很好的效果。

2. 约见的理由

销售人员要约见拜访顾客，当然必须说明拜访的事由和目的，以引起顾客的注意和重视。一般地说，约见顾客的理由和目的主要有以下几种：

（1）明确推销产品。在安排约见时就明确表示，拜访顾客的目的就是推销产品，这样做对于确实需要所推销产品的顾客来说，更能引起他们的重视。但是，如果尽管销售人员坚信顾客是需要自己所推销产品的，但是又担心顾客可能拒不接见，销售人员最好换一种说法再约见顾客，以提高约见的成功率。

（2）以市场调研为由。市场调研也是销售人员的本职工作和重要使命之一。以市场调研为由约见顾客比较容易为对方所接受，而且，如果选择话题适当并表示出希望与对方共同探讨某些问题的意愿，也很可能会引起约见对象的兴趣，轻松达到约见的目的。以市场调研为由约见顾客，既有利于销售人员收集市场信息和情报，又可以避免强行推销，如果气氛适当也可以直接进行推销。

（3）以提供顾客服务为由。顾客服务也是销售人员的一项主要工作。以提供顾客服务的名义来约见顾客比较容易受到顾客的欢迎。销售人员以提供顾客服务为由约见顾客，既可以很自然地推销产品，又可以建立起良好的信誉，有利于克服推销障碍。

（4）以签订交易合同为由。如果销售人员与顾客经过多次访谈，已经达成初步协议，则可以以签订合同为由安排好下一次推销访谈。

（5）以收取货款为由。许多企业在交易中往往并不能做到"一手交钱，一手交货"，如果客户企业还有部分尾款未结清，销售人员就可以以收款为由约见客户。但是以收款名义约见时，要注意体谅客户的困难，既要防止呆账，又不要过于逼账。

（6）以走访顾客为由。以走访潜在顾客的名义安排约见，既可以避免顾客的拒绝，获得约见的成功，也可以使销售人员处于积极主动的地位，容易使顾客产生好感；如果时机成熟还可以转为正式推销。因此，这也是一种灵活主动的约见方式。

3. 约见的时间

约见时间的安排既要节省双方的时间，也要有利于最终推销的成功。约见所选择的时间不同，对整个推销的成败往往有一定的影响。约见时间一旦确定，销售人员就要讲究信用，准时赴约，除非出于非常特殊的原因，不应轻易改变约见时间。安排约见时间时，必须考虑到下列因素，并选择最合适的访问时间。

（1）访问对象的工作与生活特点。对于个人顾客而言，每天不同时候的心情可能不同，推销成功率也会因此而不同。因此，应当选择或者是心情特别好容易成交的时候，或者遇到困难急需要帮助的时候。对于企业或组织而言，约见时间也要适合于约见对象工作和生活规律，周一上午与周五下午通常并不是最好的选择。要避开对方工作特别繁忙的时间，保证对方有足够的时间安心接受访问。

（2）访问的目的要求。约见时间的安排要有利于达到拜访目的。如果是以正式推销，希望以签订正式合同为目的，就要选择有利于达成交易的时间进行约见。

（3）访问的地点和路线。访问地点是选择在家里、办公室还是公共场所，相应的合适访问时间都是不一样的。约定的拜访时间要适合于拜访地点和拜访路线的安排。

（4）访问对象的意愿。在约定拜访时间时，销售人员要尊重访问对象的意愿，并要留有余地。如果双方都有足够的把握，可以约定一个固定时间，如"明天上午 10 点整"。如果为防止意外原因影响面谈时间，最好约定一个比较灵活的时间，如"今天下午 2 点半到 3 点"。最好办法是提供两个时间供对方选择，如："是今天下午 3 点，还是明天上午 10 点？哪个更合适？"这样做既表示尊重，又可以避免对方推托。

4. 约见的地点

访问地点的选择对于推销访问能否成功也会有一定的影响。因此，约见地点要适合于拜访对象、目的和时间等的要求。选择约见地点时要方便对方，有利于推销。销售人员在确定约见地点时，主要有如下几种选择：

（1）办公室。对于向企业、组织或机构进行的推销，办公室是最为普遍的约见地点。选择办公室作为约见地点，双方有足够的时间来讨论问题，反复商议，有利于成交。但办公室往往人多事杂，电话不断，很容易受到外界干扰，另外，拜访者也许不止一个。因此，销售人员在拜访前要做好充分准备，善于营造有利于推销的氛围，争取拜访对象对自己的注意和兴趣。

（2）家庭。对于个人或家庭的推销，最合适的约见地点一般地说是对方家庭。即使是向企业或组织推销，选择拜访对象的家庭作为约定地点往往也能收到较好的促销效果。一般地说，选择对方家庭作为约见地点通常要比在对方办公室更有利于培养双方良好的合作气氛。但是，家庭环境一般比办公室更复杂多变，在家庭约见顾客比在办公室约见更困难。

（3）社交场合。现代销售人员也常常把舞会、酒会、宴会和咖啡馆等社交场合作为约见地点。把社交场合作为与顾客交流沟通的约见地点，实际上是走了一条"曲线推销"的路线，常常能够获得意想不到的推销效果。

（4）公共场所。某些顾客不愿在办公室或家里会见销售人员，也不爱在社交场合抛头露面，这时销售人员也可以选择公园、餐厅和茶馆等公共场所作为约见顾客的地点。尽管公共场所比较嘈杂，并不是理想的推销谈判地点，但是，只要地点选择合适，可以避免外界干扰，也可能取得良好的效果。

7.2.3 约见的方法

约见顾客有多种方式，销售人员需要根据不同顾客的具体情况选择最合适的约见方式。

1. 当面约见

销售人员可以与推销对象当面直接约定拜访事宜。销售人员可以利用与推销对象会面的各种机会进行当面约见。当面约见是一种理想的约见方式，其优点是：首先，当面约见一般比较可靠，尤其对于交谈内容比较复杂的约见，最好采用当面约见。其次，当面约见时还可以观察到对方的态度和性格特点，对做好准备有帮助。最后，可以有机会交流感情，给对方留下良好印象，促使对方乐意接受约见。但当面约见也有缺点：受地域的局限性较大，效率较低，一旦遭到对方拒绝，就会陷入被动的局面。

2. 信函约见

销售人员既可以利用邮寄书信，也可以利用电子邮件来约见推销对象。推销约见信函的写作应当简洁扼要、重点突出、内容准确。语气要中肯可信、文笔流畅。信函在内容上要能引起对方的注意和兴趣，必要时可以留下一些悬念，提高对方的关注度。

信函约见的优点是：首先，信函可以不受当面约见时可能遇到的人为阻挠，能通畅无阻地进入对方的办公室或家里；其次，信函的体裁比较自由灵活，可以按要求和对方具体情况来定制化设计。信函约见的缺点是：花费时间多，效率低；反馈率低；效果很难保证。

3. 电信约见

电信约见，就是销售人员利用各种电信手段，如电话、短信和互联网工具来约见推销对象。各种电信约见的优点是，迅速、灵活和方便，而且费用也不高。但是缺点是，采用电信约见时，约见对方处于主动地位，容易找借口来推托或拒绝。所以，运用电信约见时销售人员要注意陈述技巧，讲话要简明、精炼，语调平稳，用词恳切。

4. 委托约见

委托约见，就是销售人员委托第三者来约见推销对象。委托约见又包括留函代转、信件传递和他人代约等几种形式。销售人员一般总是委托与销售人员本人有一定的社会联系和社会交往的人士来安排约见的。如果能够找到与约见对方也有一定关系的人来安排约见，则约见的成功率就会更高。

推销实践 7-1　　　巧妙的客户约见赢得两千万订单

A 公司在电信行业一直有很强的客户群。当听说华北某省移动局要上一个新项目时，A 公司销售部长就立即指示其在当地代理商的销售代表全力开展公关和促销。销售代表在客户当地几乎趴了几个月，上上下下做了很多工作。A 公司自以为十拿九稳，但最后却输给了 B 公司。B 公司是一家系统集成商，在电信行业几乎是毫无名气。对此，A 公司的销售部长甲一直耿耿于怀，对于其中的原因更是百思不得其解。

两年以后，A、B 两家公司开始了全面合作。A 公司的销售部长甲总算有机会遇到 B 公司当年负责华北某省移动局项目的业务员乙，于是，就谈起了当年这个项目的缘由。

甲问乙："你是否在这个项目前就认识华北某省移动局的这些客户？"

乙说："所有的客户都是我在这个项目中认识的。"

甲说："你开玩笑。如果这样，我们的代理商怎么还会输给你呢？"

乙回答："真的。我在签这个合同前只去见过客户两次。第一次两天。第二次三天。"

甲说："五天就搞定客户？五天内可能连客户都认不全啊！"

乙说："确实，这个项目牵涉到省局和移动局的很多部门，有局长、主管副局长、计费中心主任、科技处和计划处等。五天内要全部见上一面都不太可能，更别说去做工作了。而且你们 A 公司代理商的销售代表已经在那里泡上几个月了，从工程师到处长都建立了很好的关系。"

甲问："那你究竟是怎样搞定这个项目的呢？"

B 说："我第一次去省移动局时，一个人都不认识，就一个部门一个部门地拜访。所有相关部门的人都见过了，这时就要去见局长了。"

"局长一定不肯见你。即使见了你，也会马上就把你打发走的。"甲说。

"比这还糟糕的是，局长根本就不在，出差去了。所以，那次我根本就没见到局长。"乙说。

"怎么可能。我听我们销售代表说，就是这个局长坚持要用你们产品的。"甲说。

"听说局长不在，我就去了办公室，问局长去哪儿出差了。办公室的人告诉我，他今天刚去北京。我就要到了局长住的宾馆的名字。"乙说。

"然后呢？"当听到他要到了宾馆的名字时，甲就开始有点感觉了。

"我立即打电话告诉我们公司老总，说局长在北京。请老总一定要想办法接待一下。然后我又打电话到那家宾馆，请他们送一束鲜花和一个果篮到客户的房间，写上我的名字，由我付账。第二天，我就乘飞机回到了北京。"

"到了北京之后，我立即就给我们老总打电话。老总让我赶快来宾馆。我让出租车从机场直接开到宾馆。进入大堂，正要打电话，我就发现我们老总正和一个中年人在一起喝咖啡。原来，我打电话的当天，老总就去宾馆拜访了局长，并约局长在开会空闲时去公司参观。我到了以后，老总正来接局长。"

"然后呢？"甲继续问。

"局长对我们公司的印象非常好。当天晚上，我们请局长看了场话剧。当时北京正在上演老舍的话剧《茶馆》，局长非常喜欢。"

"你们为什么请局长看话剧？"

"我在当地与客户交谈时就留意了局长的兴趣。他们告诉我，局长是个戏剧迷，而且一起看场话剧也算不上腐败。局长就接受了。"

"话剧结束时，老总提议在当地做一个计费系统的技术交流，到时候请局长露个面。局长很爽快地答应了。"

"一周以后，老总亲自带队到了当地。局长也很给面子，亲自将所有相关部门的有关人员都请来一起参加技术交流。老总后来告诉我，当他看到有那么多人来一起参加时，他就预感到这个项目有把握了。"

"你没去？"

"当时，我正在做另外一个项目，脱不开身。况且我们老总去了，什么都能搞定，不需要我去。后来我又去了一次。第三次就去签合同了。"

"你很幸运，刚好局长在北京。"

"这有什么幸运的。我的每一个重要客户的主要领导的行程都在这里了。"她扬起了自己的笔记本电脑。"我对客户的行程想要了解清楚，只要和办公室的人熟悉就行了，一点儿都不难。"

甲接过电脑，打开一看，果然上面密密麻麻记了很多名字、时间和航班。

资料来源　傅遥. 两千万订单成交记［J］. 人大报刊复印资料：市场营销案例，2009（2）：9.

7.3　拜访顾客

7.3.1　拜访顾客的目的和任务

安排约见以后，销售人员就应该按照约见的时间和地点去会见推销对象，这就是拜访顾客。尽管约见和拜访顾客的最终目标都是推销产品，达成交易，但是，为了实现这一最终目标，拜访顾客阶段还应有更具体的目的和任务。具体地说，拜访顾客的主要目的和任务是：

1. 吸引顾客注意

正如爱达推销模式所强调的，在推销开始阶段，吸引顾客注意力是必要的，是保证推销活动顺利进行的前提条件。尽管事先已经安排了约见，但是，如果销售人员不能用简洁的语言，尽快把顾客注意力吸引到自己的话题上来，顾客就会敷衍应付、推托还有其他事情，并可能下逐客令。所以，吸引顾客注意应当是拜访顾客的主要目的和任务。

2. 激发顾客兴趣

注意力往往是很难持久的，只有产生了兴趣才能使注意力得以持续稳定地保持下来。要激发兴趣，销售人员应当根据事先对顾客兴趣和爱好的了解，提出顾客感兴趣的话题，诱发其兴趣。尽管顾客兴趣各不相同，但都会关心销售人员能为他们解决什么问题，能使他获得哪些利益。清楚地说明这些问题，多半就能成功地激发顾客的兴趣。

3. 引导顾客顺利转入访谈阶段

拜访顾客和推销访谈是整个推销过程中的两个不同阶段。两者之间虽然没有明显的界线，但是，两者所涉及的话题却是明显不同的。接近阶段的话题主要集中在增进双方感情，创造良好的推销气氛上。而访谈阶段的话题主要集中在直接推销产品和建立双方业务关系上。可见，两个阶段之间需要一个过渡和转换。接近是访谈的前奏，也是为更好地进行访谈的必要准备。接近只有使双方顺利地转入访谈，才能使推销最终实现成交的目的。

拜访顾客的方法和技巧

1. 拜访顾客的方法

（1）介绍接近法。介绍接近法又可以分为自我介绍、他人引荐和产品介绍等三种。

①自我介绍法。这是销售人员首先做自我介绍，并表明来访目的，然后主动提供名片或工作证等能证明自己真实身份的证件，以进一步加深顾客印象的接近方法。这是销售人员最常用的一种接近方法。但是事实表明，销售人员在开始接近时所做的自我介绍绝大部分往往是毫无意义的。顾客一般不大关心销售人员的自我介绍，只有在对所推销产品或推销建议感兴趣时，才会重新关心销售人员的身份。所以，在拜访顾客之初，销售人员不一定要详细进行自我介绍，就是自我介绍也要和其他方法配合使用。

②他人引荐法。销售人员也可以通过与顾客熟悉的第三者介绍，拜访顾客。这种方法在多数情况下能取得较好的效果。但介绍人实际所起作用的大小，还要看销售人员、顾客与介绍人关系的密切程度。这种方法也有局限性。有时，顾客对于别人引荐的销售人员仅仅是应付，不一定有购买诚意，某些顾客还忌讳熟人的引荐。

③产品介绍法。其也称实物接近法，就是销售人员直接利用所推销的产品引起顾客的注意和兴趣，进而顺利转入推销访谈。产品介绍接近法让产品本身先接近顾客，让产品默默地推销自己，这是它的最大优点。所以，对于具有独到特色的产品，或色彩鲜艳、风格雅致，或功能齐全，或造型别致的产品，这种方法能收到很好的效果，因为这类产品很容易吸引顾客的注意力，诱发顾客的兴趣。当然，产品介绍接近法的效果也受到一些因素的制约，对产品本身的要求较高。

（2）利益接近法。这是指利用所推销产品能给顾客带来的利益、实惠和好处，引起顾客的注意和兴趣，进而转入访谈的接近方法。根据现代推销原理，这是一种最有效、最有力的拜访顾客的方法。凡是能够为顾客增加利润、节约成本和开支的产品和解决问题的方法总是能吸引顾客注意的。销售人员如果能根据顾客的特点，说明所推销产品能给顾客带来某种特定利益的主张也就能有效吸引顾客注意。

采用利益接近法时也可以从顾客所面临的问题入手，拜访顾客。任何顾客都关心自己需要解决的问题。销售人员一开始就着眼于顾客需要解决的问题，自然能引起顾客的注意和兴趣。采用这种方法，销售人员一开始时尽量不提所推销的产品，直接探讨顾客所面临的困难和问题，讨论解决问题的办法，就能达到拜访顾客的目的。

在采用利益接近法时，销售人员需要注意两点：一是对产品利益的陈述必须符合实际，不能夸大其词，否则就会失去顾客的信任，影响推销的实际效果。二是产品利益要具有可比性。销售人员可以通过分析，使顾客相信购买产品所能带来的实际利益，促使顾客放心购买所推荐的产品。

利益接近法主要适合于推销各种生产资料产品，或者能带来较大的实惠或利益的日用消费产品，尤其适合于推销那些利益和实惠较大而又不为人所知的特殊产品。

（3）演示接近法。在讨论爱达推销模式时，我们已经说明了演示在激发顾客兴趣中的重要作用。演示也是销售人员拜访顾客的一种有效办法。对于销售像各类家电产品、汽车、建筑设备和办公设备等产品的销售人员来说，演示是最经常使用的拜访顾客的办法。演示直接向顾客提供了一种能给他们带来好处的证据。但是，销售人员经常需要不断改进演示的方法，提高演示的实际效果，实现拜访顾客的目的。选择演示方法取决于两个因素：产品和顾客。

不同的产品演示的重点不同，做演示时应当突出顾客所需要的那一方面的功能。对于像千斤顶这样的工具，主要应当演示其坚固可靠。而对于电表、水表等计量设备，主要应当演示其灵敏精确的特性。

不同的顾客希望从产品中得到的好处是不同的，因此，演示的内容和方法也应当是不同的。例如，有些顾客把手表当成装饰品，主要希望其外形设计新颖、造型美观，对于他们就应当着重演示其外表。有些顾客则希望手表坚固耐用、三防性能好，这样就要把手表置于特定的条件下，演示手表所具有的独特性能。由此可见，在演示前对顾客情况做一个深入的了解是非常必要的。

（4）好奇接近法。销售人员也可以利用顾客的好奇心来设法拜访顾客。采用这种方法时，销售人员首先要唤起顾客的好奇心，引起顾客的注意和兴趣，然后说明购买所推销产品的利益，从而迅速转入访谈。例如，人们大多对各种最新消息具有强烈的好奇心。如果销售人员利用各种社会的、经济的、政治的消息和情报，从人们普遍关心的热门新闻出发，说明这些消息与自己所推销产品之间的联系，就能吸引顾客的注意。

应用好奇接近法时，销售人员应当注意如下几个问题：一是无论销售人员采用语言、动作还是其他别的方式唤起顾客的好奇心理，都应该与推销活动有关，否则将很难转入推销访谈。二是无论利用何种手段来唤起顾客的好奇心理，都应当合情合理，要奇妙而不荒诞，千万不可故弄玄虚，使顾客失去兴趣。三是采用这种方法时要考虑到顾客的文化素养和生活环境，避免销售人员自以为奇特，而顾客却觉得平淡无奇，结果弄巧成拙。

另外，还有一种震惊接近法，就是销售人员利用某种令人吃惊或震撼人心的事情、消息或数据资料来引起顾客的注意和兴趣，进而拜访顾客转入访谈。其原理和方法都类似于好奇接近法。

在实际应用中，好奇接近法常常与利益接近法和询问接近法等其他方法一起应用，这样效果会更好。

（5）询问接近法。这是一种销售人员利用直接提问来引起顾客的注意和兴趣，进而转入访谈的接近方法。询问接近法的优点在于：询问几乎总能激起顾客的参与意识，几乎不会遭到拒绝；询问也促使顾客深入考虑销售人员所提出问题，为成交打下基础。

采用询问接近法时，要注意三个问题：一是所提问题应当简明扼要，表述清晰，避免含糊不清或模棱两可，以免顾客费解或误解。二是问题应尽量具体，突出重点，有的放矢；不可漫无边际，泛泛而谈，使顾客产生抵触情绪。三是问题应当具有针对性，是顾客乐意回答和容易回答的；要经过精心构思，避免那些有争议、伤感情和顾客不愿回答的问题，以免引起顾客反感。

（6）调查接近法。这是销售人员利用调查机会拜访顾客的一种接近方法。调查接近法有许多优点：首先，容易取得顾客的合作与支持，接近成功率较高；其次，通过调查有助于确定顾客需求，有利于访谈和成交；最后，有助于避免过早地讨论价格，提高销售人员的主动性。

但是，采用调查法拜访顾客时，也要注意如下问题：一是要做好调查准备，消除顾客的防备心理，达到拜访顾客的目的。二是调查内容要突出推销重点，并争取顾客的支持和协助。三是调查的方法要确保调查成功，顺利拜访顾客。

（7）赞美接近法。人们都喜欢别人称赞自己或自己的东西，所以，称赞、夸奖或恭维也能引起顾客的注意和兴趣。赞美接近法就是利用人们的这种心理来达到拜访顾客的方法。但是，销售人员的称赞必须是真诚的、得体的。如果顾客认为称赞是虚假的，或者仅仅是一种敷衍，就会适得其反。此外，直接称赞顾客本身往往会引起对方的警惕，进而怀疑你的动机；如果称赞的是与顾客有关的事物，则反而能达到吸引注意的目的。

（8）借用权威接近法。销售人员如果引用某些权威机构或专家对所推销产品的评价，或能说明某些著名企业购买和使用自己产品的情况，或者借用对顾客有影响力的第三者的意见和建议，往往也能达到拜访顾客，转入推销访谈的目的。

（9）满足兴趣接近法。人们大多都有自己的兴趣和爱好。有人爱好运动，有人喜欢旅游，有人热衷于娱乐，还有人会专注于理财。每个人在别人谈起他所喜爱的事情时，自然会特别关注。所以，销售人员如果能事先了解或发现顾客的兴趣，与顾客见面时从他的兴趣爱好出发开始沟通，往往能达到成功接近顾客的目的。

2. 拜访顾客的技巧

拜访顾客是推销的真正开始。成功的拜访顾客是推销成功的一半。所以，销售人员在拜访顾客时，既要选择适当的方法，也要掌握拜访顾客的正确技巧。拜访顾客的主要技巧有如下几个方面：

（1）要综合运用多种接近方法。不同接近方法所强调的重点和要点各不相同，运用在不同顾客身上的效果也会千差万别。销售人员需要根据不同类型顾客的特点，选择合适的接近方法。在许多情况下，如果把几种接近方法结合起来运用，往往能够更好地确认顾客的真正需求，成功地转入推销访谈。

（2）要鼓起勇气，自信乐观。许多销售人员，特别是新推销员在初次接触新顾客时都会产生焦虑的感觉，其实，这种现象是正常的。销售人员不必为此过于紧张。关键是要通过充分的准备和内心的精心演练，来增强信心。乐观地预计拜访顾客会取得成功比预计结果可能失败能产生更积极的影响，如果预计结果可能失败就会造成争取接近成功的心理障碍。

（3）讲究礼仪使顾客迅速产生信任感。推销理论强调，在推销产品以前，先要成功地把自己推销出去。所谓成功地推销自己的意思就是让顾客产生信任感。信任感可以来自于多个方面。但是，见面时的第一印象对于建立信任感常常具有重要的作用。所以，销售人员的服饰打扮和言谈举止都应有利于取得顾客的信任，体现出很高的职业素质。例如，一定不能让对方久等；一见面就叫出对方的姓名和职称，让人产生一种亲切感；绝对不能搞错顾客的姓名和职位；以得体的寒暄来消除对方的戒心；制造对方感兴趣的话题，激发对方参与，拉近双方之间的距离等。

（4）控制节奏，转入访谈。从整个推销过程看，拜访顾客仅仅是其中一个环节，只有及时转入推销访谈，才能实现实质性问题上的突破，达成交易。而且，推销接近的对象都是一些忙人，肩负着商业使命和压力，如果不及时转入实质性问题的访谈，他们的注意力就会转移到其他事情上。所以，销售人员应当控制接近所花的时间，并把接近不失时机地转入正式的推销访谈。

（5）要带着创意去拜访客户。经常拜访客户是必要的，但是站在客户的角度看，每天都会接待数量众多的销售人员，销售人员如果都只是一味地标榜自己产品的优点，或强调价格合理，就很难在客户脑子中留下印象。只有那些富有创意，带着对客户有帮助的想法和建议去拜访客户的人，才能激发出客户的兴趣和热情，取得对方的认同和信任，才有可能顺利进入深入面谈的阶段。

推销实践 7-2　　　近一年的亏本买卖开发一个大客户

20 世纪 90 年代中期，王先生刚从大学毕业不久，就回家乡浙江台州，自己开办了一家经营圣诞节用品和儿童用工艺品的外贸公司。由于公司初创，客户资源稀缺。尽管通过种种努力，王先生与七八家东南亚、中东和南美的公司成交了几笔交易，但是，这些公司大多交易量很小，业务不稳定，而且，王先生感到，与他交易的这些外国客户规模小，经营风险比较大。所以，王先生一直希望开发一些实力强、信誉好的国外客户。

一个偶然的机会，他经朋友帮助，终于获得了德国一家著名超市的采购经理科恩先生的通信方式。但是，几次联系后，王先生发现科恩先生出奇精明，不仅对中国市场情况十分熟悉，而且还起价来是毫不留情。在传真往来的谈判过程中，王先生是节节败退，到最后几乎只能以自己的进货价才能与科恩先生达成交易。王先生几次都想放弃交易了，但是，为了维持长期的业务交易关系，王先生还是不敢放弃这完全无利可图的生意。维持这种交易意味着王先生不仅不能从中获得利润，还需要赔进去交易中所有的费用。

但是，王先生经过调研发现，科恩先生所代表的超市在德国有较高声誉、很强的实力和良好的信誉。他觉得，科恩先生是一个值得投资的优质客户。所以，尽管没有利润，完全是一桩"赔本的买卖"，王先生还是与科恩先生签署了成交合同。不仅如此，在随后近一年时间当中，王先生陆续又与科恩先生签订了 5 份交易合同。这先后 6 份合同中，只有一半合同让王先生略有盈利，另一半合同几乎都是多多少少要赔钱的。

在双方第一笔交易约一年后，王先生热情邀请科恩先生访问台州。想不到，科恩爽快地答应了。在科恩访问期间，王先生找机会详细地向科恩提供了过去一年中每笔交易中自己的进货价，给科恩的价格，以及自己费用的信息资料。最后，告诉科恩，自己在过去一年与他的交易中完全没有赚到利润，还赔了不少的费用在里面。当科恩先生审阅了相关的原始凭证，确信上述结果后，态度非常诚恳地对王先生说："非常抱歉！我犯了交易中的最大错误，让你赔钱了。今后一年，你诚实报价，只要我相信你的报价是合理的，我就不来压你一分钱价。让你赚到该赚的利润。"

确实，在随后的一年中，王先生也按通常的惯例进行报价，而科恩先生也居然真的没有压过王先生一分钱的价，让他得到了该他得到的合理利润。

主要概念

介绍接近法　　利益接近法　　演示接近法　　好奇接近法　　询问接近法
调查接近法　　赞美接近法　　借用权威接近法　　满足兴趣接近法

（基本训练）

@ 知识题

1. 为什么说"推销是从拒绝开始的"？说说自己的体会。

2. 向消费者个人或家庭推销时与向群体或组织推销时的成功要点各有哪些？有何区别？

3. 推销前销售人员需要准备的沟通工具有哪些？准备和使用中需要注意哪些问题？

4. 为什么对于重要的推销对象都需要事先约见？约见的内容包括哪些？

5. 实现成功拜访顾客的方法有哪些？分析每一种方法的要点。

@ 技能题

1. 在学完本章内容以后，重新浏览本章开头的引例，说明如何才能实现"带着创意去拜访客户"。分析和总结销售人员可以带哪些类型的创意去拜访客户。

2. 认真研读"推销实践7-1：巧妙的客户约见赢得两千万订单"的资料，分析案例中的"巧妙的客户约见"对于销售人员有哪些启示？你认为要实现巧妙的客户约见的关键和前提是什么？

@ 实训题

实训目标：提高口头表达沟通技巧。

实训方法和步骤：

（1）选题演讲。口头表达是沟通的基本手段，对于销售人员来说更是一种必要的技能。以下列内容之一为主题，每位同学准备在班级或小组中作3~4分钟的发言。

◇关于推销某种产品或服务的演讲陈述。

◇我所经历过的印象最深的推销与被推销的案例。

◇我理想中的职业。

◇我将致力于发展的事业。

◇如何才能使得对每门课的评分更公平、更合理。

（2）听众评价。对于每一位的发言，所有作为听众的其他同学都要从下列几个方面，根据"很不满意"，"不满意"，"一般"，"良好"和"优秀"等五种标准，进行打分。

◇讲话的目的和行为目标是否明确。

◇内容是否合适。

◇能否有效控制怯场。

◇表达是否清晰，富有激情。

◇是否能有效地利用肢体语言和空间效果。

◇是否保持与听众之间的沟通。

（3）意见反馈和改进。把评价结果反馈给发言者，从而提高每一位发言者的口头表达水平。

第8章 推销洽谈和说服：策略与技巧

学习目标

　　知识目标：理解推销洽谈的导向、内容和特点；深刻理解推销洽谈策略的内容和相关策略的选择方法；深刻理解推销洽谈有关技巧的含义。

　　技能目标：掌握根据洽谈特点选择适当策略的技能；掌握应用多种推销洽谈技巧的方法和技能。

引例

　　美国某电器公司的总经理韦伯先生在宾夕法尼亚州的某个富饶地区做调查时发现，当地人不愿意购买和使用电器产品。他与公司在该地的销售代表讨论如何开发当地客户的问题时，那位销售代表显得很沮丧。他说："这些人一毛不拔，你无法卖任何东西给他们。而且，他们对公司的成见也很深。我试过了，一点希望也没有。"

　　韦伯决定无论如何也要尝试一下。因此，他试着敲敲其中一家农场的门。门只打开了一条小缝，史密斯太太探出头来。一看到那位公司的销售代表，史密斯太太立即就把门呼的一声关上了。韦伯又敲门，她再次打开来。而这次，她把对公司的不满一股脑儿全倒了出来。

　　"史密斯太太，"韦伯说，"很抱歉打扰您，但我们来不是向您推销电器的，我只是要买一些您的鸡蛋罢了。"史密斯太太又把门开大了一点，怀疑地瞧着韦伯。"我注意到您的那些可爱的多明尼克鸡，我想买一打鲜鸡蛋。"史密斯太太的门又开大了一点。"你怎么知道我的鸡是多明尼克种的呢？"她好奇地问。韦伯回答说："我自己也养鸡，而我必须承认，我从来没有见过这么棒的多明尼克鸡。""那你为什么不吃自己的鸡蛋呢？"她仍然有点怀疑。"因为我的来亨鸡下的是白壳蛋。当然，你知道，做蛋糕时，白壳蛋是比不上红壳蛋的。我妻子在做蛋糕时很在乎她所用的鸡蛋。"

　　到这时，史密斯太太总算放心了，态度也温和多了。同时，韦伯的眼睛也四处打量着，他发现他们家有一间修得很好的奶牛棚。"事实上，史密斯太太，我敢打赌，你养鸡所赚的钱，比你丈夫养奶牛所赚的钱要多。"韦伯夸奖道。

这下，史密斯太太可高兴了！她兴奋地告诉韦伯，她真的是比她丈夫赚钱多，但她无法使那位顽固的丈夫承认这一点。她热情地邀请韦伯参观她的鸡棚。参观时，韦伯注意到她装了一些各式各样的小机械。于是韦伯"诚于嘉许，惠于称赞"，介绍了一些饲料和掌握温度的方法，并向她请教了几件事。很快，他们就高兴地在一起交流了一些经验。不一会儿，史密斯太太告诉韦伯，附近的一些邻居在鸡棚里装设了一些电器，据说效果极好。她征求韦伯的意见，想知道是否真的值得那么做……

两个星期后，史密斯太太的多明尼克鸡棚就安装上了韦伯公司的电器。韦伯在上次的访问中向她推销了许多电器，而史密斯太太也收获了更多的鸡蛋，两人真是皆大欢喜。

资料来源　杨雪青．商务谈判与推销［M］．北京：交通大学出版社，2009：157-158.

8.1　推销洽谈概论

8.1.1　推销洽谈导向的选择

销售人员在参加推销洽谈时有四种不同的洽谈导向可供选择：一赢一输的导向、双赢的导向、折中的导向和双输的导向。不同的洽谈导向对洽谈结果会产生明显不同的影响。

一赢一输的洽谈导向是一种竞争性的洽谈风格，洽谈者会因争取胜利，避免失败，而千方百计地利用和控制对方。所以，一赢一输的导向就很可能产生破坏性的结果。

双赢的洽谈导向最可能引导到一种解决问题的合作性洽谈。只要洽谈的双方只存在需求方面的差异，而没有对立或利益上的冲突，达到双赢的结果是完全可能的。

折中的导向在某些情况下也可能是明智的，而且也常常能达到预定的目的。但在多数情形下，采取折中的方法后，双方都至少会损失一点原本自己寻求的利益。有时，一系列的折中也可能会导致各方都无法得到自己真正想要的东西。

没有人会在洽谈开始时就采取双输的导向，但当一方感到对方在威胁他的利益时，就会采取报复的手段，结果就会导致两败俱伤的双输结果。

上述四种洽谈导向中，销售人员想要取得洽谈成功，只能选择双赢的，或者自己赢，对方输的导向。但是，对于销售人员而言，自己赢，对方输的实际结果并不能真正达到一赢一输的结果。如果顾客感到销售人员赢，自己输，顾客就不会签约成交，结果销售人员仍然是输的。如果销售人员因为想让顾客赢，而做出太多的让步，输了洽谈，结果他要么是拒绝交易，要么是不打算继续与这位顾客保持交易。这样一来，顾客的销售服务就得不到保证，顾客的利益就会打折。

由此可见，洽谈中无论是哪一种的一赢一输结果，从推销的角度看都只是一种双输。

综上所述，对于销售人员来说，推销洽谈的导向选择目标必须是双赢的，任何其他导向的洽谈都并不能保证达到推销的结果。为了达到双赢的结果，销售人员就要不断寻求和提供能够帮助顾客解决困难和问题的方案，寻求与顾客建立并保持长期的伙伴关系。坚持双赢的洽谈导向的销售人员在洽谈中更会互相尊重，与顾客建立亲密关系并会对对方表现得更加真诚。

8.1.2　推销洽谈的内容

推销洽谈会涉及洽谈双方所关注和感兴趣的所有问题，因此，洽谈的内容常常是非常广泛而丰富的。同时，针对不同对象和不同产品的推销，推销洽谈的内容往往又会有所不同。归结起来，推销洽谈的基本内容大致有以下几个方面：

1. 产品条件洽谈

推销洽谈首先会涉及产品相关条件的洽谈。洽谈双方对于产品品种、质量标准、型号、规格、数量、商标、造型、款式、色彩和包装等因素的磋商自然是洽谈中关注的重点。在产品条件洽谈方面，销售人员应当注意如下两点：

（1）顾客对于产品条件的反应是由需求所决定的。因此，销售人员需要从顾客对自己产品条件的反应中去探索顾客真正的需求。只有这样才能把握洽谈中的主动权。

（2）要灵活利用产品条件与其他交易条件之间的关联性，创造洽谈中的优势。洽谈中任何一方对于产品条件的态度必然与对其他交易条件的态度相关联。对于顾客所偏好的品种、型号和规格等产品条件，即使销售人员出价较高，顾客也可能接受；如果产品条件不能满足顾客要求，在价格条件洽谈中就会丧失主动权。

2. 价格条件洽谈

价格条件通常是洽谈双方最为关心的问题，也是推销洽谈的中心内容。价格条件既包括交易价格的高低，也包括数量折扣、退货损失和市场价格波动风险处理、商品保险费用、售后服务费用、技术培训费用和安装费用等条件。

一个推销洽谈的新手常常只是关注价格本身的高低，但是，富有经验的销售人员除了关心价格高低之外，往往也会同时关注付款条件的洽谈。他们会根据通货膨胀状况、双方之间的信任与合作程度，就货款的结算方式、结算所使用的货币和结算时间等具体事项进行深入的商讨，以便最大程度争取自己的利益，减少所承担的风险。

3. 其他条件洽谈

销售服务的条件是除了产品条件和价格条件以外，洽谈双方也极为关心的内容。洽谈中需要确定的销售服务内容包括：交货或送货的方式和地点、安装、调试和维护等售后服务、培训和技术指导等服务，以及零配件供应等服务条款。

此外，洽谈还需要确定适当的保证条款。买方会要求卖方对出售的商品承担某些义务和责任，以保证买方的利益。双方还会就交易合同的取消条件、履约和违约等有关的责任、权利和义务进行洽谈，对合同可能产生的纠纷处理办法进行协商。

8.1.3　　推销洽谈的特点

推销洽谈是买卖双方为了达成交易，满足各自的需要，就共同关心的问题进行沟通与磋商的活动。洽谈的最终目的是成交。为实现成交的目的，销售人员在洽谈中应当把握如下一些特点：

1. 合作性和冲突性并存

推销洽谈是建立在双方利益既有共同点，又有分歧点的基础上的，因此，洽谈双方的合作性和冲突性并存。合作性表现在双方利益间存在某些共同性。冲突性表现在双方对利益分配上存在着分歧。为了达成交易，双方要尽可能地加强和扩大合作性，减少冲突性。洽谈中的合作性和冲突性是相互影响和转化的。如果能够扩大合作性，冲突性自然就能减少，成交可能性就会提高；相反，如果冲突不能得到解决，就会破坏合作性，甚至可能导致洽谈失败。销售人员在洽谈前就应该对洽谈中的共同点和冲突点进行认真的分析，以便努力消除双方的分歧，最终实现双方的合作。

2. 原则性和灵活性并存

原则性是指双方洽谈中都会坚持自己退让的最后界线，即谈判底线。谈判的原则性使得双方对自己最关心的重大原则问题通常是不会轻易让步的，即使退让也是有限度的。灵活性，也称做可调整性，是指洽谈双方在坚持原则的基础上，还可以做出一定的让步和妥协。推销洽谈中原则性和灵活性总是同时并存，又互相影响的。如果双方在原则性方面差距很大，洽谈就会变得很难成功，因为要做原则性的让步比较难。双方都坚持各自的原则，不肯做任何让步，洽谈就难以成功。相反，如果双方在原则性方面差距不大，则洽谈就较容易成功。所以，销售人员在洽谈前需要对双方原则性方面的差距进行分析和判断，以便重点解决好双方原则性方面的分歧，促使洽谈成功。

3. 以争取经济利益为中心

推销洽谈的双方都以争取自己的经济利益为中心，都会围绕各自的经济利益来展开对话和商讨。双方除了争取自己的经济利益外，不会有其他不可逾越的立场障碍。推销洽谈中，双方无论是就品种规格、质量标准、数量款式进行磋商，还是就交货期、付款条件和保险责任进行谈判，其背后的实质都是以经济利益为标准来决定态度与取舍的。

在众多谈判内容中，价格又是最直接反映经济利益的一个因素，所以，自然会成为推销洽谈的核心和关键。但是，另一方面，其他非价格的因素也可能对各方的经济利益产生很大的影响。所以，推销洽谈中既要重视价格谈判，又要避免单纯考虑价格因素。成熟的销售人员会善于利用非价格因素的谈判来实现自己的谈判目标。这样就可以避免洽谈落入单纯的讨价还价的僵局之中，而可以灵活地应用多种手段和途径来实现自己洽谈的经济利益目标。

8.2　推销洽谈策略

8.2.1　传递产品使用价值，避免价格敏感性

1. 销售人员对价格谈判应有的正确认识

价格确实是推销洽谈中非常重要而又难以处理的问题。特别是当市场上同类产品之间的唯一区别仅仅是价格时，价格的高低就往往成为决定能否成交的关键因素。由于价格因素的这种特殊性，大多数销售人员对价格都比较敏感，缺乏大胆提出价格的勇气。另一些销售人员又把价格作为唯一的竞争手段，总是试图通过强调降价或折扣来吸引购买。这两种人对价格都缺乏积极正确的态度，难以掌握推销中的主动权，因此，推销也就难以取得理想的效果。要想在推销洽谈中取得主动权，销售人员对价格谈判应当有如下一些认识：

（1）洽谈中对价格过于敏感是完全没有必要的。调查表明，对于大部分产品而言，各种非价格因素对于顾客的购买决定也有非常重要的影响。价格的重要性会由于人们逐渐认识到非价格因素方面的差异而降低。有时，即使潜在顾客的真正购买阻力是产品的式样、规格或颜色等非价格因素，顾客往往也会把价格作为拒绝购买的理由。因此，销售人员根本无需对价格过于敏感。销售人员既不应该羞于提出价格，也不应该不断地提及价格，从而使顾客对价格也敏感起来。一般情况下，销售人员也不应该依靠降价来促成交易，过分强调降价反而会引起顾客的怀疑而断送成交的机会。

即使是在非价格因素差异不大的情况下，销售人员也应当牢记，便宜和昂贵的说法是极不精确的，带有浓厚的主观色彩。一个集邮爱好者可能会用自己一个月的工资购买一张外表并不起眼的但他喜欢的珍稀邮票，还认为很便宜。而对于人们完全不需要的东西即使是以半价卖给他，顾客还仍然会感到实在太贵。一种产品越是能满足顾客的某种重要愿望，他就越会觉得这种产品价格便宜；反之，如果顾客认为某种产品对于他没有多大的用处，他就会觉得这种产品价格昂贵。

从前，曾经有人对买方究竟应当选什么价格成交作过很深刻的说明：

"支付太多是不明智的，但支付太少情况会更糟。

当你支付太多时，你会失去一点钱，就这些。

当你支付太少时，你可能会失去一切，因为你购买的东西不能胜任你让它来做的事。

商业平衡通则不允许你支付很少而又要获得很多。这是不可能的。

如果你与出价最低的人做生意，这会增加你运作中的风险。"

可见，即使站在顾客角度，单纯追求低价格也并不是一种明智的做法。销售人员在洽谈的适当时候应当向顾客传达上述对于价格的认识，说服顾客避免或减少对于价格的敏感性往往是必要的。

（2）价格与其他交易因素密切相关。价格并不是固定不变的因素，价格会随质量的变化而变化。当销售人员把质量作为主要卖点时，潜在顾客就会把价格看做第二位的卖点。如果销售人员把使用价值作为第一卖点，再强调质量的特点，则价格甚至会退居到第三的位置。

但是，价格反过来又会对其他的交易因素产生影响。例如，许多研究都表明，当人们对一件产品的品质没有把握时常常会使用"昂贵＝优质"的公式，价格常常成为质量的一个指标。提高价格反而能导致在追求品质的顾客当中销售量的猛增。对于很多非必需品，特别是高档消费品来说，常常可以看到这种情形。

下面的案例说明了价格在成交中所具有的微妙影响和作用。

曾经有一家珠宝店老板的朋友找到他，想要为自己的未婚妻买一件很特别的生日礼物。这个珠宝店的老板便为他挑了一条项链。这条项链平时要卖500美元，但是，他愿意以250美元卖给他的朋友。他的朋友确实也很喜欢这条项链，但当他知道价钱是250美元时，态度就变了，马上对这条项链失去了兴趣。因为他很想为他未来的新娘买一件"特别好"的礼物。

第二天，这个珠宝店老板突然明白了这究竟是怎么一回事。因此，他就给他的朋友打电话，约他到店里来看另一条项链。他告诉朋友说这条项链的价格是500美元。这一次他的朋友非常喜欢，当场就买了下来。但在他付钱之前，老板说他只收250美元，其余的就算是给他们的结婚礼物。他的朋友高兴极了。现在，他就不觉得250美元的价钱有什么不妥了，他非常高兴，也非常感激，接受了这个价钱。尽管实际价格都是250美元，但是，由于250美元的含义不同，对成交所起的作用也完全不同。

价格也随交易条件和付款方式的变化而变化。立即付款与延期付款的价格自然是不同的。究竟是由买方还是卖方承担运输费用和风险，价格自然也不一样。由此可见，无论对于销售人员，还是顾客，单纯考虑价格都是没有价值的、不合理的。

2. 价格谈判前首先要强调产品的使用价值

（1）洽谈中首先强调产品使用价值的作用。推销洽谈中首先并重点传递产品的使用价值至少具有如下两方面的作用：

首先，强调产品的使用价值可以避免洽谈双方对于价格的敏感性，避免洽谈陷入单纯的讨价还价的僵局之中。既然顾客购买产品最终想要获得的是使用价值，那么，强调使用价值就更能引起顾客的兴趣，激发其购买欲望。这样就避免洽谈双方把注意力光集中在价格上，而是引导双方也重视强调非价格的利益因素来促成交易。

其次，强调产品使用价值也为销售人员提供了发挥极大创造性的机会和舞台。正如我们在第 2 章的产品效用层次理论部分已经讨论过的，不强调产品的使用价值，则不管对哪个顾客，也不管对什么产品，为说服顾客购买，洽谈中唯一能够重复强调的理由就是"便宜"和"划算"。在顾客看来是老生常谈，没有任何针对性和吸引力。就连销售人员本身有时也会感到厌倦和乏味。

强调产品使用价值的做法则为销售人员提供了施展才华和技能的机会和条件。即使对于同一种商品，对不同顾客的使用价值也可能是完全不同的。销售人员因人而异地发掘并提出适当的使用价值就较容易引起顾客的兴趣和欲望。而且，这样做也激励销售人员不断深入发掘顾客的需求，为销售人员提供了发挥聪明才智和更大创造性的机会。

（2）要坚持向所有推销对象强调产品使用价值。销售人员往往存在一种偏见，认为对于产品的最终用户推销产品使用价值是必要的，而向经销商推销时还是应当推销产品的具体性能和特点。其实，即使对于经销商也应当推销产品的使用价值，而不是具体产品的价值。经销商与最终用户一样，其最终目的也不在于购买某种具体产品本身，而是随后的成功销售，赢得更多的顾客和谋取更大的利润。只有向经销商推销产品的使用价值，才能使经销商们认识到经销所推销产品的利益和好处，坚定经销商经销所推销产品的决心，乐意购买所推销的产品。同时，向经销商传达产品的使用价值也可以帮助经销商做好他们的销售工作，而经销商的成功也就意味着销售人员本身工作的成功。

（3）销售人员应掌握产品常用的重要使用价值。推销产品的使用价值丰富了推销工作的内容，也使推销成为一项充满了知识和技能、富有挑战性的工作。为了便于在推销洽谈中向不同的顾客准确地推销适当的使用价值，销售人员最好事先熟悉产品重要的使用价值，进行分类，以便根据顾客的特殊要求，确定需要强调的特定使用价值。通常，产品重要的使用价值可以按下列因素进行分类：

①减少开支的效用，如从价格、费用和费率等因素中获得的好处。

②增加收入的效用，如从效益、效率的提高、增加财源、加速投资回收等指标变化中获得的利益。

③提供便利条件的效用，如从位置上的方便、时间上的方便和方式上的方便等方面获得的好处。

④提高服务质量的效用，如从提高反应速度或准确性、等待时间的减少、清洁、满足特定需要等方面获得的利益和好处。

⑤满足个人兴趣的效用，如从满足各种兴趣和业余爱好中得到的更大满足等。

⑥满足感情需求的效用，如从熟悉、尊重、亲密、地位和环境条件等因素中获得更大的感情上的满足。

⑦提供安全和保护的效用，如从保证、保修、保险、安全和个人隐秘等获得更大的安全感。

⑧提供资料的获得和利用的效用，如从容易得到各种统计数据、定期得到财务报表、能接触专业人士和专家等方面获得的利益。

⑨强化顾客支持的效用，如从增加接触和了解顾客的机会、对顾客进行宣传、教育和广告的机会等方面帮助顾客提升顾客支持和服务的水平。

⑩增强技术优势的效用，如从产品持久性、简化使用操作方法、确定新技术、新标准、实现自动化等方面提升顾客竞争力所带来的利益。

⑪享受合同条款优惠的效用，如从付款、运输、交货方式和订购量等方面所获得的利益。

⑫更宽的产品品种选择的效用，如从得到相关产品、提供特殊产品、产品革新等方面所获得的好处。

8.2.2 产品质量的推销策略

顾客在做购买决定时，除了品种和价格以外，还会重点考虑产品的质量问题。因此，许多销售人员自然会把质量当做推销洽谈中的重要内容，在洽谈中总是经常地、过分地重复强调产品的质量优异可靠，但实际上，尽管销售人员从一开始就强调质量优异可靠，但顾客往往还是会无动于衷。那么，销售人员在洽谈中应当如何处理质量问题呢？

在第 2 章关于产品质量概念部分，我们已经讨论了销售人员对于产品质量应有的认识和积极态度，不再重复。这里我们需要强调的是，在推销洽谈中向顾客介绍自己产品的质量时，应当注意两个问题：

（1）介绍产品质量应避免谈论大量复杂的技术问题。推销洽谈中涉及质量问题时，应避免涉及大量的甚至繁杂的技术问题，要尽量用简单明了的词汇使顾客认识到自己产品的质量特点，以及它能给用户带来的好处和利益。即使是向专业技术人员或对技术感兴趣的客户推销时，也同样应当遵循这个原则。技术细节只能作为推销洽谈中的一种辅助手段。而且，有时技术特点的细节最好留给专业技术人员去介绍，因为他们的意见具有更大的权威性和可信度。

（2）应强调产品质量的具体特征，而不是抽象的质量概念。销售人员应尽量介绍产品所具有的某种具体的质量特征，如新颖性、可靠性、坚固性、轻便性、耐用性、稳定性、强度和硬度等特征，而不是用带有一系列形容词的抽象"质量"特征来说明产品质量。这样一来，顾客得到的印象会更具体、更强烈、效果更好。

8.2.3 价格谈判策略

1. 报价和磋商策略

（1）正确把握报价的时机。在顾客对产品的使用价值还没有真正认识以前，讨论价格一般地说是不可能有结果的，有时甚至还可能打消他们的购买欲望。因此，过早地提出或讨论价格问题是不合适的，只有等顾客对产品使用价值有所认识之后才能与他们讨论价格。但是另一方面，如果销售人员迟迟不提出价格就表明销售人员没有提出价格的勇气。顾客会认为销售人员试图在价格上有所隐瞒，或者销售人员仅仅是一般性地传达信息而没有马上成交的愿望，其结果也会造成顾客对价格不必要的敏感，或者干脆失去了一次成交机会。

提出和讨论价格最合适的时候，是在顾客确实了解了产品的使用价值后再询问价格的时候。此时，顾客询问价格就说明他确实已经对所推销的产品发生了兴趣，此时讨论价格才合适。但是即使在这时，销售人员最好也还是要考虑一下，顾客是否确实认识到产品使用价值了。因为有时顾客也可能过早提出价格或仅着眼于讨价还价，如果发现顾客对产品使用价值还没有足够的认识，销售人员还是不宜与顾客立即讨论价格。一种可行的办法是假装没有听见，或者是提议在晚些时候再讨论价格。另外一种办法是向顾客提出反问，以争取主动。聪明的销售人员就往往问："你认为价格是多少呢？"当然，也可以回答"那要看你选择哪种型号"，"那取决于你的特殊要求"，或者"这要看附加条件"。

如果这时顾客还是坚持马上讨论价格，那销售人员也不应该光提价格，而要作一个建设性的回答。销售人员仍然应当首先强调说明产品使用价值，而后再提出价格，紧接着再继续列举说明产品有这些使用价值的理由，不要让顾客继续考虑价格问题。销售人员自己也不应该继续讨论价格，而应当引导顾客着眼于使用价值。

推销实践 8-1　　　　　把握报价时机卖出高价

雪佛莱汽车公司的公关经理鲍尔先生有一次想买一幢房子，找了一家房地产商。房地产商在推销方面真是聪明绝顶。他先与鲍尔先生闲聊。不久，他就摸清了对方想付的佣金数，还知道了鲍尔先生想买一幢带树林的房子。然后，他开车带着鲍尔先生来到一所房子的后院。这所房子很漂亮，紧挨着一片树林。他对鲍尔先生说："看看院子里这些树吧，一共有 18 棵呢！"鲍尔先生对这些树夸奖了几句，开始问房子的价格。房地产商回答道："价格是个未知数。"鲍尔先生一再问价格。那个房地产商总是含糊其辞。鲍尔先生一问到价格，那个房地产商就开始数那些树："一棵，两棵，三棵，……"

最后，鲍尔先生和那个房地产商终于成交了，价格自然不菲，因为有那 18 棵树。

资料来源　郑一群. 销售精英是怎样炼成的［EB/OL］. 武汉：华中科技大学出版社，2011［2013-05-10］. http：//read. dangdang. com/content_2295855？ref＝read-3-C&book_id＝13993.

（2）报价要高，让价要慢。一般地说，报价宜高不宜低。销售人员应当报出一个可能的最高价。报价要高有几方面原因。首先，报价是卖方为要价所确定的最高限度，一经确定就不能再提出更高的要价了，顾客即使再想买也不会接受更高价格了。其次，报价又表示了卖方对商品价值的评价，会对顾客关于商品的印象产生一定影响。此外，报价高一些就为以后价格磋商中的让步留有余地，便于掌握主动权，否则就会陷入被动的局面。最后，实践表明，报价往往对实际成交价格会产生实质性的影响。销售人员报价越高，表明他的目标也越高，可能带来的成交价格也越高。即使是销售人员的报价高得出乎顾客的意料，只要保证洽谈不至于破裂，往往也会有理想的结果。

报价高是销售人员经常采用的一种策略。实际上，顾客从维护本身利益出发一般会还出可能的最低价。双方最终的成交价是讨价还价和双方折中的结果，也是买卖双方心理较量的结果。销售人员一开始就报出高价能够削弱顾客的信心，同时可以乘机摸清对方态度和立场。当然，报价高也必须是合乎情理的。漫天要价、信口开河和随心所欲的报价方式会使顾客感到缺乏诚意，是一种冒犯顾客的行为。如果顾客据理质问，就会无言以对，陷入被动的局面，既失去信誉，也会失去整个交易的机会。

为了报出一个可能的最高价，同时又不至于冒犯顾客，销售人员在报价前就必须对顾客进行仔细研究，了解顾客的需求和态度，研究交易方式和购买意向，并根据不同的情况区别对待。

与报价高的策略相配合的是让价要慢。在讨价还价的过程中，卖方不要过早地做出让步。让价必须是有条不紊的、小步的，每一次只做少量的让步。一次就做大幅度的让步会使对方觉得价格中还有很多水分，对讨价还价产生不切实际的期望。销售人员每做出一次让步都应当争取获得某种回报。这样既能为自己争取一定的利益，也能打消顾客对讨价还价的幻想，促使他们接受销售人员的报价。

（3）要用分割策略来决定自己的出价。为了使自己的出价处于比较有利的地位，保证在随后的折中让步后仍然能按自己的目标价格成交，销售人员在出价时需要采取分割策略。分割策略就是使自己最初出价与最终目标成交价之间的差价与对方的出价与自己目标成交价之间的差价保持相等。

例如，如果卖方心中最终目标成交价是 3 500 元，估计买方出价最可能是 2 800元，则由于对方出价与卖方心中最终目标成交价之间差价是 700 元，因此，应使自己最初出价与最终目标成交价之间的差价也保持为 700 元。所以，销售人员最初的出价应当是 4 200 元（3 500+700）。只有这样，经过买卖双方对等的让步，最有可能以卖方最初心目中的目标成交价 3 500 元成交。

对于买方来说，也完全可以同样地进行分割。如果买方心中最终目标成交价是 500 元，估计卖方最可能出价是 700 元，进行分割后，买方最合理的出价应当是 300 元。这样经过双方几轮对等的让步，最有可能以买方最初心目中的目标成交价 500 元成交。

对于销售人员来说，为防止买家事先进行分割，如有可能最好先让买家出价。当然，如果买方坚持要让卖方出价，销售人员就必须对买方的出价有一个基本的估计，以便掌握出价中的主动。

2. 消除价格差距的策略和办法

顾客按合理的价格购买一件高质量的东西，可以使用相对较长的一段时间，而不需要支付任何附加的修理费，这种产品的价值就高。如果购买了一件廉价而质量低劣的产品，在整个使用期内不得不多次支付修理费用。从整个使用期内所花的费用看，以略微高一点的价格购买一件高价值的东西总是比以低价购买质量低劣的产品要合算得多。但是，站在顾客的角度又会把价格看做购买决策的最重要依据，他们会根据自己对产品价值的理解提出还价，与销售人员的报价形成价格差距。随着洽谈的深入，能否成交的关键往往就变成销售人员能否成功地消除双方认识上的价格差距。如果能成功地消除价格差距，或者使顾客认为两者之间的价格差距并不大，顾客就会签约成交；否则，即使实际上的价格差距并不大，也仍然会成为阻拦成交的鸿沟。

对于销售人员来说，成功地消除双方价格差距的有效办法就是计算"费用"，用费用来代替价格，淡化顾客对价格的敏感性。其实，价格与费用确实是不同的概念。对顾客来说，价格仅仅是购买产品时一次性支付的金额，并不是顾客购买产品实际所花费的全部。顾客购买某种产品实际所花费的并不仅仅是价格，而应当是费用。费用是指产品整个使用期内的花费，它与使用期的长短密切相关。有经验的销售人员在洽谈价格时会通过计算费用，比较说明不同购买方案的价格与费用之间的关系，可以成功地消除双方的价格差距，促成交易。

通过计算费用，来消除价格差距的办法主要有如下几种：

（1）费用—产出比较法。在比较不同的购买方案时，把购买高价值产品所需要支付的附加费用与相应的产出值作比较往往得出支持购买高价值产品的方案。假如某种精密机床的销售人员与顾客之间经过洽谈还存在 2 万元的价格差距，销售人员就可以利用费用—产出比较法来消除顾客心目中的价格差距。销售人员可以这样讲："哦，我们之间 2 万元的价格差距其实很小，你是完全可以接受的。我们这种机床的寿命至少 10 年，每年以工作 250 天，每天工作两班计算，买我们的机床每个班的费用只增加了 4 元。但是，我们的机床每个班的产值比其他机床产品至少提高 50%，这就意味着收入起码增加每班 1 000 元。显然，购买我们的机床更合算。"

（2）成本—时间细分法。对于那些需要支付一定的维修费用的产品，把一次性支付的价格与维修费用加在一起，按产品使用期分摊往往有利于购买高价值产品的方案。例如，购买一辆普通自行车，售价是 360 元，平均寿命只有 4 年，平均每年还需要支付修理费 45 元，则每年平均所花的费用就是 135 元。购买一辆名牌自行车，售价是 500 元，可用 5 年，平均每年的修理费不会超过 15 元，则每年平均所花的费用就是 115 元，远远低于购买普通自行车每年所花的费用。

（3）价格—消耗比较法。这种方法就是把产品的一次性销售价与产品使用过程中所需要的其他消耗费用综合起来进行比较分析。例如，在推销主机时如果遇到无法克服的价格差距就可以把主机价格与其他易损配件的消耗费用综合起来进行核算比较。如果销售人员推荐的 A 型主机价格是 35 500 元，而顾客提出另一家公司的 B 型主机价格只有 35 000 元时，对于两者之间的 500 元差距，销售人员也许可以说，A 型主机只要每半年更换一次配件，费用是 150 元，B 型主机需要每季度更换一次配件，费用是 100 元。可见，A 型机每年在配件上的花费要少 100 元。这两种主机的寿命都是 10 年，从整个使用期的总费用来核算，购买 A 型机反而节省了 500 元。

（4）售价—残值比较法。对于多数耐用品而言，产品在使用几年以后都有残值。优质名牌产品售价高，一般的残值也高；劣质产品售价低，几乎没有什么残值。顾客实际所花的费用不是售价，而是售价减去残值。销售人员向顾客推荐 A 品牌的轿车，售价为 15 万元。顾客确实也喜欢这种车，但他提出 B 品牌轿车只卖 13 万元，所以嫌 A 品牌轿车太贵。实际上，在同样使用 6 年后，A 品牌轿车和 B 品牌轿车的残值一般分别为 6 万元与 3 万元。所以，销售人员可以告诉顾客撇开其他因素不说，同样使用 6 年轿车，A 品牌的费用仅为 9 万元，而 B 品牌的费用要 10 万元。

推销实践 8-2　　　　　逆向思维达成的交易

一天，一个犹太人走进一家银行，来到贷款部，很自然地坐了下来。

"请问先生，我能为你做些什么？"贷款部经理边说，边打量着来人：只见他身着豪华西服，脚穿高级皮鞋，手戴昂贵手表。"我想在这儿借些钱，不知怎样？"来人问道。

"可以，你需要借多少钱，要借多久？""1 美元，借一年。""只要 1 美元？""对，只借 1 美元，可以吗？""当然，只要你有担保，多点也可以。""好吧，这些担保可以吗？"犹太人说着，从豪华的皮包里取出一叠股票、债券等，放在经理的办公桌上。"这些总共是 50 万美元，应该够了吧？""当然！不过，你当真只借 1 美元吗？""是。"说着，犹太人接过了钱。"年息为 6%。1 年后，只要您付出 6% 的利息，我们就可以把抵押物还给你。""谢谢。"犹太人正准备离开银行。此时，一直在旁边观看的分行行长追上去对犹太人说："啊，这位先生……""你还有什么事情吗？""我实在不明白，你拥有 50 万美元，为何只借 1 美元？你完全可以借更多一些，我们都会很乐意的……""只是我来贵行之前，问过几家金库，他们保险柜的租金都很昂贵。所以嘛，我就打算在贵行存这些债券，这样租金就很便宜了，一年只需花 6 美分。"

资料来源　李昆益. 商务谈判技巧［M］. 北京：对外经济贸易大学出版社，2007：43.

8.2.4　洽谈不同阶段实施不同的针对性策略

与其他商务谈判一样，推销洽谈的不同阶段也应当采取不同的策略。推销洽谈开局阶段主要是报价策略，已经在前面讨论过了。下面主要讨论讨价还价和让步阶段的策略，以及洽谈结束阶段的策略。

1. 讨价还价和让步阶段的策略

谈判双方的真正对抗和实力较量实际上是在这个阶段展开的。销售人员在这个阶段的策略主要有：

（1）预防性策略。这包括：

①投石问路策略。这是指当己方不太了解对方的商务习惯或真实意图时，通过巧妙地向对方提出大量的问题，并引导对方尽量做出正面的、全面的回答，然后从中得到一般不易获得的资料，以达到了解更多信息的目的。投石问路策略的具体办法是运用假设性的提问来探测对方，获取更多的对己方有利的信息，因此，这是一种探测对方真实意图和底细的有效途径。

采用投石问路的策略时，提问题应当注意以下几点：首先，提问题要恰当。所提问题应当是对方能够接受并加以回答的。其次，提问题要有针对性。最后，提问题要注意策略。

②沉默寡言策略。这是指在谈判中先不开口或少开口，而让对方尽情表演，以便从中发现其真实的动机和最低的谈判目标，然后，根据对方的动机和目标结合己方的意图，再作出有针对性的回答。这种策略之所以有效，是因为谈判中表露得越多，就越有可能暴露自己的底细，从而越有可能处于被动的地位；同时，沉默寡言也会使对方感受到心理压力，从而削弱对方的力量。

采用沉默寡言策略时，应注意：沉默要有足够的耐心；沉默过程中要全神贯注，细心感受，从对方言行中捕捉任何有效的信息；沉默过程中也要巧用自身的行为语言给对方传递必要的信息。

③声东击西策略。谈判中的声东击西策略就是一方为了达到某种目的和需要，有意识地将洽谈议题引导到无关紧要的问题上，从而给对方造成一种错觉，使其做出错误的或不合理的判断。商务谈判中，声东击西的策略具有如下的作用：迷惑对方，隐蔽己方真实意图；诱使对方纠缠在无关紧要的问题上，以便自己掌握对重要问题的谈判主动权；通过引入更多的竞争者，改变谈判力量的对比状况。

④欲擒故纵策略。欲擒故纵策略就是对于志在必得的交易谈判，故意通过各种手段让对方感到己方满不在乎的态度，从而压制对方开价的胃口，确保己方在预想条件下成交的做法。

采取这种策略时要注意：欲擒故纵的立足点是"擒"，采取"故纵"的态度时就是要积极主动地激发对方的成交欲望。在初期的冷漠态度中也要有意给对方一个机会，要注意言谈与分寸。

（2）进攻性策略。这包括：

①针锋相对策略。这是指针对谈判对手的论点和论据，逐一予以驳斥，进而坚持己方立场的毫不退让的做法。不管对方说什么，采取这种策略的一方就会驳什么，并提出新意见。使用这种策略时应注意：驳斥对方时，要有针对性，不能"走火"和跑偏，否则就会很被动。此外，驳斥是否有力完全在于是否有理，而不在于声色俱厉。

②以退为进策略。这是指以退让的姿态作为进取阶梯的一种谈判策略。"退"是一种表面现象，"进"才是其本质。推销洽谈中，下列情况特别适合于使用以退为进的策略：通过满足对方要求，为己方留下讨价还价的余地；通过缓慢的让步来争取对方做出己方所需的让步；先通过肯定或称赞对方产品、服务或公司，表达出良好意愿和友好态度，再强调客观原因，申述拒绝对方的理由。

③不开先例策略。这是指在谈判过程中处于优势的一方，为了坚持和实现提出的交易条件，而采取对己方有利的先例来约束对方，从而使对方就范，接受己方交易条件的一种策略方法。这是处于优势地位的卖方为强化自己的谈判地位和立场，而采取的最简单有效的方法。使用不开先例的策略能否成功，在很大程度上取决于强势一方所提供先例的力量。先例的力量主要来源于先例的类比性、习惯心理和对方对先例的无知。

④价格陷阱策略。这是指卖方利用传递商品价格上涨的信息和人们对涨价持有的不安情绪，预设圈套，诱使对方把注意力集中在价格上，而忽略其他条款的一种策略。

为了提高使用价格陷阱成功的可能性，谈判中可以把这种策略与规定时限的策略结合起来运用。规定时限策略就是买方或卖方向对方提出达成协议的时间期限，超过了这一期限，提出一方将退出谈判，以此给对方施加压力，促使其无可拖延地做出决定，从而尽快解决问题。

（3）综合性策略。除了预防性和进攻性策略外，讨价还价过程中还可以采用以下一些综合性的策略。

①软硬兼施策略。这是指在谈判过程中对原则性问题毫不退让，对细节问题适当让步的一种策略。采取软硬兼施策略的一方，面对咄咄逼人的对手，在坚持原则的条件下会做一些顺水推舟的让步；等到对方锐气减退时，再发动反攻，力争反败为胜。

软硬兼施的策略又称做"红白脸"策略。扮演白脸的人，表面凶狠，立场强硬，但又出言在理。扮演红脸的人则善于把握火候，让白脸好下台，并及时迫使对方表态退让。

②权力有限策略。这是指谈判者为了达到降低对方要价条件、迫使对方让步或修改承诺条文的目的，采取转移矛盾的方法，假借上司或委托人等第三者之名，故意将谈判工作搁浅，让对方无休止地等待，再趁机反攻的一种策略。

③货比三家策略。这是指在谈判某笔交易时，买卖双方中的一方同时与几个供应商或采购商进行谈判，以选出其中最优的一家成交的做法。具体来说，就是邀请同类产品的卖方或需要同类产品的买方，同时展开几个谈判，比较各方的成交条件，择优者签约成交。货比三家策略能够确保己方在谈判中处于有利的地位。

2. 谈判结束阶段的策略

（1）最后通牒策略。这是指当谈判双方因某些问题纠缠不休时，处于优势地位的一方会向对方提出最后的交易条件，要么对方接受己方的交易条件，否则己方就退出谈判，以此迫使对方让步的谈判策略。最后通牒策略在打破对方对于未来的奢望和幻想方面是极其有效的，但实际上也把对方逼到了毫无选择余地的境地，容易引起对方的敌意。所以，结果既可能促使谈判成功，也可能造成谈判中断。因此，使用最后通牒策略一定要慎重。

（2）先斩后奏策略。这是指商务谈判中处于实力较弱的一方通过巧妙的办法实现"先成交，后谈判"，从而迫使对方让步的策略或技巧。在做法上是，让对方先付出代价，并以这些代价作为"人质"，扭转自己在谈判中的被动局面，让对方衡量中止成交所受损失的程度和成交所付出的代价，从而被动接受既成交易的事实。在商务洽谈中，买卖双方都可能采用先斩后奏策略达到自己的目标。

8.3 推销洽谈技巧

8.3.1 营造和谐的洽谈气氛

1. 创造融洽的洽谈气氛是必要的

推销洽谈中最困难的就是在一开始就如何取得顾客的信任，让顾客消除排斥心理，愿意与销售人员继续交谈下去。早期的销售人员会靠一个笑话来改善关系，但这种时代已经过去了。谈论天气也仅仅只是一种避免尴尬的应急办法，并不能解决实质性的问题。只有创造一种融洽的洽谈气氛才是保证访谈顺利开始的关键。为创造融洽的洽谈气氛，销售人员需要掌握如下一些要点：

（1）要懂得推销是说服而不是说理过程。要创造融洽的洽谈气氛，关键是销售人员要认识到推销是一个说服过程而不是说理过程。即使销售人员证明自己的看法都是正确的，顾客的观点都是错误的，顾客也可能仍然拒绝购买建议。可见，推销洽谈只能是对顾客的说服过程，也就是一种思想交流过程，是一种传递个人感受的过程。如果销售人员能用自己对于所推销产品的认识、体会和感受的心情来感染顾客，取得顾客的认同，就可能实现推销的目的。由此可见，推销访谈中的气氛是相当重要的，它会关系到交易的成败。

但许多年轻的销售人员往往认为推销就是要以理服人,就是要纠正顾客的错误观点,从而把推销看成了说理过程,既然是说理往往就会涉及谁是谁非的问题。为证明自己的正确,某些缺乏训练的销售人员就会一再坚持己见,结果就容易引起争论。争论又往往发展成争吵。其实,销售人员是不能依靠争论来赢得顾客的。在争论或争吵中,销售人员即使能够击败对方,顾客大多也没有兴趣购买你的产品了,因此,也同样失去了成交的机会。由此可见,在推销访谈中,只要出现争吵,销售人员就注定是失败者。

(2)要分析原因避免争论。销售人员应当分析引起争论的原因究竟是什么,并有效地防止争论的发生。引起争论的原因主要有两种。一是由于销售人员对自己的产品做了言过其实的宣传和夸张,引起顾客的不满和反对。二是销售人员试图在访谈中教育顾客,纠正顾客的某些偏见、嗜好和看法。

针对第一种情形,销售人员在访谈中不应自以为是、夸夸其谈,如果采取提问的方式,不断征求顾客的意见和看法,就可以避免激怒顾客,引导顾客心平气和地考虑推销建议。对于第二种情形,销售人员应当认识到在推销中教育顾客,纠正顾客的某些偏见、嗜好和看法是完全不必要的,也是不可能的。偏见和先入之见是不容易对付的,你就是设法证明了他是完全错误的,也可能无济于事。在不影响推销的前提下,要尽可能避免讨论顾客带有偏见的问题,只讨论那些不带偏见的问题。即使在某些看来似乎必要的情况下,销售人员也不要企图在推销中教育顾客。

当然,也有确实必须改变顾客的某些看法的时候,但即使是在这种情况下,销售人员也必须使顾客自己意识到改变看法的必要性,然后,通过间接的方式,而不应该直接纠正顾客的看法。聪明的销售人员会使顾客觉得是他自己在改变自己的看法,而不是别人在强迫他改变看法。

2. 营造融洽谈判气氛的策略要点

(1)注重仪表,讲究礼节。销售人员的仪表对于他在顾客心目中的第一印象具有重要影响。整洁美观的仪表会使顾客产生好感,就容易取得顾客的认同。谈判也更可能有良好的开端。销售人员必须懂得人际交往的基本礼节,遵时守约,既要显得彬彬有礼,又要表现得落落大方,言谈举止都应当做到不卑不亢,给人以一种可敬、可亲又可信的印象。这样就能迅速拉近与对方之间的距离,就容易营造出一种融洽的气氛。

(2)寻求共同点并关心顾客需要。推销洽谈中双方的共同点越多,洽谈气氛就会越轻松和谐。因此,销售人员在整个洽谈过程中都要努力寻找和发现双方之间的共同点。共同点可以是与所推销的产品有关的,也可以与所推销的产品无关。例如,洽谈双方具有共同的经历、共同的爱好,或者甚至认识同一个人,都有助于调节和营造融洽的洽谈气氛。

建立和谐气氛的一种最好办法是关心顾客所面临的问题、困难、需要和期望，并真诚地帮助顾客探讨解决问题的办法。

（3）避免争论的策略。为了避免引起争论，首先，在洽谈开始时要解决最容易达成一致的问题，避免讨论那些意见有分歧的问题。即使对于双方明确表示有分歧的问题，也要尽可能多地强调双方的一致看法。这样，访谈的双方才会有共同的话题。其次，对于双方意见上的分歧，要尽量缩小差距。访谈中，你越是同意顾客的看法，顾客对你的态度也会越友好，对你的印象也就越深，访谈的气氛就会越融洽，对销售人员越有利。因此，访谈中要尽量让顾客意识到你也同意他的看法，理解他所提出的观点，这样顾客也就比较愿意接受你的建议了。

在洽谈访问中，即使遇到不友好的顾客时，销售人员也要努力保持镇静，缓和访谈的气氛，争取重新创造一个友好、融洽的气氛，而不是简单的争吵或顶撞。

有时，由于洽谈双方都坚持自己的立场，相持不下，洽谈可能会出现僵局。此时，为了打破僵局，缓和洽谈的气氛，适当改变洽谈的内容，甚至暂时中止洽谈往往是必要的，但即使如此也不应该争论。

8.3.2　推销洽谈的语言表达技巧

推销洽谈需要良好的沟通技巧，以便融洽双方之间关系，促进洽谈顺利进行。销售人员应当掌握以下的语言表达技巧：

1. 运用语言要准确

洽谈最后是要协商出一个双方一致接受的协议，明确双方各自的责任、权利和义务的，因此，沟通中要避免使用模棱两可或概念模糊的语言。只有使用准确的语言才能避免出现误会和不必要的纠纷。要做到运用语言准确，特别要注意以下几个方面：

（1）针对性要强。洽谈中，双方运用语言的目的都是表达自己的愿望和要求，有的放矢才能达到自己的目的。针对不同的洽谈内容、洽谈场合和洽谈对手，有针对性地选择使用的语言，化解矛盾，达成一致。

（2）表达方式要婉转。洽谈中应当尽量使用委婉的语言，这样易于被对方所接受。即使在不得不否决对方要求时，采用委婉的语言也可以既不损害对方面子，又促使对方心平气和地考虑我方的意见。采用委婉的方式甚至有可能把自己的意见伪装成对方的见解，借以提高说服力，这往往是谈判高手们取得洽谈成功的有效手段。

（3）要灵活善于应变。洽谈形势瞬息万变，任何一方都可能遇到意想不到的尴尬事情。销售人员只有掌握灵活应变的语言技巧，才能化险为夷，巧妙地摆脱困境，继续把握洽谈的主动权。

2. 不伤害对方面子与自尊

谈判中，维护面子和自尊对于双方都是极其敏感又重要的问题。如果一方感到面子或自尊受到了伤害，就会全力防卫、反击，表现出敌意，使得洽谈变得十分困难。对一方的面子和自尊的伤害，多半是由于另一方的语言不慎所造成的。所以，谈判各方对于运用的语言必须进行认真的推敲。

3. 避免使用不当的言词

谈判中，无论出现怎样的情况都应当尽量不用或少用下列言词：

（1）极端性言语，如"肯定如此"、"绝对是这样"等。

（2）针锋相对的言语，如"一分都不能少"、"不用讲了，就这样定了"等。

（3）涉及对方隐私的言语，如"为什么不同意，是不是上司没点头?"等。

（4）催促对方的言语，如"快点决定"、"马上答复"等。

（5）赌气的言语，如"上次已经给你们占便宜了，这次偏不给你们占"等。

（6）威胁性言语，如"你要考虑这样做的后果"、"你这样做是不给自己留后路"等。

4. 注意说话方式

谈判中说话方式总体上讲应当态度诚恳、观点鲜明、语言生动流畅，且层次清晰。此外，也要注意说话过程中的一些细节，重视运用停顿、重复和强调等手段来增强说话的效果。

推销实践8-3　　奔驰公司销售顾问给张靓颖的直邮信件

几年前，媒体上广泛流传奔驰公司销售顾问给张靓颖的直邮信件。全文如下：

张靓颖同学：

本来不想给你写这封信的，你会收到那么多对你表示敬仰、崇拜的信件。这封信则完全不同。而且，在所有获奖的"超级女生"中，我们也仅仅写给你。

从信封你应该可以了解，这是一封来自奔驰公司的信函。我在中国销售奔驰车已经有九年了，社会上各种成功人士、富翁、精英、学者和名人都是我尊贵的客户。我已经逐渐掌握了一个只有我掌握的技术，那就是只要见过这个人，我就知道他会喜欢什么类型的车。

毕竟，奔驰车的型号有S级、E级、C级，还有如CLK、SLK、CLS、SL、ML等多种款式和型号。不同的人有着不同的向往。虽然驾驶一辆奔驰将最终标志着这些人的成就和地位，但是具体什么型号还真要讲究内在的道理。比如，张靓颖同学，对你来说，你最适合的车型就应该是E级的。或者说，E级的典雅和品位更加适合你这样的与所有超女不同的人。因此，我宁可破例即使你不购买奔驰车，也会将一款精致典雅的E级车模赠送给你。

所有赠送给尊贵客户的车模上都有客户亲笔签名。我们会采用特殊的技术将你的签名浮雕在车模上，而且车模上的车牌号码可以由你自己指定。所以需要你提供签名、你偏好的车模颜色以及你喜欢的幸运车牌号码。

我的联系地址是：××××××。

你一定很忙，也许没有时间回复，不要紧。让你的经纪人、朋友、家人与我联系。方便的话给我电话也可以。我的联系电话是：××××××。

奔驰车行贵宾专员　王成荣

资料来源　孙路弘. 一石三鸟"书"可以这样"用"[J]. 销售与市场，2006 (6)：87−88.

8.3.3　推销洽谈的提问技巧

推销是一种双向的沟通过程。即使是最巧妙的游说，如果顾客始终不开口也就不可能实现成交。销售人员如果进行一言堂式的推销，在顾客看来，他所极力强调的优点和好处，对于自己来说可能并不重要。顾客有自己的困难和问题需要解决，而且，顾客在销售人员面前往往不愿说话，谈论这些问题，因为他们多并不相信销售人员有能力解决这些困难和问题。为此，销售人员需要鼓励顾客谈论他自己的想法，了解他们的看法、要求和希望，只有这样才能进行有针对性的说服工作。曾经有个成功的销售人员说过："任何人，不管他有多固执，只要他能开口说话，谈论他自己或他的公司，我就能把他争取过来，使他成为我的顾客。"由此可见，鼓励对方说话在推销过程中是非常重要的。鼓励对方说话的最简便的方法就是提问，所以，推销洽谈中，问甚至比说还更重要。

提问是商务谈判中获取信息的重要手段，通过提问可以发现对方的需求，了解对方心理状况，以便做出有针对性的回应。不过，提问要达到预定的目标，首先要注意提问的内容要正确合理。要问哪些正确的有价值的问题。其次要注意提问的方式和技巧。如果提问方式不当，就可能破坏谈判的气氛，甚至使谈判陷入僵局。洽谈中要避免盘问式和审问式的提问，也不应使用带有威胁或讽刺言语的问句。要知道即使提问的目的和内容完全相同，但如果提问技巧不同，结果就可能会相反。相传有一位教徒问神父："我可以在祈祷时抽烟吗？"他的请求遭到了神父的严厉斥责。而另一位教徒又去问神父："我可以在祈祷时抽烟吗？"后一位教徒的请求却得到了允许，悠闲地抽起了烟。两个教徒发问的目的和内容完全相同，只是提问的技巧有所不同，结果却完全相反。由此可见提问技巧的重要性。最后要达到提问的目的还要把握好提问的时机，要避免随心所欲地随意的提问。具体地说，推销洽谈中的提问必须注意下列一些问题。

1. 不能提问的问题

下面是洽谈中一般地不应当问的一些问题：

（1）带有敌意的问题；

（2）指责对方品质和信誉方面的问题；

（3）有关对方个人生活和工作方法的问题；

（4）为表现自己而故意提出的问题。

2. 正确提问的要点

（1）事先应准备好所提的问题，并等待合适的时机提出。所提的问题最好是对方不能迅速想出适当答案的问题，这样对方就有可能在回答问题时暴露其真实思想，达到提问的目的。等待适当的时机提问往往也能使对方措手不及，从而收到出其不意的效果。

（2）不要急于提问。对方发言时，如果我们脑子中闪过疑问，千万不能因急于提问而停止倾听对方的谈话，应先把问题记录下来等对方讲完，在合适时机再提出。打断对方说话的提问不但影响倾听对方的下文，还会暴露自己的意图，造成被动。

（3）要避免提出那些可能会阻碍对方让步的问题。例如，不考虑对方退路或不给对方退路的提问就可能会阻碍对方的让步。

（4）对于对方不够完整的回答，甚至避而不答，也不应强迫追问，要有耐心和毅力等待合适时机再继续问。这样做既表示对对方的尊重，实际效果也会更好。

（5）在适当时候，可以提一个已经发生，且我方知道答案的问题，验证对方的诚实程度及其处理问题的态度。这样做既表明我们掌握足够的信息，也有利于自己作出决策。

（6）提出问题后应保持沉默，专心致志地等待对方作出回答。谈判中，提问后闭口不言，对方就必须以回答来打破沉默；如果对方也沉默不语，则无形中给对方造成了一种压力，我方掌握了主动权。

（7）提问态度要热情诚恳。提问时态度不能生硬，否则对方会不愿回答，或草草应付，就不能达到提问的目的。对于对方不感兴趣或不愿展开回答的问题，我们可以转换角度，再以诚恳的态度来提问。这样做既能激发对方兴趣，促使对方乐于回答，也有利于谈判双方感情上的沟通和谈判的顺利进行。

（8）提问的句式应尽量简短。谈判中提问句式越短越好，而由提问所引出的回答则越长越好。如果提问的话比对方回答的话还长，则提问方就将处于被动地位，提问就是失败的。

8.3.4　推销洽谈的倾听技巧

推销洽谈要达到预期的目的，要求销售人员会说、会问、更会听。善于倾听应当是销售人员的一种必要的能力。创造性推销的关键是要找出顾客需要解决的问题，要找到它就必须倾听顾客的声音。推销中的会说、会问、会听可以简单地解释成为一说、二问、三听。它有两层不同的含义。第一层含义是把其中的一、二、三理解为序数字。推销中首先要会说，但说了以后，赶紧要问，再接着就是要听，只有"说、问、听"之间协调配合才能取得良好的推销效果。第二层含义是推销中说一句，就应该问两句，接着要耐心地至少听对方的三句。由此可见，倾听在推销中的重要性。

不过，要具有善于倾听的能力并不容易。很多人根本就不知道怎样才算会听。认为听到了，听清了就算善于倾听了。良好的倾听不仅要求从对方谈话中了解他所表达的真实的意思，而且，还要使对方有一种被尊重的感觉，从而增进友谊、密切双方之间的关系。真正善于倾听的人应当能够深入地理解对方所表达的意思，还应当能听出对方表面上的言辞之外的真实意思，有时甚至还需要听出对方的言外之意。这种倾听能力的培养需要知识、实践和经验的积累。

但是，一般人在沟通过程中都可能存在倾听的障碍。更何况推销洽谈中由于所涉及内容、地点和对象的不确定性和多变性，更容易造成双方倾听的困难性。所以，为促进推销洽谈的顺利发展，销售人员既需要采取积极倾听的态度，也需要在实践中不断培养善于倾听的能力。要做到积极的倾听，销售人员需要掌握如下一些倾听要点：

1. 要心胸开阔，抛弃先入为主的观念

只有这样，才能正确完整地理解对方讲话所传递的信息，准确把握讲话者的重点，才能客观地看待对方的反对意见；否则，就可能出现"选择性倾听"。倾听者只听自己想听的，或者按自己的方式去解释所听到的东西，从而曲解说话者的本意。

2. 要专心致志，全神贯注

洽谈初期，双方精力充沛，容易集中注意力。随着洽谈的深入，洽谈双方精力会逐渐消耗，倾听中比较容易走神。在洽谈接近达成协议时，洽谈双方会受成交的刺激而出现兴奋，再一次表现出精力充沛，容易专心致志。如果洽谈持续时间较长，洽谈过程的多数时间中任何一方在倾听中都可能出现心不在焉和"开小差"情况。倾听者只有高度集中注意力，才能避免"漏听"或"误听"。

3. 要学会约束自己，控制自己的言行

如不能有效地约束自己，倾听者在倾听过程中就很容易产生插话的冲动，打断对方讲话。插话，不管是赞扬、批驳还是表现自己，都会影响自己的倾听，也会影响对方对自己的印象。

4. 要有鉴别地倾听

洽谈的特殊性，仅仅要求双方专心倾听是不够的。为了把握洽谈的主动权，销售人员还需要有鉴别地倾听对方讲话的能力。销售人员要在用心倾听的基础上，鉴别对方所传递信息的真伪，去粗取精、去伪存真，抓住对方讲话的要点，识别对方的真正目的和动机，收到良好的倾听效果。

8.3.5 推销洽谈的回答技巧

商务谈判中的合理回答有其自身的特点，一般不应以正确与否来评价，而以是否适合于需要作为衡量标准。谈判中回答的要诀应该是：基于谈判的需要，准确把握该说什么，不该说什么，以及应该怎样说。因此，回答问题时应注意下列要点：

1. 回答之前，要给自己留有思考的时间

谈判不同于日常生活与工作，并不是回答问题越快越好，相反，急于回答还可能是不"专业"的体现。有经验的谈判者会在对方提出问题之后，调整一下自己的坐姿，或整理一下桌上的资料文件，或翻一翻笔记本等动作来延缓时间，等考虑好对方的问题后再回答。

2. 要把握好对方提问的目的和动机，再决定怎样回答

谈判者提问的目的和动机往往是多种多样的。没有搞清楚对方目的和动机，照常规方式做出的回答，只有算是低层次的应付，不可能是具有针对性的高水准回答。只有准确地把握对方的提问目的和动机，才能给出精妙绝伦的回答，获得谈判的主动权。

3. 谈判中并不需要彻底回答问题

在对方所提出的问题中，对于我方认为应让对方了解或需要表明我方态度的问题，是需要认真回答的，但对于可能会有损于己方形象、泄密或一些无聊的问题，实际上并不需要回答，完全可以不予理睬。

4. 对不愿回答的问题可以顾左右而言他

对于不愿回答或者很难正面回答，但又无法拒绝回答的问题，可以采取顾左右而言他的，避正答偏的方法来回答。在回答问题时，故意避开问题的实质，将话题引向歧路，巧妙地应付对方的提问。对于某些不得不回答的问题，甚至也可以采用答非所问的方法，避开对方的话锋，给自己解围。

5. 对不知道的问题不要回答

对于某些陌生难解的问题，谈判者切不可为了维护面子而强作答复。这样做不仅可能损害自己利益，对自己面子也丝毫无补。对确实不懂的问题，谈判者应坦率地告诉对方不能回答或暂不回答，以免付出不必要的代价。

主要概念

推销洽谈导向　　　消除价格差距的办法　　　费用—产出比较法　　　成本—时

间细分法　　价格—消耗比较法　　售价—残值比较法　　投石问路策略　　沉默寡言策略　　声东击西策略　　欲擒故纵策略　　针锋相对策略　　以退为进策略　　不开先例策略　　价格陷阱策略　　软硬兼施策略　　权力有限策略　　货比三家策略　　最后通牒策略　　先斩后奏策略

基本训练

@ 知识题

1. 销售人员在推销洽谈中为什么必须坚持双赢导向？如果坚持自己赢、对方输的导向，会得到什么样的结果？

2. 推销洽谈有哪些特点？这些特点对洽谈策略有何影响？

3. 为什么销售人员必须避免对于价格敏感性？避免价格敏感性的最主要策略是什么？

4. 什么是产品的使用价值？选择自己所熟悉的某一种商品，举例说明这种商品对于不同顾客可能具有的不同使用价值。

5. 销售人员在初始出价时要注意哪些问题？

6. 销售人员在洽谈中消除与对方价格差距的策略和办法有哪些？

7. 为什么说推销是说服而不是说理过程？为什么洽谈中要避免争论？谈谈你的认识和体会。

@ 技能题

1. 学完本章内容以后，重新浏览本章开头的引例，说明该电器公司在当地的销售代表在推销中遇到了什么样的障碍？总经理韦伯先生是如何克服这个障碍的？你认为这个案例对于其他想要克服推销障碍的销售人员来说，有何启发？

2. 如何写好给陌生客户的推销信件应该是大客户销售中一种非常重要，值得每个销售人员锤炼的技能。再次阅读"推销实践8-3：奔驰公司销售顾问给张靓颖的直邮信件"的资料，体会和分析作者在信件中是如何体现了推销信函的要求的？

3. 每位同学写一封向市长（校长、区长、县长、镇长）推销某一产品或服务（电脑、手机、数码相机、绿色食品、旅游景点、电信套餐）的推销信函或电子邮件。以小组或班级为单位交流，并评出优胜者。最后，每一个同学再参照获得优胜的推销信函或电子邮件的思路修改自己的信函或电子邮件。

第9章 洽谈的深入：推销演示和异议处理

学习目标

知识目标： 深刻理解推销演示的重要性、作用、要点和策略；深刻理解顾客异议的类型、原因和应对处理办法。

技能目标： 掌握推销演示的策略和方法；掌握应对和处理顾客异议的方法和技巧。

引 例

一位国际知名的工业媒体杂志的销售员对他的客户做了慷慨激昂的推销陈述后，总结说："……在平面媒体投广告是企业在行业保持活跃度的重要方式。况且我们杂志相对于其他工业杂志优势很多……我们杂志的读者很多都是您的潜在客户。如您在我们杂志刊登广告，您的品牌在客户中影响力将大增。您不如就签一年的单子试试看吧？"

"嗯……你们杂志确实不错。你让我再考虑考虑。"客户谨慎地回复道。

"您就别考虑那么多了。我们下个月的期刊马上就要截稿了。您如果今天能够定下来，我保证您立马上刊！"销售员胸有成竹地回应说。

"我还是得考虑考虑。"客户还有些不放心。

"不如这样，如果您今天能够下单，我再给您申请更优惠的价格。可以在我们所谈的基础上再打九折。但仅限于今天，过了明天，我们经理出差就没人能够审批了。"销售员显出志在必得的架势。

"我还有些不放心，不知你们杂志实际的广告效果到底如何？"客户委婉地拒绝道。

"您就一百个放心吧！如果有什么不妥，您随时可以终止合同，绝无违约费。"销售员趁热打铁，再次努力争取客户签约。

"那……好吧。"客户在销售员的狂轰滥炸之下只好答应。

看来交易似乎圆满地结束了。只不过一个月后，客户违约，违约原因是杂志广告没有效果，因此不再投了。

但事实上，背后的真正原因有那么简单吗？显然不是。其实，在客户说"我需要更多时间考虑"的时候，销售员没有解答客户心中的疑虑。只是一味采取强势推销，使得客户表面上妥协了。所以，此后稍感不妥就会萌生悔意，立马毁约。

从这个案例看来，在客户表示"我需要更多时间考虑"时，销售员应当顺着客户的意愿解答客户心中的疑惑，而不是强势推销迫使对方立即决定。此时，销售人员应当问客户两个问题：一是对于目前我们所讨论的问题，哪些部分对您来说是最有价值的？二是您觉得我们接下来应该做些什么？提出和讨论这两个问题既有利于增加自己对客户需求的了解，也可增加客户对自己的信任。这样做有助于促成销售的最终实现，而不显得过于迫切。

资料来源　Ng C J. 客户说"我需要更多的时间考虑"时怎么办［J］. 销售与市场，2010（2）：59.

9.1　推销演示

9.1.1　推销演示的必要性和作用

1. 推销演示总是必要的

在讨论爱达推销模式时，我们已经强调了演示常常是引起顾客兴趣的必不可少的手段。其实，无论是采用哪一种模式进行推销，也无论是推销哪一种产品，推销演示总是必要的。因此，无论顾客是否已经了解你所推销的产品，或者顾客对演示是否感兴趣，推销过程中都应当坚持做演示。

尽管销售人员直接向顾客介绍产品的具体优点可以让顾客了解从产品中得到利益和好处。但是，如果能用事实来证明所推销的产品确实具有某种特点和优点，就更能引起顾客的购买兴趣。证明产品具有某种特点和优点的最好办法就是演示。熟练地向顾客演示所推销产品的性能和特点能有效地吸引顾客的注意力，促使他们直接对产品产生兴趣。

演示给人以一种视觉刺激，这给顾客的印象要比单独的听觉深刻得多，并且使人更容易理解，感觉更具体。演示过程中，如果让顾客亲眼看一看，亲手摸一摸，亲口尝一尝，常常比其他任何一种方法更有说服力。演示所产生的效果常常是任何语言所不能达到的。即使在推销不能随身携带的产品时，销售人员也要利用模型、样品、照片或图片做示范。如果没有现成的模型、样品或照片，销售人员也可以通过直接在白纸上画草图，来向顾客传递产品的详细信息。用图画的形式向顾客做演示时，只要准备充分和发挥丰富的想象力，几乎对于各种不同产品都能给顾客留下一个深刻的印象，因此，对于推销也是很有用的。

总之，在推销过程中，只要演示能使顾客加深对于产品的了解，认识到所推销产品能带来的利益和好处，演示就总是必要的。推销中尽量要坚持作演示或示范。

2. 推销演示的作用

无论是顾客还是销售人员都将从推销演示中得益。对于顾客来说，演示能使他们对产品或服务做出更客观、合理而有效的评价。对于销售人员来说，演示则使他们更方便地表现或证实产品的功能和效用，达到说服顾客的目的。归结起来，推销演示具有下列一些作用：

（1）能提高信息传递的效果。推销洽谈中，仅仅口头语言的沟通具有局限性。口头沟通的效果取决于对方在沟通中所保留下来的信息。销售人员仅与顾客进行口头沟通时，顾客能够保留下来的信息是非常少的，顾客的印象不深是影响推销效果的重要原因。口头语言配合有效的演示能够大大增加顾客保留的信息，也能缩短传递信息和概念所需要的时间。

（2）能证实顾客的利益。经过精心计划和认真实施的演示能够充分展示出产品所具有的独特优势，利用演示，销售人员就比较容易把产品特性转换成买方利益。利用演示来证实顾客能够从产品中所得到的利益是最有说服力的。有时，一张图表、一封信件在证实顾客利益中的作用是任何长篇大论的陈述所无法比拟的。

（3）为顾客提供了产品体验的机会。有效的演示常常能通过为顾客提供体验的机会，使顾客产生拥有这种产品的欲望。家用轿车的销售人员就常常通过为潜在顾客提供他们想要购买车型的试驾机会，从而激发或坚定潜在顾客购买新车的欲望。许多公司通过为潜在顾客提供试用产品的机会，了解产品的优点，甚至是养成使用产品的习惯，促使顾客购买。

（4）能为销售人员带来多种利益。演示为销售人员提供了除语言陈述以外另一种与顾客沟通的新工具和手段。演示使销售人员不用完全依靠语言技能来说服顾客，能够减少他们的工作压力，并产生轻松的感觉。推销洽谈过程中进行有效的演示还可以增强销售人员的信心。此外，演示也为销售人员提供了更多创新的机会。

9.1.2　推销演示的要点

1. 演示要针对顾客的需求来进行

演示的内容和目的取决于产品和顾客的特点。不同产品的演示重点应当是不同的。演示应当突出顾客所需要的那一方面的产品功能特性。对于某些产品来说，演示主要是要说明其坚固性，证明其良好的安全性能。对于另一些产品，演示的目的是要表明其灵敏和精确性。即使对于同一种产品，由于不同顾客希望从中得到的好处和利益可能是不同的，所以，针对不同的对象，演示的重点也就可能是不同的。例如，有些顾客把手表当做装饰品，主要希望展示其外形设计新颖，造型美观，对于他们就应当着重演示其外表的新颖美观。有的顾客则希望手表坚固耐用，防水防震性能良好，这样就需要把手表置于特定的环境条件下，示范手表所具有的独特性能。因此，在演示以前对顾客的情况做深入的了解，然后，针对顾客的需求来决定演示的内容是必要的。

2. 要在使用中演示，且让顾客参加演示

有些销售人员常常只是让顾客看一下产品的实物就算是向顾客做过演示了。其实，仅仅让顾客看一看是远远不够的，对于许多产品来说，顾客总想亲自试一试。因此，演示中应当向顾客介绍怎样正确有效地使用这种产品，使顾客从中体验到产品的独特功能和特点。只要有可能，就要尽量让顾客自己动手使用一下所推销的产品。这样做，对于激发顾客的兴趣是很有用的。最合理的做法是，销售人员自己先演示，边演示边给顾客做一些必要的解释说明，然后再让顾客自己操作或使用产品。这样顾客所得到的印象会更深刻，演示的效果会更好。

3. 演示要给人以新奇感和趣味性

演示不应当重复老一套的做法，既要学习别人好的演示方法，更要自己多动脑筋，别出心裁，创造出新的演示方式。演示时一定要经过充分准备，配合富有戏剧性的演示动作，就会使顾客产生一种出乎意料的感觉，立即对产品产生兴趣。

例如：油污清洁剂的销售人员通常采用的演示方法是用他们所推销的清洁剂把一块肮脏的布洗干净。一位富有经验的油污清洗剂销售人员则干脆先把穿在自己身上的名牌衬衫的袖子弄脏，然后用自己的清洗剂把它洗干净，不留任何痕迹。这种演示给人的印象特别深刻，所起的效果就大不一样。

汽车轮胎的销售人员为证明车胎的坚固安全，所采用的演示方法也在不断地发展变化。以前，销售人员常常采用铁锤敲打车胎的方法来证明车胎的坚固性。后来，有的销售人员采用使劲在车胎上敲钉子的方法来证明其坚固性。再后来，有的销售人员干脆举枪向车胎射击，再让顾客检查车胎是否完好无损，来证明车胎的安全性能良好。新的演示方法会不断激发顾客更强烈的兴趣。

一位名牌香水的销售人员为了证明他的香水质量高，在说服顾客购买的过程中会突然把香水喷洒在空气中，紧接着把手中的打火机一挥，猛然点着空中的香水，使顾客惊讶不已，兴趣油然而生。

4. 演示要利用联想引起顾客的兴趣

演示过程中销售人员的举止言谈，尤其是动作，会给顾客留下深刻的印象。演示的动作往往具有暗示作用，使人产生一种联想。演示中销售人员的一举一动，在顾客看来都暗示着产品的特点和质量。如果销售人员在演示某种设备、装置或仪器时，动作是小心翼翼和谨小慎微的，就既可能让人对产品产生珍贵和稀有的感觉，也可能让人联想到产品很容易损坏。而干净利落、随意摆放的动作，既可能暗示产品结实可靠，也可能让人产生低档货的印象。在演示中，假如销售

人员的动作笨拙，犹豫不决，顾客一定会认为，要么是这种产品结构过于复杂很难使用，要么是产品还不成熟。由此可见，为了达到预想的效果，销售人员事先需要对演示的动作和细节进行仔细的研究和练习。

5. 要强调演示中得出的正确结论

每次演示都要有明确的目的，要清楚这次演示要证明什么，在演示后要判断演示是否达到了预定的目的，演示的效果取决于潜在顾客对演示结论的信服程度。因此，演示结束后，销售人员应当检查演示对潜在顾客所产生的影响，并再次强调演示所得出的正确结论。

通常，在演示后销售人员可以直截了当地问顾客："现在你是否已经相信这种产品具有我们所介绍的优点了呢？"但有时，顾客的回答可能是否定的，认为演示说明不了问题。那就说明演示实际上是失败的，还需要改进。有时，顾客的态度可能仍然是模糊的或者是怀疑的，说明演示还不够令人信服。此时，销售人员就应当考虑，如果不是自己单独演示，而是让顾客自己亲手做演示是否就能使顾客信服。有时，顾客会因怀疑演示的产品是特制的，质量比日后交货的要好而影响其信服程度。此时，就需要特别说明演示的就是普通产品，必要时，甚至考虑采用用户使用过一段时间的产品进行演示。要是演示得到了顾客肯定的回答，说明顾客对演示结果是信服的，销售人员也应当再次确认演示得出了什么样的结论，并进而激发顾客购买欲望，促使成交。

6. 演示要注意实际效果

做演示一定不要占用太长的时间，也不要过于全面。即使在演示顾客所不熟悉的，结构复杂的产品时，也应当如此。太长的、过于全面的演示会让人感到厌烦，反而影响顾客对产品的兴趣。演示要避免使顾客产生疲倦的感觉。演示只要能向顾客证明一些主要的东西就够了。

要达到理想的演示效果，事先的准备要充分，操作要熟练，绝对要避免因操作失误而对顾客产生消极的影响。所以，尽量要避免临时决定是否做演示。

演示时不应当催促顾客成交。千万不要使顾客认为你演示的目的就是迫使他们做出购买决定，这样就会遭到他们的拒绝。相反，如果在演示后再给顾客提供一个熟悉产品，收集产品信息资料的机会，顾客反而愿意做出购买决定。

9.1.3 正确处理演示中的难题

1. 合理处理演示的中断

演示过程中经常可能受到电话或其他人的干扰，导致演示过程的中断，会分散潜在顾客的注意力，再继续演示会影响效果。所以，此时采取正确的对策是必要的。

首先，确定打断演示的谈话是否涉及潜在顾客的隐私。可以征求潜在顾客的意见是否需要离开房间一会儿，等潜在顾客结束私人谈话后再回来继续演示。

其次，趁等待时重新整理一下继续开始下一步演示的思路。这样，在潜在顾客谈话结束后，销售人员先应当静静地耐心等待，直到重新完全得到潜在顾客的注意。接着，简单重复让潜在顾客感兴趣的卖点。再做一些能提高潜在顾客参与积极性的事，看是否重新引起了他的兴趣。如果重新引起了他的兴趣，就可以继续进行下一步演示了。

2. 是否应当谈论竞争产品

竞争是销售人员无法回避的难题。特别是在推销演示过程中，即使销售人员自己不谈论竞争对手的产品情况，潜在顾客往往也会直接要求销售人员把自己所推销的产品与竞争性产品做一个比较。销售人员对待类似产品的竞争问题，应当注意如下三点：

（1）除非万不得已，否则不要提及竞争对手。一般地说，销售人员在整个演示过程中都不应该主动提及竞争对手产品的名称和型号。因为一旦谈论竞争对手产品的情况，就有可能使顾客对竞争对手和他的产品有更多的了解。这样就可能引起顾客对竞争性产品的兴趣，而影响销售人员的工作进展。如果顾客想要销售人员把自己的产品与竞争产品做一个比较，销售人员最好也是把自己的产品与顾客的需求做一个比较，而不是拿自己的产品与竞争产品直接相比较。

（2）对竞争产品点到为止。尽管销售人员不应该主动讨论竞争产品，但如果潜在顾客提到竞争性产品，则销售人员最好是只对竞争性产品做些简单的承认，点到为止，然后马上回到介绍自己的产品上来。销售人员也不应当说竞争对手的坏话。他们只需要简单提一下："是的，我熟悉那个产品的特点。"这就够了，然后用肯定的方式把潜在顾客的注意力引回到自己的产品上来。如果潜在顾客继续坚持讨论竞争产品，销售人员应该确定顾客对竞争性产品的态度，以便决定下一步证明自己的产品能比竞争产品给顾客带来更多利益的方法。

（3）是否应该做详细比较。在某些情况下，也确实有必要把自己的产品与竞争性产品做一个详细的对比。对工业品而言尤其如此。如果自己的产品具有竞争产品所没有的特性，就一定要提到这些优势，并一定要争取得到顾客肯定的回答。这是迈向销售成功的重要一步。如果自己的产品与竞争性产品确实很相似，就应该强调自己公司的服务和保证，以及销售人员本身对于服务的承诺。

销售人员究竟是否应当与潜在顾客讨论竞争性产品，主要取决于他对潜在顾客的了解和潜在顾客的态度。如果销售人员对潜在顾客了解不够充分，或心中没有把握，最好不要谈论竞争。如果潜在顾客坚持要讨论竞争，那么，销售人员就可以考虑做详细的比较。但销售人员在谈到竞争时，一定要表现出合乎职业规范的态度，也就是在谈到竞争时应当只谈那些自己确切知道的信息，一定要坦率诚实，故意贬低竞争性产品很可能反而会疏远潜在顾客。而以合乎职业规范的客观公正的方法演示竞争性产品之间的优劣，潜在顾客则是能够接受的。

推销实践 9-1 如何设计成功的现场演示

1. 并不是所有商品都适合演示

适合于现场演示的商品应具有如下的特点：

（1）演示效果明显。功能单一、操作简单、功能诉求性强的产品，如榨汁机、按摩棒、吸尘器等现场演示能马上将主要功能展示出来，效果非常明显，演示能让顾客立刻清晰地看到产品的利益点，是适合于演示的，但如果效果不能立等可见的产品就不适宜演示了。

（2）卖点独特。与同类产品相比如果没有更新的功能特点，一般就不应为演示而演示。只有通过演示展示更新、更为独特的卖点，才能激发顾客的购买欲望。

2. 如何演示效果更好？

（1）要突出演示重点。演示要能突出最能吸引顾客的主要优点和利益点，对于顾客并不关心的功能要一带而过。

（2）演示趣味性要强。只有趣味性才能吸引顾客的兴趣，迅速产生购买欲望。如一位销售人员在推销剃刀时，拿桃子开刀。将一只桃子表面毛茸茸的细毛剃干净，又不伤及软软的桃子皮。由于演示带有戏剧性，又十分引人入胜，取得了很好的效果。

（3）创造良好的演示现场气氛。演示的同时如果配上适当的"叫卖"，对于吸引顾客，拢聚人气有良好的促进作用。同时，也可以增强演示人员的销售信心，鼓励士气，但叫卖声必须声音洪亮，用语简单明了。此外，悬挂条幅、吊旗和堆码等辅助销售工具也能渲染现场气氛。

（4）演示要干净利落和规范安全。现场演示活动的组织者必须为演示人员设计整套标准的演示用语和演示动作，将演示活动流程化、程序化。演示人员必须在熟练掌握演示方法后才能上岗。演示时，演示道具要规范整齐，演示台面环境要干净，演示人员的穿着要利索，要让顾客看了舒服，有利于提高品牌形象。

3. 进一步的调查结果

曾经有人对影响现场演示活动效果的因素进行了专门的调查研究。结果发现：演示人员的仪表的影响占 35%；演示产品的品质的影响占 26%；商品的合理价格的影响占 19%；出众的演示方法的影响占 20%。此外，要提高演示的成交率，还可以组合运用其他的促销方法，如赠品、特价促销和限量销售等。

资料来源 谭科. 现场演示：一分钟打动顾客 [J]. 销售与市场，2005（2）：44-45.

9.1.4　针对不同类型顾客的演示策略

在推销的演示阶段，顾客的性格不同，对推销中演示的要求和反应也会不同。要取得良好的演示效果，销售人员必须针对不同性格类型的顾客采取不同的演示策略。

影响顾客对销售人员的演示做出不同反应的性格因素主要有两个：自信心和理智。根据顾客自信还是不自信，以及理智型还是感情型，我们可以把顾客分为四种类型：理智而自信的称为主观型顾客；理智而不自信的称为分析型顾客；感性的而自信的称为情感型的顾客；感性的而不自信的称为随和型顾客。

1. 对主观型顾客的演示

主观型顾客喜欢销售人员对于他们的需求直接提出各种解决方案及证据，但是由于他们有很高的自主性，应当把最后的决定权留给他们，让他们自己做决定。所以，对他们的演示对策是：研究其目的和目标，直奔主题，提出选择方案，指出决定的结果，让其自己作决定。

2. 对分析型顾客的演示

分析型顾客更看重事实，他们喜欢知道那些关键性的细节，如生产能力和安全性等。与主观型顾客相比，他们更关心产品是如何工作的，而不是最终的产出结果。他们要求有真实可信的证据，如测试证明或保证书等。这类顾客更喜欢书面计划，以便确定尽可能多的细节。因此，销售人员与分析型顾客打交道时必须摆事实，并准备好由独立机构开具的测试报告和鉴定书等，以证明所提供的事实。销售人员不应当催促分析型顾客做出购买决定，因为他们可能需要时间来核实销售人员所提供的事实。为此，销售人员应当使演示更加直观、有组织和合乎逻辑，不应当使演示过于夸张和激情化。由此可见，对分析型顾客的演示对策是：提供证据，强调技术性信息，使用书面材料，提出合乎逻辑的解决办法，不要催其决定。

3. 对情感型顾客的演示

情感型顾客喜欢享受生活和娱乐。他们喜欢生动的刺激和滑稽的产品演示，喜欢听有关成功与失败的故事，喜欢新的观点和想法。他们愿意通过事例了解有关情况，而不愿陷入无穷的细节当中。与情感型顾客打交道时，销售人员一定要把产品介绍清楚，并指出所提出的每一种方案的前景。各种证明材料和激励方式对于他们的决定会有很大的影响。情感型的顾客更喜欢那种能使他们在本领域内"成功"或"实现目标"的产品，因此，销售人员对他们强调购买所推荐的产品将使他们成为"第一"是很有效的。对情感型顾客的演示策略是：对其理想和目标表示兴趣，使用故事及说明，保持演示的娱乐性，提供鉴定书及激励。

4. 对随和型顾客的演示

随和型顾客更重视与供应商之间的关系，更喜欢能提供最优服务并承诺解决问题的公司，愿意选择那种把自己与顾客紧密联系起来的公司。与随和型顾客打交道时，销售人员要从个人角度理解他们，要提供个性化的服务，进行频繁的后续拜访。销售人员向随和型顾客叙述本公司的历史和优良传统等可以大大增加他们对公司的信任感。随和型顾客需要一种温和的朋友式的交谈，对于他们真正信任的人更是如此。对于这类顾客只能在做决定时进行引导，但不能催促他们做出决定。对他们的演示策略是：从个人角度理解他们，重视建立个人间的紧密联系，提供个性化服务，不要催促其决定。

讲述推销故事也可以起到产品演示同样的效果。如果讲述一个故事，关于与潜在顾客面临相似问题的客户如何采用销售人员所推荐的产品解决了问题和困难，就可以提醒潜在顾客，使他们产生同样的购买想法。销售人员如果能运用对话，把自己的老顾客及其问题描述得详细一点，使故事更生动、戏剧化，重复自己老顾客所说过的话，往往比仅仅讲述发生的事情更有说服力。如果能进一步提供主人公的姓名、工作单位、所在城市和电话号码，则故事的可信度就会大大提高。

9.2 顾客异议的处理

9.2.1 正确认识顾客异议

在推销活动中，顾客既可能对销售人员的各种推销努力和传递的各种推销信息做出积极的反应，采取合作的态度，同意购买，也可能迟疑观望，甚至干脆提出异议并进而拒绝购买。在推销实践中，迅速做出积极反应的顾客往往是很少的，大多数顾客都会提出这样那样的问题或反对意见，并以此作为拒绝购买的理由。而且，顾客的异议常常会贯穿于整个的推销过程中。销售人员要取得成功，必须正确地认识和对待，并妥善处理顾客的异议；否则，推销就会变得寸步难行。所以，掌握正确对待、分析和妥善处理顾客异议的策略和方法是销售人员必须具备的一项基本功。只有以冷静、豁达的态度正确地认识和对待顾客的异议，认真分析异议产生的原因，采取灵活的策略和方法，有效地加以处理和转化，才能最终说服顾客，达到推销的目的。

顾客异议是顾客对销售人员、所推销的产品或推销方式和交易条件所做出的一种表现为怀疑、抱怨、提出否定或反面意见的反映。顾客异议常常成为顾客拒绝购买的理由。在很多情况下异议更表现为冰冷的拒绝。所以，许多销售人员都会把顾客异议看做推销中的障碍，经常为难以应付顾客异议而苦恼。但如果不能正确地认识和对待顾客异议，销售人员就会寸步难行，就无法正确应对和处理顾客异议。实际上，正确认识顾客异议是正确应对和处理顾客异议的前提。

1. 顾客异议是推销过程中的正常现象

推销过程中，顾客和销售人员各自为追求自己的利益对某些问题表示出不同意见几乎是不可避免的。即使具有一定的购买意向的顾客，出于保护自己利益的需要也仍然可能表示异议。相反，一个对推销产品完全不感兴趣的人是不会提出任何异议的。所以，顾客提出异议就表明推销已经起到了一定的效果，这也正是销售人员所要达到的目的和追求的效果。由此可见，销售人员对待顾客异议应该采取积极的、欢迎的态度，并把顾客异议看成是改进推销工作的动力。

2. 顾客异议既是成交障碍，更是成交信号

顾客异议表明了顾客所疑虑的问题，确实也是成交的障碍。但是，疑虑也为销售人员提供推销说服和努力的机会和方向。一旦销售人员排除了障碍，也就成功在望了。如前所述，顾客异议也就表明顾客已经开始注意所推销的产品并产生了兴趣，可见推销工作已经有了一定的效果。顾客异议中孕育着成交的机会。顾客之所以提出异议常常说明他们对产品做了仔细的查看和比较，想要通过煞费苦心地挑毛病、找缺陷，来作为讨价还价的砝码。只要销售人员对顾客异议做出正确及时的反应，就很可能实现成交。

推销实践 9-2   **一封荒诞的投诉信**

这是一个发生在美国通用汽车公司售后服务部与消费者之间的真实故事。

一天，该服务部主管收到了一封投诉信。信中这样写道："这是我第二次给你们写信，但是我并不责怪你们上次没有答复我，因为连我自己都觉得我的投诉有些荒诞不经。我再次将投诉内容复述如下：我们家有一个传统，每天晚饭之后都要吃一点冰淇淋。当大家表决了吃什么品种的冰淇淋后，就由我驾车去买。不久前，我购置了一辆贵公司生产的庞蒂克汽车，使用没有几天就出现了一个问题：只要我们买的是香草冰淇淋，我从商店往回返时，这辆汽车就发动不起来。但是如果买的是其他品种的冰淇淋，汽车发动就很正常。对于这个现象，我始终搞不明白。所以，尽管听起来有些荒唐，但我还是决定写下这封投诉信。"

汽车发动正常与否与司机买什么品种的冰淇淋有何相干？公司部门主管对这封投诉信也觉得难以置信，不过他还是派了一名技术员去了解情况。技术员见到投诉者，发现他是一个受过良好教育、有着较高社会地位的人。为证实投诉的内容，技术员当晚与投诉者一起在晚餐结束后驱车去商店买冰淇淋。投诉者买的是香草冰淇淋。果然，回到车上，车子没有发动起来。

但是技术员没有走，第二天晚上他和投诉者一道再次驱车去买冰淇淋。这回买的是巧克力冰淇淋，汽车发动正常。第三天晚上，买的是草莓冰淇淋，汽车发动也正常。第四天晚上，买的是香草冰淇淋，汽车再次发动不起来。

技术员是一个不迷信的理性人。他多次走访投诉者的家，记录下汽车使用的次数、时间、汽油型号等。经过反复研究，最后终于发现一个线索：投诉者买香草冰淇淋花的时间比买其他品种的冰淇淋花的时间要少得多。为什么呢？因为香草冰淇淋是商店里最好销的冰淇淋，店主将它们单独放在柜台边最容易取的冰柜里。而其他品种的冰淇淋则全部放在远离柜台的另一个冰柜里，品种较多，取时所花的时间也就要多一些。

接着，摆在技术员眼前的另一个问题是：为什么时间短汽车就发动不起来呢？当问题从"作怪的香草冰淇淋"变成了"时间长短"后，技术员很快就找到了答案。这叫做"汽阻现象"，是高温导致管路内气泡积聚，使燃油或刹车油无法通过而形成阻断的现象。但是当投诉者买其他品种的冰淇淋时，因为花的时间较长，引擎冷却，气阻现象消失，所以又能正常发动了。

一件看似荒诞的事情，经过认真分析，其实就是一个简单的现象。但是，如果因其荒诞而置之不理，简单的现象就会变得扑朔迷离，永远没有真相大白的那一天。

资料来源　邓笛．一封荒诞的投诉信［N］．环球时报，2007-02-08.

9.2.2　顾客异议的类型

顾客异议种类繁多，不同类型的顾客异议往往需要采取不同的策略和技巧来应对和处理。通常，既可以从顾客的态度和出发点进行分类，也可以从异议的内容上进行分类。

1. 从顾客的态度和出发点分类

（1）借口。这是指顾客并非真正因对推销的产品不满意，而是因为有别的不便于明说的原因而提出的异议。例如，有的顾客为了掩饰自己无权做出购买决定，就推说产品质量有问题，或者推托说要比较以后再决定。对于这种情形，即使销售人员能够消除顾客的异议也仍然无法达成交易。对于这类顾客异议，销售人员首先应当了解顾客隐藏在背后的真实动机，帮助顾客共同努力消除真正的障碍，但要注意给顾客一个从借口立场上下来的阶梯。

（2）真实的意见。这是指顾客确实有意接受推销，但从保护自己利益出发对推销产品或交易条件所提出的质疑和探讨。在这种情况下，顾客会十分注意销售人员所做出的反应。此时，销售人员必须做出积极的响应，或有针对性地补充说明产品有关的信息，或对产品存在的问题做出比较分析和负责任的承诺。如用质量性能好来化解价格高的异议；用允许退换、长期包修的承诺来消除顾客对产品某些方面不足的疑虑等。销售人员如果回避问题，掩饰不足将会导致推销的失败。承认问题并提出解决问题的办法，才能解决这类顾客异议。

（3）偏见或成见。这是指顾客从主观意愿出发，提出缺乏事实根据或不合理的意见。对这类异议，销售人员不能抱与顾客一定要搞出一个是非曲直的结果思想，而应当从顾客角度出发，理解他们所提出的异议；对其偏激、片面之处予以委婉的劝导，让其保留自己的观点，引导其将注意力转到能对推销产品做出正确认识的新问题上来。

2. 从异议的内容上分类

（1）无需求异议，就是顾客提出自己不需要所推销的产品的一种异议。这种异议是对推销的一种拒绝，表示销售人员不需要继续推销了。顾客提出这种异议或许是确实不需要所推销的产品，或许只是借口，或许是对推销产品给自己带来的利益缺乏认识。销售人员应该对顾客的无需求异议做具体分析，弄清楚顾客提出异议的真实原因，妥善加以处理。下面是一些常见的无需求异议和销售人员应对的技巧。

第一，顾客无需求异议 1：我不感兴趣。

销售人员的应对方法有：

① 可以告诉我原因吗？

② 我的一些最好的顾客刚开始时也是这么说的，直到他们发现……（陈述利益）

③ 你不感兴趣吗？我跟许多顾客交谈，他们都对……很感兴趣的。（陈述利益）

第二，顾客无需求异议 2：我对现有的产品很满意。

销售人员的应对方法有：

① 你最喜欢现有产品的哪个方面呢？（然后与你的产品做一比较）

② 我理解你的感受。我的许多顾客了解我的产品之前也是这么说的，但是他们在发现我的产品能够……（简述产品利益）

③ 我们的很多顾客在了解我们的产品之前对他们现在使用的产品也都是很满意的，但由于如下原因转而购买我们的产品。（简述使用产品的三个利益）

（2）价格类异议，是指顾客以推销产品价格过高或其他经济方面的因素为由而拒绝购买的异议。价格类异议通常包括价值异议、折扣异议、回扣异议、支付方式异议和支付能力异议等。价格类异议是推销工作中最常见的一种现象。对于这类异议，销售人员应将话题重心放在介绍产品的性能、耐用性、款式新颖性等有关产品价值问题上。如果顾客能真正认识到产品的价值，价格也就不再成为突出的问题了。下面是一些常见的价格类异议和销售人员应对的技巧。

第一，顾客价格类异议1：你的价格太高。

销售人员的应对方法有：

① 你觉得它应该值多少？

② 我们可以降低价格，不过这样就需要取消一些高档的配置。你真希望这样做吗？

③ 我们的价格确实比竞争产品高，可是我们是物有所值。（然后马上解释理由）

第二，顾客价格类异议2：这么高的价格，我们买不起。

销售人员的应对方法有：

① 如果我能提供一种更便宜的方案，你感兴趣吗？

② 我真的感到如果不买这个产品你的损失比买的代价更大。想想你可能失去的一切……还是让我们讨论一下你如何买得起它吧。怎么样？

第三，顾客价格类异议3：给我10%的折扣，我今天就给你下单。

销售人员的应对方法有：

① 我一直报的就是最优惠的价格。

② 如果你给我一份订购10件产品的订单，我就给你10%的折扣。你订购10件吗？

（3）产品类异议。产品类异议是指顾客对销售人员所推销产品的质量、式样、设计、结构和规格等方面提出的异议。这类异议往往带有一定的主观色彩，是由于顾客对这种产品不够了解，或因自身的购买习惯以及社会偏见等因素所造成的。应对产品类异议时，销售人员应在充分了解产品的基础上，重点指出产品能给顾客带来的利益，以增强顾客对产品的信心。下面是一些常见的产品类异议和销售人员应对的技巧。

第一，顾客产品类异议1：竞争者的产品更好。

销售人员的应对方法有：

① 哪方面更好呢？（让顾客列举他喜欢的产品特性，然后指出你的产品具有同样的甚至更好的特性）

② 我很有兴趣听听你对这两种产品的公正的看法。

③ 你指的是质量、服务、特性，还是使用5年后产品的价值？

第二，顾客产品类异议2：你这种B款产品太贵，我想买A款的产品。

销售人员的应对方法有：

① A款产品确实比B款便宜得多。但是，使用A款产品的生产成本是B款的2倍，将影响你产品的竞争力。你愿意冒降低竞争力的风险吗？

② A款产品是去年推出的，确实是老产品，但我们B款产品是改进型，具有A款所没有的很多特性。（简述A款特性对于顾客的利益）

（4）货源类异议。货源类异议是指顾客对推销产品的来源、品牌，甚至是销售人员的来历和身份提出的异议。顾客提出货源异议，表明顾客愿意购买所推销的产品，只是不愿从这位销售人员及其所代表的公司中购买。有时，顾客也会利用货源类异议与销售人员讨价还价，或拒绝销售人员的接近。下面是一些常见的货源类异议和销售人员应对的技巧。

第一，顾客货源类异议 1：对不起，我们不想从你那里购买。

销售人员的应对方法有：

① 我尊重你的想法，但是你能告诉我原因吗？

② 将来，我们怎样做才能赢得你们的订单呢？

③ 我尊重你这次不买的想法。我猜当你从媒体和顾客那里听到更多关于我们产品的介绍时，你将会从我们这里购买的。你介意我今后来拜访你，向你介绍我们的新产品吗？

第二，顾客货源类异议 2：我想与更有声誉的公司合作。我们已经与……合作了 5 年，为什么要改变呢？

销售人员的应对方法有：

① 我非常理解你的想法，但是如果你想以更优的价格买到更好的产品，那么……

② 我明白，你对你们过去 5 年的合作感到满意，但是 5 年来情况发生了很大的变化。许多客户都在重新考虑选择更合适的合作伙伴。我们可以一起来比较一下两种选择的利弊……（然后，销售人员就可以在一张纸上分别列举出赞成和反对购买的原因，并逐一予以解释说服）

（5）拖延类异议，就是顾客采取借故拖延购买的方式提出的异议。顾客既可能有购买意向但因为资金问题而提出延迟购买的想法，也可能还存在各种顾虑，害怕上当受骗而拖延购买，甚至根本就未做购买决定，只是把延迟当做推诿的借口罢了。许多情况下，顾客说"我会考虑考虑的"或者"你下次来我再买吧"并非仅仅是简单的延迟购买时间，而是为了让销售人员尽快走开的一种应付而已。现代市场瞬息万变，顾客拖延购买决定，很可能招致竞争者的介入，给推销造成更大的困难。因此说服顾客尽快购买是推销成功的关键。顾客最常见的拖延类异议和销售人员的应对技巧有：

第一，顾客拖延类异议 1：我得仔细想一想。

销售人员的应对方法有：

① 对。让我们现在仔细想一想。你还需要了解哪些情况呢？

② 我知道你需要更多时间去考虑。我很想听听你赞成购买和反对购买的原因。

③ 你确实喜欢这个产品，你又知道它能给你省钱，你也知道现在是个绝好的购买机会，让我们继续往下怎么样？

第二，顾客拖延类异议 2：我很忙。请先与××谈一谈。

销售人员的应对方法有：

① 他有权做购买决定吗？（如果潜在顾客说是）谢谢，我会告诉他是你让我来的。（如果潜在顾客说不是）那我为什么应该跟他谈呢？

② 购买决定必须是由你们经理层面来做出，所以我得先和您谈谈。

第三，顾客拖延类异议 3：我计划等到秋天再买。

销售人员的应对方法有：

① 你答应秋天购买吗？（如果潜在顾客说是，那么）好，那我们今天就订货吧，等到 10 月 1 日我把货送来。或者：非常好，我会在 9 月或 10 月来拜访你，到时候再把这件事敲定下来，好吧？

② 那我现在就安排给你送货，等到秋天你再付款，怎么样？

9.2.3   顾客异议产生的原因

顾客异议产生的原因是多种多样的。因此，顾客异议几乎是不可避免的，是推销活动中的正常现象。这些原因中，既有必然因素又有偶然因素，既有可控因素也有不可控因素。对顾客异议的原因进行分类和深入的分析，将能帮助销售人员更好地掌握处理顾客异议的规律和技巧，尽可能地减少顾客异议，避免推销中可能产生的冲突。

1. 来自于顾客方的原因

顾客可能会因为下列原因而产生异议或提出拒绝：

（1）顾客由于认识上的局限性而产生异议。顾客可能因没有发现自己存在的问题，没有意识到自己真正的需求，而对推销提出异议。顾客也可能由于缺乏对所推销产品的正确认识而提出异议。顾客还可能是因为对市场状况缺乏深入的了解和正确的判断而提出异议。某些顾客也可能因为对推销的成见而提出异议。所有这些异议都是由于顾客认识上的原因引起的。对于这类异议，销售人员需要通过有针对性的介绍、说明、演示和分析，帮助顾客树立正确的认识。一旦顾客有了正确的认识，异议就容易消除了。

（2）顾客由于购买习惯的原因而提出异议。现实生活中，消费者都会有一定的购买习惯。如果销售人员所提出的推销方案要求顾客改变自己的购买习惯就可能会引起异议。更有些顾客可能已经有了比较固定的供货关系，要求顾客突然改变这种供货关系常常是不容易的。如果销售人员所提出的方案没有强有力的竞争优势，就很难说服顾客放弃长期合作、相互信任的伙伴关系，所以提出异议也就是很自然的事了。

（3）顾客出于自我表现或寻找借口而提出异议。顾客在销售人员面前常常希望表现得自己是精明的、不易被说服的。顾客为避免被销售人员认为是一个容易被争取的客户而提出异议。有些顾客也可能为炫耀自己独特的想法而提出异议和拒绝。某些喜欢挑剔的顾客虽然心里想买，但为了争取对自己更有利的交易条件，往往也会对商品百般挑剔，夸大缺点，甚至无中生有，把提出异议看做讨价还价的一种策略。此外，还有些顾客可能因缺乏购买条件或无权决定，然而又碍于面子不愿说出真正的理由而提出异议或拒绝。

2. 来自于推销方的原因

顾客也可能由于推销方的原因而提出异议，这些原因包括：

（1）因所推销产品的原因提出异议。产品价格是引起顾客异议的最常见、最重要的原因之一。如果顾客认为所推销的产品价格太高，自然会提出异议。即使顾客认为价格太低，也可能有顾客认为购买便宜货有失自己的身份，而提出异议。质量是引起顾客异议的另一种原因。如果产品质量确实存在某些缺陷与不足，顾客当然也会提出异议。即使产品质量没有问题，顾客也完全可能以质量为筹码进行讨价还价。此外，顾客也可能因推销产品品种方面的原因而提出异议。最后，顾客还可能因对产品服务不满而提出异议。

（2）因销售人员的原因提出异议。如果顾客认为销售人员素质太低，服务不周到，态度不热情，不注意推销礼仪和语言艺术，顾客就可能提出异议。顾客如果认为销售人员信誉不佳，或者销售人员的言行还不能取得顾客的信任，也可能因此而提出异议。销售人员如果不能提供顾客所需要的推销信息，或者所提供的信息不够充分，也可能导致顾客提出异议。最后，假如销售人员所代表的企业或产品品牌的知名度不高，或者信誉不佳，也常常是产生顾客异议的根源。

9.2.4　应对异议的原则、步骤和方法

1. 应对异议的原则

（1）对异议或拒绝要采取欢迎和积极的态度。首先，对于潜在客户所提出的异议或拒绝，销售人员要采取欢迎的态度。很少有客户是出于故意刁难的目的而提出表达异议或拒绝的。销售人员要把异议或拒绝看做成功成交的一个主要障碍而已，那些尽管不提任何反对意见，但是也不采取购买行动的潜在客户反而很难达成交易。

其次，销售人员要采取积极的态度。在倾听客户的异议或拒绝时，态度要友好，要使用积极的肢体语言，如微笑。同时，要认真倾听完客户的异议。重视顾客所提出的异议或拒绝，在必要时，立即采取行动，处理客户所提出的异议。

（2）实事求是，永不争辩。销售人员应当客观地对待顾客的异议，既不夸大，更不能缩小。夸大了顾客异议，会使顾客纠缠不清，延误成交，而缩小异议又会引起顾客的反感，可能产生新的异议。实事求是地看待顾客的异议就要承认顾客提出异议总有其正当的理由。即使是对于并不完全客观正确的顾客异议，销售人员也应尽量避免与顾客争论，更不能发生争吵。就是在遇到那种刻薄的顾客异议时，销售人员也仍然需要采取宽容和忍耐的态度，无论如何不能因此而采取冷嘲热讽的态度而冒犯顾客。面对一些敏感的话题，销售人员也应该措辞谨慎，

避免引起顾客的不满而导致争吵。

（3）维护顾客的自尊。提出异议是顾客的权利，顾客总是希望自己的意见得到尊重。如果销售人员不能正确地对待顾客的异议，甚至持轻视、厌恶或抵制的态度，顾客就会感到自尊受到打击，就不可能达成交易。可见，维护顾客的自尊是达成交易的重要前提。为维护顾客的自尊，销售人员在听取顾客异议的过程中都应当表现出极大的关心和兴趣，让顾客充分发表意见。而且，在听取异议的整个过程中，销售人员也不应表现出一丝一毫的不在意或厌烦的态度，也不应中途插话而打断顾客的谈话。只有认真听取顾客异议，才能弄清问题的症结所在，才能最终消除异议。

（4）正确把握处理顾客异议的时机。销售人员所选择的处理顾客异议的时间不同，对于顾客接受异议处理的结果或满意度会产生重大影响。一般地说，为了表现出主动性，尽可能早地对顾客异议做出响应是合理的。但是销售人员又需要根据顾客异议的性质、推销洽谈的进展情况，以及顾客的个性特征等具体情况来合理确定处理顾客异议的时机。

第一，在异议提出前主动回答。如果销售人员觉察到顾客会提出某种异议，则与其让顾客提出倒不如自己提出并做出回答。主动提出并回答可能出现的异议可以避免在事后去纠正或反驳顾客的观点时所引起的不快情绪，而且还可以使顾客感到销售人员的真诚坦率。所以，这样做有利于取得顾客信任。这样做时，销售人员要把握好顾客心理，避免提出顾客没有想到的问题。

第二，异议提出后马上回答处理。对于绝大多数顾客提出的异议，销售人员应当马上予以答复、解释和处理。迅速而充满信心的答复顾客异议往往能够比较容易地获得对方的信任和好感，有助于顾客立即做出购买决定。而不及时答复顾客异议则容易使顾客产生推托、搪塞和不尊重自己的感觉，进而拒绝购买。所以，对于影响购买决策的重要的异议意见，应当尽快回答，以免顾客产生不信任感。

第三，在异议提出稍后再回答。如果销售人员立即回答顾客异议可能会产生不良影响时，销售人员就可以在顾客提出异议稍后再回答。这主要包括下列几种情形：首先，当销售人员立即回答异议会破坏推销计划时；其次，销售人员的回答可能会引起顾客的不快或反感时，就应当待时机成熟后再回答；最后，当顾客提出一些技术性、专业性的问题，销售人员又不能给予满意的答案时，最好在请教有关专家或查实有关资料后再予以回答。但在延后回答异议的情形，销售人员应当先向顾客表示接受其异议，并承诺随后会做出回答。这样做有利于安抚顾客情绪并取得顾客信任。

第四，对顾客异议不予回答。对于某些顾客异议，销售人员不予回答可能效果会更好。例如，顾客提出的异议与推销业务毫不相干或者提出对于竞争对手的评价与看法时，或者顾客提出异议仅仅是一种虚假借口或纯属自我表现性的问题时，或者是顾客提出的异议会随着洽谈的深入而逐渐消失时，销售人员就可以不予回答。

2. 应对异议和拒绝的步骤

应对拒绝的最常用的一种步骤是：倾听、承认/领会、提问、总结、响应要求和确认是否达成一致。

（1）倾听。处理拒绝要做的第一件事是倾听。要倾听的是客户的要求。即使以前很多次听到过同样的拒绝理由，也仍然要耐心地听。倾听过程中要表示出积极的，而不是暗示着敌对的或紧张的肢体语言。通过倾听明确拒绝的理由。

（2）承认/领会。通过表示承认或领会让客户知道你已经听到了他们拒绝的理由。不要辩解，因为此时客户不会听你的解释，他们还不想接受你的思想。

（3）提问。通过询问好的战略性的问题来发现新信息。所提的问题应当是开放式的研究性问题。提试探性问题的目的是对客户拒绝的理由做进一步的了解。

（4）总结。当客户对研究性问题做了回答后，销售人员要简明扼要地总结一下他们刚才所说的意思。客户会对你的总结表示同意，并对你确实听了他们说话感到高兴，还会提供一些信息。客户一旦确认你关心他们的要求，就愿意继续谈下去。

（5）响应要求。现在，销售人员不仅知道了拒绝的理由，还了解了客户的要求，就可以有效地处理拒绝了。对于不同类型的拒绝要采用不同的响应手段。如果客户的拒绝是因为他们很挑剔，响应的办法是提供证据，说明自己所提供的产品或服务是能够满足客户需求的。如果客户是因为误解而拒绝的，响应的对策应当是通过提供各种信息，消除误解。如果拒绝是因为产品或服务确实有缺陷所引起的，则响应的策略是转到客户最初的总体目标，提出能满足客户目标的新的解决办法。如果产品或服务确实存在问题，销售人员就应立即采取行动，说明将做怎样的改变来消除问题，确保满足客户需求。

（6）确认是否达成一致。要确认拒绝是否已经完全解决了，销售人员最好坦率、直接地问客户"你的要求满足了吗？"如果客户回答"是"，就意味着成功地解决了拒绝；如果客户仍然回答"没有"，那就需要保持冷静，继续回到开始阶段，来消除新的拒绝。

3. 应对异议和拒绝的方法

（1）正面应对法。这是指直接告诉顾客他们错了。当然，很少有人愿意听到别人说自己错了，所以，销售人员必须小心，尽可能讲得圆滑一些。如果异议或拒绝的原因是对产品的错误、理解，则正面的方法是既有效果又是得体的。对于这类拒绝，销售人员可以先问一个封闭式的确认性问题，以减弱顾客正面提问的力度。然后，指出被顾客所误解的信息。如：

顾客：你们的产品价格太高了。

销售人员：您说是价格太高了？

顾客：是的。

销售人员：我们设备的产量是普通设备的两倍，而我们设备的价格仅仅比普通设备高出了20％。从性能价格比的角度看……

（2）间接否定法。采用这种方法时，销售人员一开始并不直接说明顾客错了，而是先附和买主的异议，与对方的观点保持一致，以削弱对方的戒备，但后来又委婉地纠正异议。

顾客：你们的产品价格太高了。

销售人员：我理解您的心情。但是，我们设备的产量是普通设备的两倍，而我们设备的价格仅仅比普通设备高出了20％。从性能价格比的角度看……

（3）弥补法。这是销售人员对于顾客的异议提出一种弥补办法，而且努力使顾客确信弥补的因素确实是非常重要的，从而消除顾客的异议或拒绝。由于这种办法经常采用"是，但是……"的语句来表述，所以这种办法也称为"是，但是"法。当顾客所提出的异议是部分地正确时，采用弥补法是很有效的。如：

顾客：你们公司产品的交货期太长。

销售人员：是的，但是为了保证产品质量的稳定性，我们所采用的工艺是全新的，确实需要较长的时间，所以我们产品的性能远远超过其他同类产品。

用来作为弥补的因素最好是本产品最强的优势。所提出的弥补优势应当至少同顾客异议的因素一样重要。所提出的弥补优势要尽可能吸引人，能满足特殊顾客独一无二的需要，而且可能的话要说明额外的好处。

弥补的办法有很多好处。它避免了与顾客的直接争吵和对买主感情的伤害。同时，由于销售人员先表示了同意，促使顾客解除戒备，销售人员就可以乘机强调其他好处，圆滑地引出购买的原因。

（4）"感觉"法。这种方法就是销售人员通过讲述其他人使用本产品所获得的满足，即"感觉"来劝导顾客，消除异议。采用这种办法时，销售人员首先可以同意顾客的意见，然后再告诉顾客来自于别人的信息或感觉。这种方法对于焦虑和担心的顾客特别适用。

"感觉"法对于随和型和情感型的人很有效，但主观型和分析型的人对此法会产生反感。因此，销售人员可以这样说："我了解你的想法。其他人一开始也是这么想的，但是后来发现……"

（5）自食其果法。使用这种方法时，销售人员先采纳顾客的异议，并把它转变为购买的原因。像弥补法一样，运用自食其果法可以消除异议的威力，使对方很难再问下去。这种方法用来对付部分正确的异议是比较有效的。如：

顾客：这个仪器的厚度比竞争对手的产品厚多了。

销售人员：我们是故意这样设计的。许多人觉得这样的厚度是完全可以接受的，而且如果厚度进一步减少的话故障率会大大提高。

（6）抢先法。抢先法就是销售人员根据以往的经验事先对可能产生的拒绝和异议准备好回答，于是在顾客尚未提出异议时就主动抢先回答顾客可能的异议。因此，这种抢先一步的做法实际上不是处理异议的方法，而是一种通过预先澄清异议，从而阻止异议提出的方法。

抢先法也是一种较好的处理异议的方法，因为异议一旦被实际提出，没有什么回答能使顾客完全满意，顾客总会心存疑虑。抢先法在异议提出前就将其解释清楚了，就能有效地消除顾客的怀疑。而且顾客经常不愿意提出异议，造成销售人员不知道顾客真正的异议或拒绝的原因是什么。销售人员抢先回答可以主动消除顾客的某些疑虑。同时，当顾客提出疑虑时无论销售人员多么圆滑都要证明顾客的观点是错的，而这又会伤害顾客的感情。所以最好的办法就是通过抢先回答减少异议。

主要概念

应对异议的正面应对法　　间接否定法　　弥补法　　"感觉"法　　自食其果法　　抢先法

基本训练

@ 知识题

1. 说明推销中演示总是必要的理由。成功演示的要点有哪些？
2. 销售人员对于顾客异议应有的正确认识和态度是什么？
3. 顾客异议的类型及其应对办法分别是什么？
4. 顾客异议产生的原因有哪些？应对异议的原则是什么？
5. 应对顾客异议和拒绝的步骤是什么？说明应对顾客异议和拒绝的技巧有哪些？

@ 技能题

1. 学完本章内容以后，重新浏览本章开头的引例，提出你对销售人员洽谈行为改进的建议。
2. 销售人员在约见客户时，经常需要面对和应付接待人员、秘书或助理的阻挠。针对下列的阻碍意见，你将做出怎样的回应：
（1）十分抱歉，王经理现在很忙，所以没有时间见你。
（2）我们正在做明年的预算，因此，你需要在预算结束后再来。
（3）我公司正在实行紧缩计划，削减所有的开支。

（4）我公司有一项新规定，禁止购买任何东西，并拒绝新供应商。

（5）对我们公司来说，你的产品太贵了。

@ 实训题

实训目标：掌握处理顾客异议的技巧，促使顾客采取购买行动。

实训方法：

将所有学生分为各由六人组成的组。各组中每两人又组成一个小组，分别为A、B和C组，先由A组扮演顾客，B组扮演销售人员，C组扮演观察员和评议人。先由扮演顾客的两位同学从下述问题中或自己拟定的异议里面，选五个题目对扮演销售人员的两位同学依次提出异议。接着，由扮演销售人员的两位同学进行解释和说服。再由扮演顾客的同学进行追问，直至一方认为无补充内容，或扮演观察员和评议人的两位同学认为已经没有必要再继续对话为止。然后，由扮演观察员和评议人的两位同学对推销情景对话中双方的表现进行评价。

在A组同学扮演顾客活动结束后，进行角色轮换。由B组同学扮演顾客，C组同学扮演销售人员，A组同学扮演观察员和评议人。重复上述推销的情景对话和评价过程。最后，再次轮换扮演角色。

顾客可能提出的异议：

（1）对不起！我没有钱，买不起。

（2）我不需要这个东西。

（3）你的产品也太贵了。

（4）你的产品没有××公司的产品好。

（5）贵公司交货经常延误，我们再也不买你们的货了。

（6）你们的产品没有知名度，我们不会买的。

（7）让我们考虑考虑再说。

（8）我看你们的产品根本没有你们介绍的那么好。

（9）你来迟了，我们前几天刚买了一个了。

（10）我们无权对购买你们的产品做出决定。

第10章 成交、签约与售后服务

知识目标：深刻理解推销成交的原则、策略和方法的含义；深刻理解签约的含义；理解再推销和售后服务的含义；深刻理解处理顾客投诉应有的态度和方法。

技能目标：掌握识别顾客购买信号和促使成交的策略技巧；掌握签约和货款回收的基本技巧；掌握再推销和售后服务的策略和技巧；掌握处理顾客投诉的方法和技巧。

引例

最近叶兴一直在探索自己想要大幅提高推销业绩的办法，发现推销中合理地控制成交风险是关键。他希望制定出一套有效的控制成交风险的办法。

叶兴在公司从事销售工作已经3年了。前两年公司实行的政策是，既可以先付款再发货，也允许先发货后付款。所以，当时只要销售人员与客户签订了合同，销售部的储运科就会按时发货。但由于某些客户的货款回收情况不理想，1年前公司修改了政策，一般情况下实行款到发货。如果由于特殊原因，客户要求先发货后付款，必须有负责签订合同的销售人员提出申请报告。而且，公司最多给予销售人员1个月的货款回收期。也就是说有关销售人员必须在1个月之内负责收回货款。如果1个月内未能收回货款，则从第2个月开始至第6个月的货款利息就必须由销售人员本人来承担。如果到第6个月末，还未能收回货款，则公司就把这笔货款视为坏账。要求销售人员用工资偿还货款，在2~3年内以分期付款的方式逐月归还公司未收回的货款，直至货款收回。

事实上，公司实行这项新政策也出于迫不得已，因为如果销售人员只管订合同，不能及时回收货款，公司的现金流将中断，公司会出现严重的经营问题。这一新政策的出发点是要求销售人员在签订合同时对客户的资信、资金周转状况和坏账风险等进行仔细的研究，在签订合同和交货后，做好回收货款工作，确保货款及时收回。

但是，新政策对于销售人员也提出了难题，即对于每一份不能保证款到发货的合同，究竟还要不要签？销售人员走访客户，好不容易说服顾客答应购买，看来有指望成交了，可是一说到付款条件，有些客户坚持货到再付款。所以，在过去的一年中出于降低风险的考虑，叶兴对于这类客户一律不签。结果是，那种在最后一分钟放弃到手鸭子的感受使得叶兴产生了深深的挫败感。

过去一年中，叶兴确实一直在关注签订那种先发货再付款的合同风险究竟有多大？事实上，如果客户能够在发货 1 个月内付款，销售人员不仅没有任何损失，还能从交易中得到丰厚的回报。即使客户 1 个月内不能按期付款，只要能在 6 个月内付清，按照公司的薪酬制度，销售人员还是能够或多或少从交易中得益的。关键是如果一旦半年后仍然不能回收货款，销售人员就必须为这笔交易埋单了。到时候就变成"偷鸡不着蚀把米"了。回顾过去 1 年中那些在最后一刻放弃签约的交易，事后评估，其实也只有极个别的公司可能造成拖欠半年或成为坏账。因此，叶兴发现自己在过去 1 年中为了回避风险其实也放弃了很多本来完全可以成交的机会。所以，他决定在新的 1 年里自己要拟定出一套评估先发货后付款合同风险的指标和办法，大幅度提高成交额，开发出更多的优质新客户来。

10.1 成交的原则、策略和方法

10.1.1 成交及其原则

1. 成交及其必要条件

成交就是销售人员帮助顾客做出使买卖双方都受益的决策活动的过程。成交既是成功洽谈的延续和自然结果，也是销售人员所追求的目标和业绩的表现。但是，真正达成交易是要具备一定条件的。缺乏基础条件的强行成交很可能会导致勉强成交后又取消订货情形的发生。因此，真正的成交必须具备下列条件：

（1）一定要让潜在顾客明白理解推销陈述中所表达的意思。只有这样，潜在顾客才能确实认识到自己的需要，并产生购买欲望。

（2）潜在顾客确实了解了所推销的产品或服务，以及能为他带来的利益。所以，销售人员劝说潜在顾客采取购买行动的理由要有针对性，要考虑到顾客的背景及其观点。

（3）销售人员要学会识别潜在顾客的购买信号。在顾客还充满异议，而销售人员又没有对异议做出积极的回应前，过早地提请成交，反而会遭到拒绝；相反，而错过了成交时机，也同样失去机会。

（4）销售人员对于自己、自己的产品、对潜在顾客以及成交建议都应当保持自信的、积极和热情的态度，同时，也需要掌握必要的成交技巧。

当然，成交是一个循序渐进的过程，而不是一件能够一步登天的事情。所以，积极主动的销售人员在洽谈中确实具备上述成交条件时就应当不失时机、大胆地提出成交要求。具体地说，销售人员在克服了顾客的每一个异议，特别是真正的异议后，就都应当提出试探性的成交要求，保证不错失每一次成交机会。

2. 成功成交的原则

既然成交要具备一定的条件，为了抓住每一个机会提高最终成功率，销售人员在成交过程中需要遵守下列原则：

（1）坚持主动和自信的态度。在整个推销过程中销售人员都需要为自己设定足够高的业绩目标和责任。这就需要主动和自信。只有主动和自信才能具备大胆要求顾客成交签约的胆量。缺乏自信就会导致胆怯，失去向顾客提出要求成交的勇气，洽谈就会毫无结果。而且，成功的销售人员应当具有强烈的成交欲望，他们应当不止一次地提出成交要求。如果根本就不敢提出成交要求，或者顾客拒绝一次就放弃成交要求，则销售人员的成交机会就会大大减少。业绩优秀的销售人员通常都是三次、四次，甚至五次地要求顾客成交才获得最终成功的。大多数成交往往都是长期坚持的结果。

（2）事先就应克服实质性的难题。如果产品本身就存在某些致命的弱点，或者自己的产品与竞争产品相比，确实显得没有竞争力，那么在准备达成交易之前，销售人员就应当事先解决这类实质性的难题。想要在达成交易阶段处理好这些有争议的问题是不合适的，也是不可能的。

（3）在提出订货要求后，销售人员就应当保持沉默。在提出订货要求后销售人员保持沉默，这就意味着潜在顾客无法避免做决定了。人们在做决定时通常会表现得很犹豫，销售人员的沉默就是对顾客一个必须做决定的暗示。相反，销售人员不管说什么，哪怕一句话，在顾客看来都是对于成交要求的苍白无力的辩护，都会增加失去交易的可能性。所以，销售人员一定要等潜在顾客说话，再根据对方的态度来做出回应。

然而，事实上许多销售人员在提出成交要求后，总是迫不及待地继续说话。他们或者是想要通过自己说话来避免提出成交要求后的尴尬，结果就让顾客也感到销售人员自己对成交也是缺乏自信的。他们或者是想要提供更多的信息来强化顾客的态度，结果多半会适得其反，顾客可能会因此而改变自己的想法。所以，在提出成交要求后保持沉默，直到顾客做出回答，是最合理的做法了。

10.1.2　识别顾客的购买信号

随着洽谈和产品展示的深入，潜在顾客的心理活动会发生变化，并通过各种方式流露出来。这就是顾客的购买信号或者称做成交信号。有经验的销售人员可以通过察言观色，倾听潜在顾客讲话的内容和口气、观察顾客的面部表情，来发现这些购买信号，把握成交机会。顾客的购买信号通常可以分为如下三类：

1. 口头语言信号

如果潜在顾客就产品的品种、价格、质量、交货期、购买的优惠条件或其他与交易有关的细节提出问题，就是一种购买信号。潜在顾客之所以提出与成交细节有关的问题就是因为他有购买的意向。顾客的口头语言信号又可以分为三种：

（1）询问交易细节。顾客询问交易细节就是最明显的购买信号。这类交易细节主要包括如下一些方面：

第一，顾客询问与交易有关的价格问题。当顾客打听新旧产品的比价，与竞争产品的比价和产品的成本等问题时，就是购买信号，销售人员应当尝试提出成交要求。

第二，顾客询问与交货有关的问题。当顾客询问交货时间、交货方式和付款条件等与交货有关的细节问题时，销售人员也应抓住这些购买信号试探性地提出成交要求。

第三，顾客询问产品的使用、安装、维护和保养等有关问题。顾客之所以提出产品的使用、维护和保养等问题，就说明他已经开始考虑一旦得到产品以后的事情了。有时，顾客也可能询问有关售后服务及保证等细节，这说明顾客实际上已经在考虑他做出购买决定的合理性了。销售人员利用这些信号，因势利导完全有可能达成交易。

（2）认同或确认。顾客对于销售人员所推销的产品或交易条件等做出肯定性的表示，或者要求再次确认所提供信息，这些也是明确的成交信号。例如，顾客可能会提出：

①你们现在的交易条件确实已经是最优惠的了吗？

②你们公司能保证按合同时间交货吗？

③你们是否能够确保信守承诺？

对于上述问题，销售人员只要能给出令顾客满意的回答，成交机会也就在眼前了。

（3）额外要求。有时，潜在顾客的购买信号是通过提出对于交易的额外要求来反映的。顾客会对交易提出自己具体的、特定的、额外的要求。顾客之所以提出这些具体要求，说明他对交易已经有了更深入的考虑。这种额外要求意味着，如果你能满足我的特殊要求，我就购买，或者是，我是打算购买的，但是你要满足我的额外要求。如顾客可能会提出：

①我们要求产品质量达到……标准，你们能否满足我们的要求？

②我们要求在3周内交货。

③我们要求所有设备经过第三方机构检验，确认达到合同规定的要求。

2. 非口头的肢体语言信号

潜在顾客的语气、面部表情和其他的肢体语言也可能流露出顾客内心的购买信号。例如，下面这些肢体语言信号就表明顾客可能会购买所推销的产品了：

①潜在顾客开始点头表示赞同。

②潜在顾客身体前倾，似乎很想听你讲的一些信息。

③潜在顾客的表情变得放松、开朗和友好，开始谈论一些轻松的话题。

④潜在顾客突然不再发问而表现出若有所思的样子。

哪怕只是出现以上几种中的一种信号，销售人员也应当抓住机会，毫不犹豫地立即要求顾客成交签约，达成交易。

3. 行动性信号

有时，潜在顾客的行动就直接表达了购买的信号。例如：

（1）潜在顾客开始抚摸产品，或提出是否可以把产品留给他试用几天时，就说明他对产品已经产生了强烈的兴趣，想要购买了。

（2）潜在顾客邀请销售人员改变谈话地点或座位，或叫第三者来参加洽谈，或者征求他人的意见时，也表明潜在顾客已经对产品产生兴趣了，可以试探成交了。

10.1.3　促使成交的策略和技巧

在潜在顾客出现购买信号时，意味着销售人员获得了成交机会。但是，成交机会只是提供了成交的一种可能性，最终实现成交往往并不是自然而然的事情。如果不能及时抓住机会实现成交，机会也可能远去，以至于消失。真正实现成交常常还需要销售人员具备足球运动员那种临门一脚的工夫。只有掌握了促成交易的策略和技巧，才能保证成功获得所要的订单。

促使成交有多种不同的策略和技巧。没有一种是最理想的达成交易的方法。每一种策略和技巧都适用于不同的场合与对象，为了适应不同的交易场合和对象，销售人员需要掌握多种不同的策略和技巧，并在实际中根据潜在顾客和场合的特点选取一种最合理的成交策略和技巧，提高交易的成功率。

常用的成交策略和技巧有如下一些：

1. 把握主动成交型

（1）直接要求成交法。如果在洽谈中顾客对产品本身的印象不错，但又犹豫不决，暂时还不想做出购买决定，销售人员最好采取直接成交法。此时，销售人员就要抓住适当的时机，直接向顾客提出成交要求，这样就可以避免延误成交时机。直接要求成交法的优点是简洁、明了，节省时间，对于内心愿意购买，但又不愿主动提出的顾客来说，也是愿意接受的一种方法。

但是，依靠这种办法实现成交的前提是，顾客对所推销的产品要表现出明确的兴趣。所以这种办法不能用得过早，只有在销售人员赢得了顾客的信任，顾客对所推销的产品产生兴趣后，才能直接提出成交的要求；否则，就很容易遭到拒绝。

（2）假设成交法。这是指销售人员假定潜在顾客已经接受了销售人员的推销建议，而直接要求顾客购买所推销产品的成交方法。有时，销售人员有足够的理由可以假设顾客将会购买，成交只是顺理成章的事，就可以采取这种方法。通常，在销售人员确认顾客真的需要所推销的产品，并且也已经有效地向顾客介绍了自己的产品，还与顾客就所关心的问题进行了成功的沟通交流以后，那么就有理由认为顾客已经决定购买，就可以采取假设成交法。例如，销售人员可以直接告诉顾客："明天我就把你们的这批货送过来。"或者，直接把订单填好递给顾客，并说："我认为你们需要这样一批货。"这些就是假设成交法常采用的办法。

尽管假设成交法适用于任何销售情景，但是比较起来还是在顾客重复性的购买中特别有效，因为这时销售人员已经获得了潜在顾客的信任。采用假设成交法不会使潜在顾客感到突然而引起反感。成功的可能性就要大得多。

2. 逐步引导成交型

（1）选择式成交法。在很多情况下，给潜在顾客提供多种交易的选择方案，往往能促使潜在顾客做出购买决定。例如，销售人员对于顾客可以这样说：

黄经理："我们提供的 A、B 两种型号的仪表中，你是要 A 型还是 B 型？"

李科长："我们是给你送 10 吨还是 15 吨？"

正如我们在例子中看到的，选择式成交法所提供的选择并不是让潜在顾客选择买还是不买，而是问顾客想买哪一种或者想买多少。选择式成交法通常都是提供两种不同的成交方案，促使顾客在两种不同的交易方案中选择其一，而不是在买与不买两种方案中选择。这样就减少了不购买的风险。

选择式成交法是一种比较有效的成交方法，正确使用这种方法往往能帮助顾客做出购买决定。不管是推销什么产品，几乎都可以用提供选择的方法来引导顾客采取购买行动。使用选择式成交法时，最好遵循以下的简单步骤：

第一，准备好几套产品配置的成交方案。

第二，只向顾客介绍足够多的部分选择方案，而不是全部；提供过多的选择方案反而可能造成顾客的迷惑和犹豫。

第三，根据顾客的反应，去掉那些顾客不感兴趣的配置方案，重点提供两种选择方案让顾客做最终的选择。

（2）次要点成交法。对于某些购买者来说，要他们做出是否购买的重大决定通常是很困难的，但是，让他们就产品的次要方面做出选择就要容易得多。所以，销售人员有可能通过让潜在顾客对产品次要方面的选择，巧妙地引导他们做出购买决定。

次要点成交法与选择成交法有类似之处。两种方法都要求潜在顾客在两种方案中做出选择。但是，两种决策中所面临的风险大小是不同的。选择成交法通常要求潜在顾客在两种购买方案之间做选择，以避免顾客不做购买决策的情形；而次要点成交法则要求顾客就交易的细节部分做决策，因此，决策的风险比选择成交法要小得多。

次要点成交法也常在第一次成交失败后，作为第二次尝试成交的有效方法。此时，先让潜在顾客在细节问题上做出肯定性的选择，然后，再做出同意购买的决策。

（3）连续赞同成交法。这是指通过引导潜在顾客连续地对一组问题表示赞同，促使顾客做出购买决定。连续赞同成交法与后面所讲的利益概括成交法有相似之处，都是列举所推销产品对于潜在顾客的利益，但是，连续赞同成交法并不是由销售人员自己单独陈述顾客利益，而是巧妙地根据这些利益设计一组潜在顾客必然表示赞同，或者说"是"的问题。例如：

销售人员："王经理，你说过对于我们产品的质量和功能是能够接受的，对吗？"

潜在顾客："是的。"

销售人员："你对于我们的折扣价格也是满意的，是吗？"

潜在顾客："确实是的。"

销售人员："你也同意我们的售后服务和保证条款是合理的？"

潜在顾客："是这样的。"

销售人员："王经理，既然你对于我们产品质量和功能、折扣价格、售后服务和保证条款都是满意的，那还犹豫什么呢？签约吧！"

在这个例子中，销售人员通过让潜在顾客必须承认的三个问题，使顾客对购买产品的利益留下了深刻印象。连续地表示赞同也使顾客处于积极的精神状态，这种积极的态度将有助于顾客接受销售人员的成交建议。

推销实践 10-1 　　　　　**连续提问促成交易**

有一天，费莱德以"一个伟大的推销员"的身份被著名的电视节目主持人迈克邀请出现在迈克的节目中。接下来的事纯属偶然，却展示出了费莱德提问的独特能力。

迈克开始说："费莱德，你被誉为世界第一的推销员，那就卖点东西给我吧！"费莱德毫不犹豫，立即反应，提出了第一个问题："迈克，你要我卖什么东西给你呢？"迈克这位有数百万年薪的主持人听到这个问题时，已由攻势处于守势。他略感惊讶，随即环顾四周，回答说："那好吧！就将这个烟灰缸卖给我吧！"

费莱德又一次问道："你为什么要买这个烟灰缸呢？"迈克感到意外，皱着眉说："喔，它很新，又很漂亮，还是彩色的。此外，我们正在一个新的演播室里，我不想人们随便扔烟头。当然了，我们也很想让抽烟的客人方便些。"

此时，费莱德略思考了一下，突然说："迈克，你要出价多少来买烟缸呢？"迈克结结巴巴地说："最近我没买过烟缸……但是，这个烟缸又大又漂亮，我想，我会出 18～20 元吧。"费莱德在问了三个问题后，说："好吧！迈克。我就以 18 元的价格把这个烟缸卖给你！"一场买卖到此结束。

资料来源　赵慧军. 管理沟通——理论·技能·实务 [M]. 北京：首都经贸大学出版社，2005.

3. 感情诉求成交型

（1）赞扬成交法。这是指通过真诚地赞美潜在顾客的过人之处或独特品质，而取得对方信任促成交易的方法。赞扬成交法特别适用于那些自诩为专家、自负自大或脾气较差的潜在顾客。这类顾客比较乐于接受赞美的话，赞美可以使他们乐于倾听，并做出积极的反应。

但是，要想达成交易，赞美一定要真诚，也要用一些使潜在顾客开心的事来赞扬他。所以，销售人员要善于观察，具有在短时间内迅速发现对方值得赞扬之处的能力。要防止虚伪和不恰当的赞美。因为绝大多数人都能分辨出那些不真诚的赞美，不真诚的赞美只会导致弄巧成拙，得不偿失的结果。

（2）特殊优惠成交法。这是一种销售人员利用人们普遍存在的"求利"的心理，通过提供特殊优惠的交易条件来促使潜在顾客立即采取购买行动的成交方法。销售人员为了促使潜在顾客立刻签约成交，承诺如果当即成交就可以得到特殊的优惠条件，以此诱使顾客马上做出购买决定。这里的优惠条件应当是潜在顾客所感兴趣的，如价格、运费、折扣、让价和赠品等交易条件方面的好处和利益。

特殊优惠成交法也包括通过改变产品设计、工艺、包装和颜色等，来满足对方的特殊要求，促使顾客立即做出购买决定。特殊优惠成交法如果与最后机会成交法结合起来运用，将能更有效地激发顾客的购买欲望，会更有利于成交。

（3）从众成交法。这是一种销售人员利用顾客的从众心理来促成潜在顾客做出购买决定的成交方法。人们或多或少都会有一定的从众心理，其购买行为除了受自身因素影响外，也会考虑全社会的行为规范和审美观念，甚至在某些时候会屈从于社会压力而放弃自身的爱好，以符合流行时尚的发展趋势。从众成交法就是利用人们的这种心理特点，鼓动潜在顾客随大流，购买正在流行的，或具有时尚性的产品，促成交易的成功。由此可见，从众成交法主要适用于推销具有一定时尚性的产品，而且，主要也适用于具有从众心理的推销对象。如果商品的流行时尚性不强，推销对象的自我意识强，而从众意识淡薄，则采用从众成交法就难以成功。

为了提高运用从众成交法的效果，应当把握两个要点：首先，在推销具体商品前，应先发动广告攻势，通过宣传造成从众声势。其次，寻找具有影响力的核心顾客，把推销重点放在说服这些核心顾客上，再利用他们的影响和声望带动和号召其他更多的顾客。

4. 理性分析成交型

（1）利益概括成交法。这是一种最常用的成交方法，销售人员先从正面积极的角度，在概括总结产品主要特点、优势和利益的基础上，然后再提议订货。由此，我们可以得出，利益概括成交法是由如下三个基本步骤所组成的：

第一，确定在洽谈和展示中能使潜在顾客感兴趣的产品的主要特点、优势和利益；

第二，概括说明这些利益；

第三，提出成交建议。

利益概括成交法实际上是在采用我们前面所讨论过的 FABE 推销模式的基础上，通过总结，再次强调产品带来的利益来促使潜在顾客做出肯定的购买决定。在推销日用消费品和生产资料产品时，销售人员不必考虑潜在顾客的任何个性化需求，而只需要直接提出成交要求时，这种概括利益成交法就显得特别有效。

（2）T 形账户成交法。其又称做资产负债表式的成交法，这是一种以模仿人们制定购买决策时的思维过程为依据所设计的成交法。潜在顾客的购买决策过程实际上就是一个权衡利弊的过程。购买的正面理由，强调购买的利益，有助于采取购买行动；购买的反面理由，列举购买的风险，构成对于购买的障碍。潜在顾客的最终决策总是权衡比较正反两方面理由的结果。

利用这种成交法时，销售人员可以在一张纸上画一个大大的"T"字，在"T"字上面的左边写上"买"，在上面的右边写上"不买"。然后和潜在顾客一起回顾对产品的介绍，在"T"字左边的"买"字的下面列出产品受欢迎的特点和购买的好处，逐行标明购买的理由，而在右边的"不买"字的下面，分别列出不买产品的理由。

例如，如果销售人员在洽谈过程中发现，潜在顾客对于所推销的生产资料产品的质量、交货期和可望取得的预期利润都是满意的，但对于付款方式还稍有不同意见，则销售人员可以当着潜在顾客的面，边说明边在一张白纸上写出如下的 T 形账户表（如图 10-1 所示）。

买	不买
产品的质量满意 交货期及时 对预期利润满意	付款方式不合适

图 10-1 T 形账户分析法

为了保证 T 形账户成交的效果，在整个编写 T 形账户表的过程中，销售人员必须始终与顾客保持交谈，并应当获得顾客的认同。如果只是销售人员独自陈述编写，就会影响到效果。此外，说明整个 T 形账户表的所有条款以后，销售人员一定要向潜在顾客表明权衡利弊的结果，毫无疑问，购买才是最明智的决策。

T 形账户成交法既可以单独使用，也可以作为一种辅助手段与其他成交法一起使用，这样能够大大提高成交的可能。例如，如果使用利益概括成交法还没能达成交易，则再采取 T 形账户成交法就有可能促成交易。因为利益概括成交法未能对顾客心中可能的异议做任何分析解释，而 T 形账户成交法公开认同不买的理由和异议，使得顾客的反对意见和异议得以释放，有助于消除做出购买决策的心理压力。

（3）试用成交法。这是一种销售人员把所推销的产品留给顾客，让他试用一段时间，促使其做出购买决定的成交方法。对于经过说服仍然犹豫不决或者不完全相信产品的优点，或者确有其他原因不能立即做出购买决定的顾客，销售人员就可以将样品留给潜在顾客使用一段时间，并让他在规定期限内做出是否购买的决定。这样做不仅可以使他确认购买产品的好处，坚定购买的决心，而且，把产品留给顾客使用一段时间后，也培养了顾客的使用习惯。若再从顾客手中拿走时，顾客就会产生留恋不舍，缺少它就不方便的感觉，从而促使其购买。

当然，要采用试用成交法，销售人员对自己的产品必须具有足够的自信。相信顾客在试用自己的产品一段时间以后，多半会喜欢产品，或养成使用这一产品的习惯，否则就可能要承受较大的风险和损失。

推销实践 10-2　　　　让客户感激涕零地成交

在陪朋友逛街时，我接到一个客户的电话，是几天前向我询价 4 台气动控制阀门的一个客户打来的。对方说我的报价有点偏高，他们的客户有点接受不了。此时，我才知道他原来不是终端客户，而是经销商。他说是某某厂的蔡工介绍时，我还以为他就是某某厂的，所以，就按市场价报了，当初也确实不方便问他。

几分钟沟通后，我了解了情况，心里有了底。最后我说，这事得向老总汇报一下，才能给他答复，但我会尽量为他争取的。客户听了非常高兴，连说要我和老总商量一下。接着，又说他与某某厂的关系如何如何好，如果这次能做好，将来的业务全部和我合作，还让我现在就打电话给老总请示，等会儿就给他答复。

挂了电话，我就向老总汇报了经过，他听了也很高兴，说如果是中间商，还可以下浮 15 点。想不到还有 15 个点的下浮空间留给我，我想这个客户的成交是毋庸置疑的了。可是，如果一下子就下浮 15 个点，那会不会……于是，一个想法在我脑海中油然而生。

一个小时后（时间不长不短，这样一来才能让客户以为我在卖力地向老总争取），我给那位客户打了电话。电话里头，客户急切地问我和老总沟通得怎样了。我（以兴奋的姿态）说，已向老总汇报了你的情况。我们老总认为你与某某厂的关系那么好，为了今后长久合作，所以破例给你下浮 10 个点。我为了给你争取更多的实惠，又和老总磨了半天嘴皮子。最后，他终于答应再下浮 5 个点。也就是说总共给你 15 个点。这是史无前例的了。客户在电话那头听了高兴得不得了，就又聊了半个多小时。最后临挂电话时，客户说："我马上把价格给客户报过去，然后咱们就签合同！"听他这话一说，我是既兴奋又激动。

　　　　第二天合同签好后，客户又打来电话说，再次感谢并欢迎我到他们公司做客。

　　　　回顾整个成交过程，同样是下浮 15 个点，可我先下浮 10 个点，再告诉客户为他再争取了 5 个点，产生的结果是客户对我感激涕零，把我当朋友对待。

　　　　资料来源　张军华 . 让客户感激涕零 [J] . 人大报刊复印资料：市场营销文摘，2010（5）：58.

10.2　签　约

　　在顾客做出购买决定以后，销售人员就应当着手与顾客签订合同，即签约。签约是买卖双方对于成交的书面确认，是整个推销过程中关键性的一步。销售人员在与顾客洽谈前就要对签约做认真的准备，在洽谈中一定要抓住时机，争取与顾客签订一份理想的合同。有许多销售人员在到达成功的边缘时，由于没有主动与顾客签约，使伸手可得的成交又消失得无影无踪。

10.2.1　签约的必要性

　　签约是对买卖双方的意见加以最后协商，并用书面形式加以确认的活动。销售人员始终要记住：在正式的推销中，签约总是必要的。仅仅口头的订货承诺可能会导致多方面的原因所引起的订货纠纷。例如，当事人之间在交谈约定时，任何一方都可能听错内容。其他人在代办交易有关的手续时，也可能发生错误。签订一份正式的书面合同可以使双方口头交谈中容易含糊不清的内容明确化。双方的意见，责任的所在、承诺范围和交易条件文件化，使签约双方的交易行为受到法律上的约束和保障，避免以后对交易的纠纷。

　　归纳起来，签约有三方面的作用：首先，签约用合同的形式确认交易的内容。对于当事人之间的君子协定，很可能因遗忘或误解产生分歧。即使是善意的双方都有可能对口头承诺不放心，众多的意外因素都有可能影响到口头约定的最终能否实现。签约可以避免因双方误解或遗忘所引起的交易纠纷。其次，签约能最大限度地保证双方的权益。在一方因违约造成另一方利益损失时，另一方可借助于法律来保护自己的权益。把交易所产生的风险降到最低程度。最后，签约能促进交易双方维持一种稳定良好的正式关系。口头交易充其量只能是一次性的、充满风险的交易行为。签约达成的交易则更有利于双方保持长期稳定的友好关系。

　　然而，推销的本来目的并不是仅仅签订一份法律意义上完善的合同，可靠的合同也仅仅是万一出现争议时的特效保健药。从推销的立场看，合同只是确保推销工作切实推进的极其重要的一种手段，而不是全部。有人说签约是推销的起点，而不是终点。销售人员千万不能认为签约后，就大功告成了。实际上，如果在签订合同后，销售人员推销不力，行为不当，对方仍然可能会取消合同。在双方发生纠纷时，销售人员即使借助于法律来保护合同所规定的权益时，也往往难以保证自己在经济上不受损失。即使在签约后，销售人员仍然要进行必要的再推销，保证签约目标的最终实现。

10.2.2　签约的准备

1. 消除顾客的不安

顾客在做出购买决定后，往往会出现焦躁不安的情绪，这种焦躁不安的情绪可能要影响签约的进行。所以，销售人员在签约前要努力消除顾客的这种不安情绪。顾客在做出购买决定后至少还可能存在以下五种不安心理：

（1）对交易价格的担心和不安。顾客担心成交价格是否太高了。人们经常假设，当时只要自己在价格谈判中再坚持一会儿，是否就能再便宜一些呢？其他的地方是否能买到更便宜的呢？市场行情是否在下跌？过几天是否能买到更便宜的呢？

（2）对产品质量的担心。顾客会担心最终收到的货物质量与销售人员所展示的样品质量是否相同？货物发送时是否会产生差错？

（3）对能否达到预期结果的担心。顾客担心所购买的产品和服务能否确实满足自己的需要？解决自己所面临的问题和困难？

（4）对交货期的担心和不安。顾客会担心是否能按时收到所购买的产品。

（5）对售后服务的担心。顾客会担心销售人员能否信守承诺，能否提供满意的售后服务。

为消除顾客签约前的焦躁不安，销售人员应当在签约前就上述问题向顾客再做一番解释，坚定他们购买的决心，消除签约的障碍，引导他们完成签约成交。

2. 掌握顾客的信用情报

除了极少数的现金交易外，专业销售人员所促成的买卖几乎都是信用交易，先交货而后收款。多数卖方都给予买方以信用，从而产生债权和债务的关系。因此，销售人员在签约前就需要掌握对方的信用情报。信用情报就是关于对方今后能否确实履行合同的有关信息。信用情报对销售人员来说是相当重要的。当交易金额超过对方的支付能力，或者对方的交易信用很差时，就可能发生坏账。经过努力好不容易达成了交易，一旦发生坏账，就会本利全丢。因此，在签约前，必须掌握对方的信用限度的大小，保证交易是安全的。

顾客的信用情报包括两个方面：一是对方交易上的信用；二是对方法律上的信用。

交易上的信用，首先，是考虑对方支付能力的大小。支付能力可以通过对对方企业的规模、资产状况、经营状况，与同行业企业的比较等调查来确定。其次，是对方不仅要具有支付能力，还应该具有乐意支付的心情，即良好的支付信用。顾客的支付信用往往既与其财务状况有关，又与他们的需求有关，同时，也受到销售人员自身的推销能力大小的影响。

顾客法律上的信用是指，在签约对方是组织的情形，在签约前需要认真确认签约者身份的合法性。首先，因为对方是组织，就需要确认对方组织的合法性，要弄清楚对方是否具有法人资格，是否符合法律上的各项规定，得到有关部门的许可、承认，经过注册、申报等环节。其次，要确认签约对方是否具有代表对方组织的资格。

对于销售人员来说，降低交易风险与提高交易量是同样重要的。如果为了追求业绩而与未经确认身份的人签约，是一种极其危险的行为。如果忽视了确认签约者身份这个重要环节，就可能让违法之徒钻空子，结果轻则承受经济损失，重则陷入没完没了的法律纠纷之中，而无法脱身。所以，在陌生人之间初次交易签约前，确认对方身份的合法性和真实性是必要的。对于重大交易的签约，甚至还有必要再次确认对方身份，防止因对方身份变化而带来的交易风险。

在对于对方的信用情况只有一点点了解的情况下，急于签订合同也是非常危险的，因为顾客的信用状况并不是固定不变的。有时，只对顾客进行一次信用调查也是远远不够的。通常，销售人员对于自己重要的信用交易对象，应当定期收集其信用情报，一般每半年至少一次，以确保交易的安全可靠。为了得到正确可靠的信用情报，销售人员最好在自己重要的信用交易对象企业中，同行业人员中，与本系统有关的新闻机构、银行和工商行政管理部门中寻找适当的人选，建立自己搜集信息情报的关系网，借以获得正确可靠的信用情报。

10.2.3 签约的要点

1. 交易条件的拟定

买卖双方明确交易条件是签约的前提，忽视有关的交易条件会导致推销工作的失误。签约的条件主要包括交易商品的条件、价格条件、交货条件和支付条件等。商品条件往往在洽谈中早已明确。因此，在签约阶段主要是进一步确认价格条件、交货条件和支付条件。

（1）价格条件。在签约阶段，价格往往继续会成为双方讨价还价的目标。买方常常把价格看做孤立的，他们单纯追求价格数字的减少。实际上，价格是随着交货条件、支付条件及其他附带条件的变化而变化的。成熟老练的销售人员常常能在表面上对价格做出让步，而在其他地方挽回损失。

价格随交货条件的变化而变化。交货地点和交货方法的不同，如在卖方仓库交货还是在买方指定地点交货,价格就可以是不同的。价格也随支付条件的变化而变化。不同的支付方法所造成的利息、筹措资金的成本及信用要求不同,价格当然也应当不同。价格还随其他流通上的附带条件的变化而变化,如包装费、运费、保险费等由谁支付,也直接影响价格。因此,在合同中只注明单价多少是远远不够的,还应该说明"在什么条件下单价是多少"。

(2)交货条件。交货条件关系到合同目标最终能否真正得以实现,所以,双方要认真地加以确认。交货条件包括以下七大要素:

①交货时间。双方事先明确规定的交货时间可以是交货日期、交货期限或交货期间,即分别要求在指定的特定日期交货、在约定的某一个最迟日期前交货或者在商定的某两个时间之间的任何时间内交货。

②交货地点。双方事先明确规定的交货地点要具体,范围不能过大。

③交货方法。双方事先要明确规定"怎样"交货。例如,是一次性交货还是分批交货,是在对方指定地点"安装交货"还是"试车完了交货"。

④交货形状。双方事先要商定"按什么形状、样子"或"按什么方式包装"交货。

⑤交货手段。双方事先要商定"按什么方式"交货,是卡车运、船运还是火车运、空运。

⑥交货费用。双方事先要明确由哪一方负担交货时的运输及其他额外费用。

⑦交货验收。双方事先要明确商定买方"何时、何地和由谁"负责验收。

(3)支付条件。"没有不需要收款的销售。"只有回收货款,销售才有意义,也只有收回全部货款的销售才能说是圆满的销售。销售人员的责任是既要出售产品,也要按合同条件收回货款。然而,收回货款绝不是一件轻而易举的事。所以,销售人员在签约前就应当做好货款回收的准备工作。双方在签约前确认支付条件,就能为收回全部货款打下基础。支付条件的具体内容包括"四个何"、"三个支付"。

①何人,即明确指定由谁来支付。

②何故,即明确支付原因,如交易商品的内容。

③何时,即明确支付货款的日期、期限或期间。

④何地,即明确付款和收款的地点。

⑤支付方式,即要明确是现金支付、支票支付还是转账支付。

⑥支付方法,即要明确支付方法及支付的预定措施,如一次性付清还是逐日支付、分期支付。

⑦支付款项,即要确认支付金额以及计算方法。

2. 合同内容要点

合同的标准内容是由以下六个部分所构成的,即合同名称、前言、合同条款、结尾、合同签订年月日和合同双方当事人。合同条款是合同书的中心内容。

合同条款包括基本条款和特约条款，有时还有注释性的注意条款。企业为了避免销售人员浪费宝贵的时间，做重复的事务性工作，通常事先会编写好用于交易的合同文本，事先印刷好，为销售人员提供了方便。

合同的基本条款是构成合同内容最基本的不可缺少的事项。基本条款包括：合同当事人、合同涉及的商品、合同金额、合同履行期限（交货期和货款结清期）、合同履行地点（交货地点和货款支付地点）、合同履行方法（交货方法和货款支付方法）及合同签订的年月日等事项。合同的基本条款是对主要交易条件的正式书面的确认。所以，应当特别认真地对待。交易商品的数量应当是合理的，交易金额不能超过对方的信用限度。同时，交易商品的计量单位一定要符合有关部门的规定。

特约条款是按合同当事人的意图特别增加的条款。通常，交易双方根据需要会增加交货验收特约、风险承担特约和违约特约等方面的内容。

合同的基本条款中尽管也涉及交货条件，但是往往并不包括交货验收的具体细节。所以，签约时最好对基本条款中还未包括的交货验收事项另订一份协议，规定买方在收到货物后应在一定时间内进行验收。避免卖方按预定时间交货，而买方推迟验收，拖延货款支付的日期，引起卖方资金周转的困难。

风险承担特约中，交易双方应事先明确，商品交货时所有权在什么时候由卖方转交给买方，规定在商品交货前后，由于各种原因导致商品出现丢失或破损时的责任界限。例如，通常可以规定商品交货未结束前所出现的丢失、破损、损耗、变质及其他所有的损失由卖方负责赔偿。交货后出现的上述损坏，由买方负责。

违约特约中要明确规定交易双方因一方违约造成对方损失时，违约方应赔偿对方损失的办法和金额。

3. 签约过程管理的要点

签约不仅仅包括合同的拟定和签字，还包括保证合同得到正常履行的其他有关活动。因此，签约活动的过程通常包括如下方面：

（1）合同的签订。签订合同应当建立在双方平等的原则上，兼顾买卖双方的利益。任何一方都不应试图欺骗对方，在合同条款中设下陷阱，但是，另一方面任何一方也都应当有足够的防范意识，防止落入不法分子的圈套。所以，在正式签订合同时，双方应当一起对合同逐条逐句地进行确认，只有经双方都认可的条款才能写入正式合同中。

对于合同草案中的所有交易内容，在签订正式合同前双方当事人应站在双方共同的立场上充分确认是否还存在疑点。为了避免以后产生不必要的误会，在这一阶段搞清楚某些可能的疑点，无论花费多大的力气都是值得的。为此，销售人员应以自己的口气重述一遍对方希望的内容，然后，再以对方的口气说明自己想说的话，以这种方法再次确认。此外，若有必要，还应当征求本企业有关部门，甚至企业外的有关部门的意见,得到它们的认可。只有经过双方对合同的全部条款确实进行确认后,才能签字。

(2) 合同的管理。在合同成立后,销售人员就应当立即与本企业有关部门取得联系,向它们通告合同的内容,特别是商品的条件、交货条件和支付条件等问题。

合同的正本应当集中保管。为了执行方便,可制成复印件,发给各业务部门,以便随时查阅,但要注意保守合同秘密。对于合同的更改、延期、更新、解除和结束,都应履行手续,以免引起不必要的纠纷。对于已经履行完毕的合同,也应当保留两年以上,以防万一必要时查用。

(3) 履约行为的检查。合同开始执行以后,销售人员应当经常确认交易活动是否按合同规定在进行,以及进展情况,尤其是需要督促对方遵守合同规定的支付条件付清货款。

10.2.4　货款的回收

销售人员往往有重销售而轻视货款回收的倾向。不少销售人员很善于推销,说服顾客买他们的东西,但是对回收货款却感到无能为力。然而,真正的销售业绩应该是指回收货款的销售额。销售和货款回收就像一辆车的两个轮子,缺一不可。而且,销售以后如果货款不能按时回收,万一发生坏账,不仅不能获得利润,反而会招致损失。这样一来,销售得越多,损失就越大。

要做到按时全部回收货款,关键在于销售过程中一定要确定顾客的信用限度的大小,在信用限度以内与顾客进行交易。在成交时,一定要与顾客相互确认交易条件。为了保证以后顾客按期支付货款,销售人员在洽谈中切不可为了促成交易而擅自答应顾客自己权限以外的优惠条件,以免到时候因不能兑现优惠条件而成为顾客拒绝按时付款的借口。若一旦发现要从某些顾客处回收货款确有困难时,销售人员最好请有关领导一同走访顾客,借助于上司的力量来争取回收货款往往有一定的效果。

在处理回收货款问题时,销售人员要认识到按时回收货款也是为顾客利益着想,对顾客本身也是有利的。只有认识到这点,销售人员才能理直气壮。实际上,许多销售人员对于回收货款缺乏勇气,担心对顾客催交货款太紧了会影响感情及以后的交易。其实,这种认识是片面的,担心是不必要的。如果不及时回收货款,养成顾客总是拖延付款的习惯,反而会造成顾客资金管理上的混乱,掩盖企业经营上的问题。因此,及时回收货款也是符合顾客的根本利益的。在处理货款回收问题时,要向顾客分析说明,按期付款与否的利害关系,使顾客明白,及时付款所得到的优惠及延迟付款可能造成的不良后果。这样往往能促使顾客按时支付货款。

10.3　推销后的再推销和售后服务

10.3.1　推销后的再推销

1. 再推销的必要性

签约并不意味着成交的结束，甚至也不能保证成交的最终实现或完成。即使签订了一个完美的合同，但如果对方在实际上并不执行，那么，推销仍然可能是失败的。为了保证成交的最终实现，签约后还需要继续进行再推销。即使在成交实现后，也还需要进行再推销，处理顾客可能出现的抱怨，为顾客提供所需要的服务，为顾客重复购买时的再次交易打下基础。

只有在特殊情况下，销售人员仅仅用一次面谈就能说服顾客达成交易、交付使用商品、收回货款，完成销售的全过程。一般情况下，成交远不是一次洽谈所能够实现的。销售人员始终要牢记，成功并非是突然降临的，成功是销售人员每天全身心地投入的结果。想要追求马到成功反而会导致失败，许多销售人员就是为了追求一闪而过的大买卖而毁了自己。因此，以长期的观点对待签约成交是必要的。洽谈中成交失败，也并非表示永无成交的机会和希望了。只要继续进行再推销，就会有成交的机会和希望。因此，不管推销洽谈成败如何，销售人员进行再推销总是必要的。

2. 成交失败后的再推销

（1）成交失败后的辞别。成交失败是推销的挫折和损失，难免使人感到失望，这是事实。许多销售人员往往因此而陷入痛苦，难以自拔。其实，这种消极的态度是不可取的，销售人员必须采取积极的态度，继续坚持成交失败后的再推销，才有可能转败为胜，带来新的成交希望。成交失败后的再推销应当从辞别就开始。成交失败后向顾客辞别时，销售人员应当从以下三个方面做好再推销工作。

第一，表现出坚定乐观的态度。成交失败在推销中是常见的。失败并不一定都是由销售人员个人的原因所造成的。某些外部的客观条件也可能造成成交的失败。因此，即使成交失败，销售人员也仍然应当保持一种高度的自信心，具有对推销成功的坚定乐观的信心和态度。在辞别时，应当对未来成交抱有无穷的希望，在言行举止上表现得坦荡从容。

第二，创造良好的形象。成交失败后，销售人员就要开始为今后再次访问排除障碍，创造再推销和成交的条件。销售人员要利用辞别的机会在顾客中重新塑造起一个良好的形象。销售人员可以用婉转的口气、自然亲切的语言来冲淡成交失败后的窘态，使顾客听了也感觉到轻松舒畅。通常，销售人员可以向顾客表示："真感谢您在百忙之中接待我。虽然这次因为……我没有达成为您服务的心愿，不过，我还是从与您的交谈中学到了不少东西。希望下次再有机会得到您的指导。"

第三，请求介绍和推荐新顾客。成交失败后仍然可以请顾客介绍推荐其朋友和同行给自己作为下一步的推销对象。最成功的推销并不仅仅是达成与顾客之间的交易，而是不仅与顾客本身达成交易，而且也使顾客因对交易的高度满意而乐于为销售人员介绍新顾客。即使在因客观原因一时未能成交的情形，只要顾客对销售人员产生好感和信任，也照样愿意为销售人员介绍和推荐新顾客。所以即使在成交失败时，销售人员同样可以请求顾客介绍和推荐新顾客。若能够得到顾客的帮助介绍他所熟悉的新顾客，则既扩大了推销对象的范围，也为以后再访问原顾客，继续进行推销准备了充分的理由。同时，利用被推荐新顾客与原顾客之间的感情，也可以增强销售人员与新顾客之间的关系。

（2）再回访探索成交失败的原因。成交失败后，销售人员就应当深入探究成交失败的确切原因。分析研究成交失败原因的第一种办法是自我检讨。销售人员本身要对推销洽谈的整个过程做一个全盘的、彻底的回顾，检查自己对顾客的需求、动机和期望的认识是否确切，在面谈过程中对顾客所采取的推销手段、策略和技巧是否合理，销售人员本人在面谈过程中的表现是否良好等。但用自我检讨的方法探讨成交失败的原因难免受主观因素的影响，如果通过再次访问，直接向顾客请教成交失败的原因，结果将会更客观、更可靠。

在直接向顾客询问不能成交的确切原因时，应该再次表现出为顾客服务的热忱和意志，态度既要恳切，又要热情，使顾客感到自己受到重视和尊敬，促使顾客采取友好合作的态度。为了方便顾客说明影响成交的确切原因，销售人员也可以特别列举影响成交的可能原因，启发顾客找出真实的原因。

（3）调整再推销的策略。成交失败后，销售人员也可以通过调整或改变推销策略，继续坚持进行推销。在调整推销策略时，首先要重新审定推销对象的合理性，然后更新和改变推销的具体策略。

在重新审定推销对象的合理性时，要对在访问顾客前所确定的推销对象确实是否具有购买的需要、具备购买力和购买决定权等三个条件，以及购买动机和购买行为等重新进行调研确定，从而决定对洽谈成交失败的顾客究竟是否值得再继续进行推销，或者决定再继续进行推销的适当时机。推销对象的审定需要客观的分析和理智的判断，要求销售人员具备一定的学识和经验，因此，在必要时可以请求其他人的帮助。

成交失败后，销售人员若认识到原来所采取的推销策略和技巧有不合理之处，就需要更新和改变推销策略。此时，就需要重新拟定推销要点，根据这些推销要点准备好资料，再次对顾客进行访问和面谈。在面谈中，销售人员要着重提出不同以往的推销新观点及新资料，以引起顾客的注意和兴趣。

3. 成交后的再推销

（1）成交后辞别不当的几种情形。与成交失败的情形一样，成交后的辞别其实也是再推销的起点。销售人员在成交后辞别时，如果表现不当，就会给再推销造成困难；反之，如果在辞别时就开始进行成功的再推销，就能促使顾客下次需要购买时仍然延续上次的交易关系。但是，实际上，许多销售人员成交后辞别所采取的态度往往对再推销造成不利的影响。成交后辞别不当影响再推销主要有如下三种情形：

第一，有的销售人员由于感到成交来之不易，是多次说服，克服重重困难的结果，因此在成交后就会得意忘形，过分喜形于色。这种态度最容易使顾客产生反感，因此而产生收回成交承诺的想法，使已将成功的交易毁于一旦。产生这种情况的原因是由于销售人员认为成交意味着洽谈中销售人员个人的胜利和顾客的失败，把销售人员和顾客看做对立的双方。其实，销售人员应该认识到，成功的推销可以实现买卖双方的互利互惠，成交与否本身并不含有某一方成败的意思。

第二，有的销售人员正好与第一种情形相反，他们在成交签约后仍然感到成交来得勉强，担心顾客随时会变卦，因此在成交后还会神色惶恐不安，急于离去。销售人员的这种表情很容易引起顾客的猜疑，以为成交签约是受骗上当了，也会产生取消合同的念头。其实，销售人员的这种忧虑是多余的。除非销售人员是用不正当的欺骗手段得到的合同，一般地说，顾客的购买决定总是经过销售人员的说服，对推销建议的价值充分理解的结果。即使顾客真的改变主意收回承诺，销售人员也依然可以重新进行推销说服，仍然有成交的希望。

第三，极个别的销售人员在成交辞别时忘了最基本的礼节，引起顾客的反感，对今后的再推销造成障碍。

（2）成交后成功辞别的要点。成交后辞别时应当避免上述错误，既保证本次成交的最终实现，又开始新一轮的推销。为此在成交辞别时应当：

第一，诚挚的感谢。成交后辞别时，销售人员对顾客的购买决定要表示礼貌性的谢意，但表现必须得体，既不要表现得感激涕零，也不应当假意应付。正如前面所说的，成交是互利的，感恩是不必要的。

第二，赞扬购买决定的明智。成交后辞别时，赞扬顾客做出的购买决定是明智的，最能激起顾客心理上的满足，从而对销售人员产生好感。赞扬顾客购买决定的明智其实是一种积极的感谢顾客的方法，对于促使顾客重复交易或请其推荐新顾客的作用，比单纯的感谢顾客要好得多。

第三，向顾客做出诚挚的保证。在与顾客告别时，销售人员应当再次向顾客做出对交易和对顾客利益的保证，表示随时愿意帮助顾客解决有关困难的意愿。销售人员的这种真诚意愿和态度可以促进销售人员与顾客之间建立长期稳定的良好关系，也是推销成功的保证。

第四，主动与顾客告别。在向顾客传达了上述意愿后，销售人员就可以主动与顾客告别了。要避免在顾客处停留时间过久而影响顾客的正常工作。

10.3.2　销售人员的售后服务

在企业内部，销售人员与其他部门员工之间的分工是很明确的。但对于顾客而言，任何影响其需求满足的因素都可能导致对推销活动的不满，进而怀疑自己购买决策的正确性，甚至取消合同。可见，在签约后销售人员还需要不断地关心顾客，为顾客服务。

即使在一次交易完全实现后，也还应当不断地关心顾客，为顾客提供服务。这是使顾客不断重复购买，保持长期的交易关系所必须付出的代价。对于销售人员来说，"你忘记顾客，顾客就更会忘记你"。但是，通过良好的服务，就能与顾客之间建立起良好的关系。这种关系是战胜任何竞争对手的有力手段，也将为销售人员创造一种进一步了解顾客的问题、需要和动机，了解顾客对所推销产品反应的机会。

良好的推销服务也可以帮助销售人员从中发现很多具有说服力的推销要点和新的推销内容，从而获得更多的新的推销机会。有经验的销售人员都会认识到良好的售后服务是争取获得更多的顾客，赢得顾客的信任，建立长期的业务关系的最理想方法。没有任何其他办法可以与之相媲美。一个出类拔萃的销售人员就必然是一个为顾客提供满意服务的高手。

对于销售人员而言，凡是与成交的最终实现和顾客需求的真正满足有关的工作，如严格执行合同，按时交货发货、安装调试，操作人员的培训等工作中都有销售人员应负的责任。具体地说，销售人员在售后服务方面的工作内容和责任大致包括：

（1）发货和交货查验。有时，销售人员需要亲自参加发货和交货，则在发货或交货之前就应先自行查验。对于错缺的商品应及时纠正，以免送往顾客处造成不良印象。如果由其他人负责交货，销售人员也应事前与负责发货、交货的人保持密切联系，保证产品质量和数量等都符合规定的要求。交货完毕后，销售人员应用电话或邮件与顾客联系确认，了解顾客对商品是否满意。若有误、缺、损等情形，应尽早设法解决问题。

（2）安装和调试服务。在推销需要专门技术人员负责安装的产品、机械或设备时，销售人员也需要把握安装过程的速度和质量。在安装完毕以后，亲自或另请专人检验试用，保证所推销的产品、机械或设备顺利运转。良好的安装和调试服务可以消除顾客对产品的疑虑，增强顾客对于购买的安全感和信任感，避免顾客由于安装不当而造成损失。同时，销售人员参与安装调试服务也可以增进与顾客之间的感情，获得顾客的好感。

（3）操作维护人员的培训。对于新产品或结构复杂的机械设备等产品，在成交后，销售人员需要对顾客进行操作和维护方面的训练和指导。对某些特殊商品，更需要为顾客培养专门的操作人员，以保证使用方法正确和商品功能的正常发挥。

（4）商品调换和零配件的供应。尽管顾客在购买前对所需要的商品已经做了认真的规划，但在交货后，顾客还常常会发现原先订购商品的数量、配套设备或附件等需要调换，否则将难以满足需要。在顾客使用一段时间后，也可能需要定期购买易损件、易耗件，甚至可能因维修早就购买的机械设备而求助于销售人员。对于顾客的这类需求，销售人员也必须尽力满足要求，帮助解决问题。

（5）维修和跟踪服务。对于很多产品来说，良好的维修服务是成功推销的基础。尽管维修服务大多是由专业技术人员来承担的，但是如果顾客对专业技术人员的服务不满意或不方便，仍然可能会求助于销售人员。此时，销售人员就不应当采取推托的态度，而应当积极主动做出维修服务的安排，保证顾客得到满意的维修服务。此外，销售人员还应定期或不定期地回访顾客，了解顾客对使用产品的反馈意见，以便在适当的时候向顾客提出产品更新升级的建议。

（6）妥当处理顾客投诉。在正式签约成交以后，由于多种原因都可能导致顾客的投诉。如何正确处理和解决顾客的投诉也是售后服务中一个非常重要的内容。这部分内容我们将在下一节中专门讨论。

10.3.3　促使重复交易，建立长期业务关系

在实现对顾客的成功推销和签约后，销售人员就应当开始促使顾客重复购买。重复性的购买交易既是顾客对于前次购买表示充分肯定的结果，也为下次再继续交易提供了保证。双方之间的重复性交易是推销取得圆满成功的标志和结果。

重复性购买交易有利于建立双方长期稳定的业务关系。长期稳定的业务关系可以大大提高销售人员的业绩，也可以降低每次交易的成本，同时可以强化顾客对销售人员的信任，有助于从老顾客身上获得寻找新顾客的途径，开发更多的新顾客。长期稳定的业务关系还可以使销售人员从与老顾客交往中获得有用的信息，发现有用的推销建议。

但是，要实现重复性的购买交易和建立长期稳定的业务关系都必须具备三个基本条件：首先，交易商品本身的功能和效用不但要满足顾客一时的需要，而且还要满足顾客长期发展的需要。其次，签约成交后销售人员能给予顾客完美的服务，使顾客感到确实满意。最后，要使顾客从已有的购买经验中得到一个结论性的启示，唯有向原有的销售人员购买，才能充分发挥商品、货源和销售人员的价值。只有这样，任何其他提供同类商品的销售人员就都无法改变顾客的购买决定而取而代之了。

深入探究上述三个条件，不难发现其实每一条都离不开良好的顾客服务。任何一种产品都难以适应顾客长期发展的需要，但良好的顾客服务可以保证为顾客

提供所需要的合适产品。良好的顾客服务也是阻挡竞争者入侵和分享市场的最有效的壁垒。

然而，长期不断地与同一个顾客打交道要求销售人员树立高度的责任心，注意研究市场的变化，使所推销的产品不断适应市场的发展，满足顾客的新需求，所有这些又要求销售人员不断提高顾客服务的能力和水平。

10.4 顾客投诉的处理

10.4.1 处理顾客投诉应有的态度

1. 要站在顾客的角度看待顾客投诉

在签约成交以后，销售人员往往会发现顾客有许多抱怨，其中某些人甚至提出了正式的投诉。对于这些投诉，销售人员常常发现是顾客的无知所引起的，许多投诉都是错误的。确实，有时从一个旁观者的角度，或者客观地看，顾客的投诉也纯属小题大做，甚至是无理取闹。因此，有些销售人员常常认为顾客的抱怨和投诉是某些人的一种坏习惯，只是借机发泄自己心中的某些怨恨，或者企图趁机捞些好处而已。所以，不少销售人员对顾客的抱怨甚至投诉，往往不予理睬、敷衍了事，甚至采取拒绝接受顾客抱怨和投诉的态度，结果就进一步激怒了顾客，以至中途取消合同，断送了成交的机会。

但是，如果站在顾客的角度看问题，抱怨和投诉总是有原因的，情况也确实不像销售人员所想象的那样。同样一个问题如果不顺利解决，结果可能变得非常严重，小问题也可能产生严重的后果。晚一天交货在旁人看来是小事一桩，但可能会把顾客整整一个月的生产计划彻底打乱。由于疏忽所造成的，在交货品种、规格和质量等方面的差错，可能会使顾客整批产品报废，造成数以万计的损失。设备中某个仪表的失效有可能导致严重事故的发生。由此可见，在听到顾客的抱怨或投诉后，若用"问题不至于那么严重吧"或者"我还是第一次听到这样的事"这样的话来应付和平息顾客的不满，只会火上加油，进一步激怒顾客的情绪。作为一个销售人员，站在顾客的角度看待他的不满、抱怨和投诉是必要的。只有这样，才能更好地理解顾客抱怨和投诉的极端重要性，才能妥善处理好顾客的抱怨和投诉。

站在顾客立场上看待他的不满、抱怨和投诉会使处理问题变得积极而简单。顾客抱怨的目的多半是希望充分引起销售人员的注意，帮助他解决所面临的问题。如果销售人员能够向顾客表明自己同情顾客的处境，并愿意帮助他一起解决问题，他就不会要求撤销合同，而会继续向你订货了。既然如此，妥善地处理顾客抱怨和投诉也就是销售人员的应尽责任了。销售人员还应当认识到，正确合理地处理顾客的抱怨和投诉是促进彼此之间关系发展的良好机会。不论哪个行业，顾客刚产生不满情绪时绝对不会马上与销售人员断绝往来，而是会加强彼此联系。此时，销售人员应当抓住时机，努力使顾客的抱怨或投诉有一个满意的结果，这样做就能进一步发展双方的关系，促使重复购买。危险的倒是如果顾客本身不满，但却又采取沉默的态度。这时，顾客可能正打算向别的企业采购，你就可能真的失去这位顾客了。

销售人员还应当认识到，他所了解的顾客抱怨其实只是顾客实际不满中的一小部分。通常，企业在交易后可能引起顾客不满的事例中，大约只有一半左右能够被顾客在使用中发现，而另一半也许就没有被觉察到。而那些已经觉察到问题的顾客中，又有大致一半会因为太忙或其他原因，没有告诉销售人员，因此，销售人员实际上只听到不满顾客中一半的抱怨或投诉。总起来说，销售人员所听到的顾客抱怨和投诉只有实际可能引起顾客不满的事例中的四分之一而已。那些提出抱怨和投诉的顾客其实是已经经历了强烈的不满和痛苦的忍耐后才采取了行动。而且，每一个人实际上都代表了背后大约四个人的意见。如果销售人员对这些抱怨和投诉仍然采取消极逃避的态度，就意味着自己断送了再推销的机会。

2. 让顾客正确多半是值得的

在听到顾客的抱怨和投诉后，销售人员通常马上会想到顾客的抱怨或投诉是否正确。如果顾客的不满是合理的，那么很简单，不要推托和搪塞，赶紧向顾客道歉，尽快改正错误并采取措施，保证以后不再犯同样的错误。必要的话，还应当补偿对方由于自己的失误所造成的损失。问题在于，如果顾客的抱怨或投诉不完全正确，那该怎么办呢？

特别是，当销售人员清楚地知道，顾客的不满是不完全正确的时候，他们一般是极不愿意违心地承认顾客的抱怨是合理的。不少销售人员在听到顾客的抱怨后会马上向顾客证明，他的指责是毫无道理的。有的销售人员还往往以向顾客证明他的抱怨或投诉是错误的为乐趣。在这里，我们碰到了一个问题，通常所说的"顾客总是正确的"的结论，在处理顾客抱怨或投诉时，是否还始终是对的。

从推销的角度看，销售人员应该承认"顾客总是正确的"。因为承认顾客正确就提供了达成交易的良好机会，拒绝接受顾客抱怨、投诉或证明顾客错误往往意味着失去一位或许多位老顾客，甚至还有一大批的潜在顾客。那些感到不满的顾客常常会对周围的人发泄自己内心的愤怒，而且这种发泄通常还是不客观的，从而堵绝了销售人员与这些人之间交易的大门。

对于销售人员来说，承认顾客总是正确的，就是意味着"让顾客正确多半是值得的"。作为一个销售人员，在听到顾客的抱怨和投诉以后，应当根据具体情况，充分考虑本公司的长期利益，然后做出决定，是否值得让顾客正确。他需要考虑的是，接受和处理顾客抱怨或投诉所付出的代价和拒绝顾客抱怨或投诉所产生的后果，孰轻孰重？一般地说，权衡的结果通常是，让顾客正确多半是值得的。

如果销售人员拒绝接受顾客的抱怨或投诉，则如上所述，他就可能会失去一个或几个顾客，而且顾客还可能是大买主。这意味着以前所有的推销努力都会落空，过去很长时间内建立起来的业务关系可能会毁于一旦。如果接受抱怨或投诉，通常使一个抱怨或投诉的顾客感到满意并不需要付出昂贵的代价。认真负责地处理抱怨或投诉，即使赔偿所花的代价比争取一个新顾客所花费的代价高，但与从抱怨顾客的订货中得到的收益相比可能会少得多。即使是赔偿额超过了本次交易收益的情况下，只要能使顾客满意，赔偿也是值得的。因为只要不失去顾客，就还可以进行新的交易，就可以在今后的交易中把赔偿的损失追补回来。由此可见，在一般情况下，销售人员对顾客的抱怨和投诉采取宽宏大量的态度和积极的解决办法是应该的，是符合销售人员本身利益的。总之，对于销售人员而言，在一般情况下，让顾客正确总是值得的。

3. 区别顾客的无知和存心欺诈是必要的

在处理顾客毫无理由的抱怨和投诉时，慎重地区分顾客的无知、由于某种原因而引起的一时感情冲动和存心欺诈行为之间的差别是必要的。由于无知，顾客有时会提出一些毫无根据的抱怨、投诉和不合理的索赔要求。在被激怒时，顾客提出的抱怨和投诉多半也是过分的，但销售人员绝不能因此认为顾客是存心欺诈。在没有充分理由证明顾客是欺诈的情况下，要信任顾客，不要怀疑顾客，当然更不应该侮辱顾客。

在顾客夸大事实真相，提出不合理的投诉和赔偿要求的情况下，销售人员一定要克制自己，要谨慎行事，应当通过摆事实，讲道理，以理服人。要相信在顾客情绪安定，销售人员心平气和地说明情况以后，顾客的抱怨和投诉是可以合理解决的。

4. 要真诚认真地对待顾客的抱怨和投诉

对于顾客的抱怨和投诉，销售人员总是应该把它当做大事来处理，特别是当怀有强烈不满的顾客当面提出抱怨或投诉时，更是如此。正确的做法是，一边听到抱怨或投诉，一边就把它记录下来。如果同意顾客的部分看法和意见，也要积极主动地表达出同意的意思。这样一来顾客会感到销售人员对他的不满和抱怨的重视，相信会诚心帮助他解决问题，也就安心了。在听到顾客的抱怨和投诉后，先让顾客的情绪平静下来是最要紧的，等到顾客情绪稳定后，再来处理也就容易了。

真诚认真地对待顾客的抱怨和投诉，也要为顾客提供抱怨的便利，要让顾客畅所欲言地提出他们的抱怨和投诉。在聆听顾客的抱怨时，销售人员必须使顾客把想说的话全部说出来，愈具体、愈详细愈好。然后，再揣摩顾客言语背后的意思，找出其所以不满的原因。销售人员要认识到，如果顾客有不满和抱怨需要申诉，最好是让他直截了当地向你诉说，而不要让他向其他人去诉说。顾客向其他人诉说的结果多半是终止与你的交易。如果你为顾客的抱怨提供便利条件，顾客就会毫无顾忌地把他所知道的一切告诉你。这就意味着双方关系的深入发展。

5. 处理抱怨和投诉应持宽宏大量的态度

在处理抱怨和投诉时，应当认识到抱怨和投诉在一定程度上是难以避免的。销售人员也应该把处理顾客的抱怨和投诉看做自己应尽的职责，对抱怨和投诉尽可能地采取宽容和慷慨的态度。销售人员应当认识到，处理抱怨和投诉时表现慷慨并不意味着就承认顾客的抱怨是正确的。正确合理的抱怨处理办法应当既满足顾客的要求，又不对顾客的抱怨承担任何法律责任。以宽宏大量的态度来处理顾客抱怨可以使顾客感到销售人员确实是为顾客利益着想的，表现出自己高度的合作精神，这样有助于赢得顾客的赞许和感激。在顾客的抱怨并非无懈可击，而你通过强调特殊情况特殊处理，而做出一些让步时，也可以向顾客表明，慷慨地处理抱怨和投诉也不应当认为是为今后的交易开了一个先例。

在处理顾客无理的抱怨时，销售人员可能会遇到蛮横无理的态度，但即使如此，采取宽宏大量的态度仍然是必要的。即使顾客开口骂人，销售人员也仍然应当友好地对待，绝对不能对骂。最好的应对办法是不要理睬他。没有对手，时间一长，顾客也就不会再继续下去了。在顾客大发脾气时，最好是对顾客说"我完全理解你"。对他表现出同情往往能有效地平息他的情绪。当然，说话的态度、口气和表情都要体现出对顾客的同情。一种可行的办法是，先承认顾客在原则上是对的，先让顾客的态度冷静下来，然后，再就顾客的抱怨和投诉进行实事求是的调查和处理。

10.4.2 顾客抱怨的原因和处理办法

1. 销售人员的失信违约引起抱怨

销售人员的失信违约引起顾客的抱怨是合理的。有时，销售方在签约成交后确实会发生失信违约的情形。尽管多数情形并非是由销售人员本人，甚至也并非是销售企业的过失所造成的，但是在顾客看来，结果都是一样的——销售人员失信违约。

最常发生的失信违约是交货延迟。这种失信也未必是由于销售人员的疏忽所造成的。可能是其他的不可控制的外部因素变化的结果。不过，由于销售人员所处的特殊地位，自然就成为顾客投诉的对象。

可惜的是，许多销售人员遇到这类难以解决或自知理亏的抱怨时，或者佯装置身事外，采取不闻不问的态度，或者是拖延回避，进行搪塞，使本来可以弥补或者解释清楚的事情错失了良机，一误再误而到不可收拾的地步。

销售人员在处理己方失信违约所引起的抱怨时，应该挺身而出，面对事实，要努力设法解决问题。首先，要尽量及时地将事实的真相告诉顾客，以诚实、负责和坦率的态度，向顾客说明不能守约的原因。其次，不管失信违约是否是由自己的错误所造成的，销售人员都应当向顾客表示歉意，同情顾客的遭遇，理解顾客由此所造成的损失。最后，向顾客表明自己愿意全力设法挽救的决心和意愿，并提出补救办法。

2. 顾客个性或情况变化引起的抱怨

有些顾客习惯上就爱提意见和抱怨，这是由他们的个性所决定的。相反，有的顾客即使有满腹抱怨，也宁愿一味保持沉默。他们担心提出抱怨会遭到销售人员的驳斥，会伤害到他的虚荣心，或者会失去对方的信任，影响以后的交往。所以，销售人员在处理顾客的抱怨时也应当考虑到顾客个性的特点。对于前者，用事实对顾客进行说服，并争取他们的理解是必要的。对这类人也许简单地看待"让顾客正确是否值得"的问题并不一定合适。对于后者，销售人员一定要克制自己，谨慎行事。

有时，顾客产生抱怨的原因也可能与销售人员本身及所推销的产品没有任何联系。顾客可能是因为心情不舒畅，精神受到刺激，情绪恶化，从而借题发挥提出抱怨。在这种情况下，销售人员必须小心谨慎地劝说顾客冷静下来，恢复理智。一旦顾客心平气和，他们也就会用理智，而不是感情来考虑问题了，他的抱怨也就会随之消失了。

顾客在发怒时所提出的抱怨往往是夸大事实真相和不合情理的。而且，他们会对任何人的话都听不进去。这时，要消除顾客的抱怨需要时间。在这种情况下，争辩和说理只会引起争执或激怒顾客。顾客甚至可能会因此而马上取消订货。所以，此时销售人员不应当与顾客直接讨论抱怨问题，而应当征求顾客的意见，问他是否同意改日再进行磋商。这样一来，顾客就可能会意识到销售人员对于他的抱怨已经给予了充分的注意，并正在努力寻求解决办法。而且，到时候顾客也许已经冷静下来了，可以与他进行面对面的讨论有关问题了。对于销售人员来说，推迟讨论有关问题，还可以赢得时间，有可能找出合适的解决方案。

3. 顾客因不能达到预定目的而抱怨

有时，顾客的不满并不在于产品的质量不好，而在于产品的实际效用并不能帮助顾客实现预定的目的。尽管产品本身是完好无损的，然而可能并不符合顾客的需要。这可能是因为销售人员并没有搞清楚顾客真正的需求是什么，也可能是顾客的某些情况发生了变化，造成产品不能满足顾客的需求了，甚至也可能是销售人员在推销过程或交货时没有给顾客必要的指导所造成的结果。在所有这些情况下，销售人员也应当冷静地考虑接受顾客的抱怨是否值得的问题，并按照"让顾客正确多半是值得的"的原则来处理抱怨。

4. 顾客为维护声誉而提出抱怨

有时，顾客抱怨的原因只是为了维护自己的声誉和自尊心，他们希望通过抱怨来得到补偿，显示自己的精明能干、知识渊博或者对工作的负责精神。为此，顾客总想千方百计证实自己是正确的。对于这类抱怨，尽管有时一时难以判断究竟责任属于哪一方，但是，如果销售人员能够做出象征性的部分赔偿可能是明智的。实际上，对于这类顾客，只要做一些微小的补偿就可以消除顾客的抱怨了。因为他们提出抱怨的目的就是希望得到名义上的补偿来证明他们的正确，而不在于赔偿的多少。在这种情况下，对于销售人员来说，以极小的代价解决顾客的抱怨，保留住与顾客之间的业务关系也是值得的。

推销实践 10-3　　　　如何积极应对客户投诉？

应对客户投诉时，难免会有少数客户性格偏激，容易激动，造成情绪失控。对于这类人处理不好，容易引发冲突，甚至导致公司公关危机。下列五招有可能让吹胡子瞪眼睛的投诉者快速灭火，避免事态的扩大。

1. 低位坐下

处理顾客投诉时，尽量要让顾客坐下来谈话。若投诉的客户本身就带有偏激情绪，那么，销售人员摆事实，讲道理多半也是没有用的，对方根本就听不进去。让对方坐下，重心放低，有利于缓和其情绪。因为根据心理学研究结果，人的情绪高低往往与身体的重心成正比。重心越高，就越容易情绪高涨。如果首先让对方坐下，等对方情绪平静后再进行沟通效果就好多了。

2. 反馈式倾听并记笔记

反馈式倾听就是在倾听对方的投诉时态度要主动，积极并注意给予反馈。根据沟通心理学的规律，让自己的表情、语言和动作与对方说话内容保持高度一致是沟通投机的表现。反馈式的倾听会让对方产生被重视的感觉。所以，在倾听客户投诉时，无论在表情或语言上都要不断进行反馈。同时，认真地记录对方讲述的内容，能让对方感到自己被理解和受到重视；相反，面无表情，不做任何记录的倾听会让对方觉得自己的委屈得不到重视，火气就可能越来越大。

3. 重复对方的话

在接待客户投诉时，应当将客户的谈话内容及思想观点加以整理后再用自己的语言反馈给对方。例如："为了使我们理解准确，我和您再确认一下，您刚才的意思是……"重复可以让对方感到备受重视。对方也一定会反过来专心听你所重复的话，寻找错误或遗漏之处。重复也能转移对方的注意力，自然更利于消除火气。重复对方话的频率应当与客户情绪的高低成正比。客户情绪越高，重复的频率也应越高，这样更利于对方平静下来。

4. 转换场地

如果前三种方法还不能使对方情绪平静下来，则可以考虑请对方换一个场所谈话。例如说："这里房间小，椅子也不舒服。我们到另一间办公室去谈。那里安静坐着也舒服。"到了新的场所后，客户的注意力会不由自主地分散，情绪也能迅速缓和下来。

5. 认真处理

如果让对方感到问题正在或即将被处理，客户的情绪自然会逐渐平静下来。因为客户投诉的最终目的是要解决问题，问题已在处理之中就让客户看到了希望。即使无法立即满足客户要求，销售人员只要采取如下两种行动也多半能使对方感到满意。第一是拿出准备好的表格，让对方填写；第二是拿出自己随身携带的小本子，记录对方的话。在记录后承诺一定会认真处理，随后，收藏好本子。这些行动都告诉客户已经达到了投诉目的。帮助其稳定情绪，为大事化小，小事化了，提供了谈判环境。相反，如果在听完投诉后只是简单地回复："您放心，我们会尽快解决您的问题的。"在很多情况下反而让客户更担心。

资料来源　鞠强 . 客户投诉 5 招灭火［J］. 销售与市场，2009（10）：68.

主要概念

顾客购买口头语言信号　　非口头的肢体语言信号　　行动性信号　　直接要求成交法　　假设成交法　　选择式成交法　　次要点成交法　　连续赞同成交法　　赞扬成交法　　特殊优惠成交法　　从众成交法　　利益概括成交法　　T 形账户成交法　　试用成交法

基本训练

@ 知识题

1. 成交的必要条件和原则是什么？
2. 什么是顾客的购买信号？常见的顾客购买信号有哪些类型？
3. 成交策略和技巧可以分为哪些类型？每种类型的方法又有哪些？
4. 为什么签约总是必要的？
5. 再推销的含义是什么？不管推销是否成功，销售人员为什么都要进行再推销？
6. 销售人员对待顾客抱怨和投诉的态度、策略和方法是什么？

@ 技能题

1. 在学完本章内容以后，重新浏览本章开头的引例，说明销售人员为了提高销售业绩，应当如何对待成交签约中的风险。

2. 去超市或电子市场某产品展区，观察某目标顾客与销售人员之间的相互沟通过程。识别目标顾客有否发出成交信号，有哪些成交信号，分析销售人员是否对这些成交信号做出了正确的反应，提出值得改进的地方。

第3篇　销售队伍的管理

第11章　销售队伍的管理

（学习目标）

知识目标：理解销售队伍的组织和团队管理的概念和内容；理解销售人员的选拔、培训、激励和考核的概念和内容；深刻理解销售人员时间管理和区域管理的概念、含义和方法。

技能目标：掌握销售队伍组织和团队管理的基本方法和技巧；掌握销售人员的选拔、培训、激励和考核的基本方法；掌握和应用销售人员时间管理和区域管理的方法和技巧。

引 例

刘雨自5年前创业以来，一直自己兼管销售。但是随着销售队伍的不断扩大，他已经没有精力再全面主管销售了，毕竟他现在还有更重要的事要去做。他觉得需要加强对销售人员队伍的管理，急需要解决如下三个问题：

1. 究竟应当选谁来做销售团队的领导？

刘雨早就决定提升一名销售部副经理来主管销售。他心中已经有了两个人选。一个是销售能力强但管理能力平平的甲，另一个是管理能力超强但个人销售业绩平平的乙。选甲吧，怕他只顾个人业绩，无法带领团队一起前进。选乙吧，虽然有较强的平衡协调能力，人际关系也好，但担心他业绩平平难以服众。实在举棋不定。

2. 应当是加强过程管理，还是结果管理？

衡量成功与否的最终标准总是结果。因此，以前刘雨在公司内部对销售人员唯一的考核指标就是结果，按实际回收的货款来确定销售人员的报酬奖金。但是，刘雨发现结果常常是由过程所决定的。销售过程的控制可以发现许多异常现象和问题，及早解决问题，就能提升销售人员的业绩，由此看来，过程又重于结果。那么，管理和考核中应当如何处理好两者之间的关系呢？

3. 应当是感情管理为主还是应当制度管理为主？

公司销售人员中有个别"个性和能力都强"的"特殊分子"。这些人能力很强，但在遵守公司规章制度方面往往有很大差距，无法达到公司的要求。完全按制度进行管理，无异于迫使他们离开。刘雨认为，这些人很可能有"养兵千日用兵一时"的作用。如果想要留住他们，可能就需要对他们实行"特殊政策"。这样做合适吗？

近年来，刘雨一直在寻找这三个问题的答案，但总是没有结果。因此，他计划找一家咨询公司，来探讨这些问题的解决办法。

11.1　销售队伍的组织和团队合作

11.1.1　销售队伍的管理概述

1. 销售队伍管理的重要性和目的

由于销售人员独特的身份地位和较大的独立自主性，公司销售部门就必须对整个销售队伍加强管理。如果对销售队伍疏于管理，则一旦失控就可能给整个公司造成巨大的冲击和损失。另一方面，销售工作的困难性和富有挑战性，也要求对销售队伍进行有效的管理；否则，销售人员又会因缺少必要的技能、激励、考核和鞭策，产生懈怠和困惑而失去激情和竞争能力。可见，想要取得良好销售业绩的公司，必须对自己的销售队伍进行有效的管理。

公司对销售队伍管理的目的不仅是要让优秀或成熟的销售人员做出优秀的业绩来，更重要的是要让平凡的人也能做出不平凡的业绩来。对于销售精英人才来说，不管在什么样的公司中，一般都能取得优秀的业绩。但是，对于普通销售人员，如果疏于管理，则业绩就很难让人满意了。优秀公司就是能够通过对销售队伍的成功有效的管理让普通销售人员也做出不平凡的业绩来。可见，对销售队伍的有效管理是公司成功的重要条件之一。

2. 销售队伍管理的内容

对销售队伍的管理包括如下几个方面：

首先，对现有销售队伍进行适当的组织，保证每个销售人员具有明确的责任和目标。

其次，要对销售人员的选拔、培训、激励和考核等所有环节进行有效的管理。招聘和选拔合格的销售人员，对销售人员进行适当的培训、激励和考核，提高销售人员的素质和能力，为他们获得满意的业绩提供条件和帮助。

最后，公司还需要帮助每个销售人员提高自我管理能力。通过提高每个销售人员对于自己的时间、区域、档案和压力等的自我管理能力，促使他们适应工作的要求，提高业绩。

对销售队伍的成功管理主要依靠三种手段：

首先，就是通过销售队伍的合理组织为每个普通销售人员提供支持使平凡的人也能做出不平凡业绩的"支持平台"。支持平台是让平凡的人做出不平凡业绩的重要基础条件。管理优秀的企业通常会对销售队伍进行适当的专业化分工。专业化不仅能提高每个销售人员的熟练程度和效率，还意味着为平凡的人做出不平凡业绩来创造了基础条件。

其次，管理成功的企业也会借鉴优秀企业和优秀销售人员的"经验"与"教训"而编制成销售队伍管理的规范和流程。这样就避免销售人员反复"交学费"，避免因销售人员的个人经验、能力或悟性不足而可能给企业造成的损失。

最后，管理成功的企业也会通过为每一个销售人员提供适当的培训来提高他们的素质、能力和业务水平。专业性销售培训的目的并不仅仅是增长知识，而是一种为提高实施和执行某些具体的推销活动或任务而安排的实务性训练。同时，精心组织的销售培训对于提高销售队伍的专业化和完善销售队伍管理的规范和流程也会有非常重要的作用。

11.1.2　销售队伍的组织

1. 影响销售队伍组织的因素

（1）专业化程度。当企业产品和所面对的市场或客户足够简单的时候，每位销售人员都能完成所有的推销工作。此时，每个销售人员都是多面手，能从事所有产品的推销，面向所有的顾客进行推销，并完成推销过程各个环节的所有工作。这时，销售队伍的组织结构总是综合型的。随着企业产品和面对客户变得越来越复杂，销售人员往往就只能向特定的顾客推销，或推销特定的产品，或只能完成推销活动的某些特定环节了。此时，销售队伍的组织就出现了专业化趋势。而且，从发展趋势看，按综合型组织的销售队伍的比例正在减少，而以客户为基础的专业型的销售队伍组织的比例在大大提高。

（2）集权化程度。早期的销售队伍组织几乎都是集权的，重要决策都是由高层做出的，但环境变化和企业间的竞争要求销售企业必须对客户需求及时做出回应，这迫使企业逐渐对销售人员进行授权。于是，销售队伍组织就出现了分权化的趋势，但过度的分权又可能造成不同职能部门之间的不协调，也存在推销活动失控的风险。所以，分权的同时必须重视和强调不同部门之间的高度协调和合作。所以，任何一个企业对销售队伍的组织都必须在集权与分权之间找到一个平衡点。

2. 销售队伍组织结构

对于销售队伍组织结构的设计其实就是按照公司的实际情况对于组织的专业化和集权化程度进行决策，并进行适当组合的结果。最常见的销售队伍组织结构有如下几种：

（1）地域型销售组织。这是一种专业化水平最低的销售组织。销售人员被分配到某个地理区域内开展面向所有客户的推销活动。这种组织的优点是组织的运作成本低，不会造成不同销售人员的地理位置和客户之间的重合；缺点是销售人员的专业化程度低，同时，在重视关键产品或重点客户方面缺乏有效的控制。

（2）产品型销售组织。这种组织按产品分配人员实行专业化，由专人负责特定产品或产品线的推销，希望他们成为所分配产品类别中的专门人才。这种组织的优点是销售人员可望成为产品应用方面的专家，同时对于所分配产品的推销努力能进行管理控制；缺点是组织的运作成本高，也会造成不同销售人员的地理位置和客户之间的重合，而影响推销效率。

（3）市场型销售组织。这种组织把销售人员分配给指定的顾客，并要求满足这些顾客的所有需求。这种组织要求销售人员理解顾客是如何购买和使用公司产品的，并努力满足顾客需求。这种组织的优点是为销售人员深入理解顾客需求创造了良好条件，公司管理层对不同市场上的推销努力能够进行有效控制；缺点是组织的运作成本高，会造成地理位置上的重合。

（4）职能型销售组织。这是一种职能专门化的组织，让销售人员专门从事某些规定的活动可能会有更高的效率。例如，可以让一线销售人员直接面对客户开展创造性的推销活动，以获取订单；让电话销售人员开展客户服务活动；让专门的内勤人员来处理货物发运和货款回收等事项。职能型销售组织的优点是推销效率一般比较高；缺点是会造成不同销售人员的地理位置和客户之间的重合，需要投入更多的协调方面的努力。

11.1.3　销售队伍的团队合作

1. 团队销售和合作的必要性

随着顾客需求的日益复杂化，以及企业对顾客的争夺竞争越来越激烈，无论企业还是销售人员个人都已经发现，单个销售人员的推销努力通常已经很难满足顾客需求，保证顾客满意，获得竞争优势了。团队销售和合作已经成为推销能否长期获得成功的关键性因素了。

现代推销技术重点强调通过与外部顾客之间建立良好的客户关系而取胜，但是另一方面，销售队伍的内部关系在推销中也显示了日益重要的作用。因为销售人员与顾客之间的良好关系依赖于销售队伍内不同职能部门和人员的支持程度。紧密的客户关系依赖于销售队伍良好的内部关系作为基础。

团队销售就是要求公司在组织销售力量时打破各部门之间的界限，有效地组织资源，调配合适的产品，来满足客户的需求。所以，销售人员在了解顾客需求、问题和期望后，就应当将销售组织的内部人员和有关专业人士组织成为综合性团队，一起为顾客提供比竞争对手更合适的产品方案，为顾客创造更大的价值。在团队销售和合作的过程中，销售人员经常会发现，需要与其他销售或营销人员、设计与制造人员、管理职能部门的人员、运输和顾客服务部门人员紧密合作，共同为实现销售目标而努力。只有通过组织成功的销售团队和广泛的合作，才能创造自己销售方面的独特竞争能力，实现销售的目标。

尽管对于某些小公司而言，非团队的销售现在仍然能够满足公司的要求，但是对于绝大多数公司，特别是下列这样一些公司，采用团队销售已经显得特别必要了，如需要向某个单一客户销售多种不同产品或产品线的公司、需要向多家客户销售产品或利用厂商代表销售产品的公司、需要迅速开发市场的公司等，它们特别需要组织团队销售和合作。

2. 团队销售和合作的作用

（1）提升销售业绩，提高客户满意度。通过建立一支以客户为中心的销售团队，让销售人员、客服人员、技术专家和来自于其他职能部门的员工一起合作，在更大范围内整合知识和技能，以强化客户关系，具有创造性地为客户提供全面的解决方案，既能提升销售业绩，又能提高客户满意度。

（2）降低销售成本。团队销售和合作既有利于提高销售人员的专业化水平，提高工作效率，也有利于减少为建立客户关系而付出的重复劳动。同时，团队合作也可以保证在公司范围内合理调配各种资源。所有这些都能大大降低公司整体的销售成本。

（3）减少公司内部争斗和机会损失。在非团队销售和缺乏合作氛围的公司销售部门中，销售人员之间经常会因争夺客户、机会和资源而发生内部争斗，影响效率和效益。团队销售和销售人员之间的紧密合作则可以避免内耗，获得更多的销售机会。

3. 销售队伍的内部关系与团队合作

在团队销售和倡导广泛合作的公司中，销售人员必须培养如下的一些良好的内部关系和紧密合作，从而为取得良好的销售业绩打下基础：

（1）与其他销售或营销人员的合作。销售人员经常需要与同在销售部门的其他销售人员合作组成团队，以便获得处理特别困难的销售问题所需要的特殊技能和专业知识。销售人员与从事其他营销工作的人员进行紧密的团队合作，就可以保证为顾客所提供的产品方案更符合顾客的实际需要，能得到顾客更积极的响应。所以，从事其他营销职能的人员也是销售人员富有价值的合作伙伴。

（2）与设计和制造人员的合作。为满足顾客需求，销售人员经常需要对顾客做出关于修改产品设计和改变生产安排方面的承诺。这些承诺的实现大多依赖于技术设计和生产制造人员的支持配合。如果销售人员与设计制造人员之间有紧密的合作，双方就更乐于通过合作来实现这些必要的承诺，销售人员也会更敢于为争取获得顾客而做出必要的承诺；缺乏与设计制造人员之间的紧密合作，销售人员就既不敢，也无法实现承诺。

（3）与管理职能部门人员的合作。成功的销售与顾客满意还需要销售人员与其他管理职能部门人员之间的合作。例如，与质量管理人员、计划人员、财务人员和供应部门人员之间的紧密合作，将保证这些管理部门为满足销售人员所开发的顾客需求而通力合作，使顾客需求得到最大的满足。不同的管理部门之间的关系也将更协调，运作会更有效。

（4）与运输和客服人员的合作。顾客经常会出现紧迫的需求，要求销售人员立即交货、加快发货或临时增加发送次数。要满足顾客的这些需求必然会影响运输部门的正常工作节奏，提高运输的运营成本。这时，常常需要销售人员与运输人员组成团队，共同努力才能顺利解决问题。

销售人员与客服人员之间的紧密合作对于提高双方的工作成效都将具有重要的作用，从而提高销售业绩，提高顾客满意度和保留老顾客。销售人员可以利用从这种团队合作中得到的客户需求信息，克服推销障碍，不断巩固客户关系，提高销售业绩。而销售人员在接近顾客的过程中为顾客提供的各类服务协助和分担了顾客服务工作。

4. 销售人员建立团队合作的技巧

一方面，推销的成功在很大程度上依赖于销售人员的良好内部关系，但另一方面，销售人员又不能为了提升业绩和顾客满意而随心所欲地经常要求修改设计和改变制造计划，加急送货或给予特殊项目的客户服务。不同的部门有自己不同的目标，如果销售人员仅仅为了自己的目标，只要求其他部门额外提供这些服务，通常会遇到麻烦，甚至干脆遭受拒绝。所以，销售人员必须掌握团队合作的技巧，与其他不同部门的人员之间建立高度的相互信任和有效的沟通。在发展合作关系和团队时，要把握好下列要点：

（1）理解他人。销售人员要充分理解和考虑到销售团队和合作关系中其他人的需要、目标和期望。这就意味着，销售人员必须认真了解其他职能部门的目标，也要考虑他们的需要和期望对销售人员目标的影响。

（2）留心细节小事。交往中的细节小事看起来微不足道，实际上在销售团队和合作中却可能会产生举足轻重的影响。在建立合作关系的过程中，适当关注细节小事，并培养良好的工作习惯将能使双方关系得到加强；相反，就会损害到双方的关系。

（3）信守承诺。紧密的团队合作依赖于有关各方之间的信任关系。合作各方之间的信任又是建立在对方的承诺之上的。如有一方不能信守承诺就会严重损害其信用和相互信任，并可能对合作关系产生不可弥补的破坏。可见，信守承诺是团队合作的基础和前提。

(4) 明确期望。大多数合作关系的裂缝源于合作各方对于角色和目标期望的含糊不清或目标期望过高。为此，在合作初期就应当花些时间探讨和明确合作各方的目标和角色，理性地构建对于目标和角色的期望，对于保证团队合作的成功具有重要作用。

(5) 诚实正直。诚实正直是团队成员获取他人信任的重要手段，相反，缺乏正直将严重损害团队内部的合作关系。每一个团队成员都应该诚实、坦率，并以相同的标准对待所有其他成员。

(6) 勇于认错，真诚道歉。团队合作中犯了错误的一方应当敢于承认错误。勇于承认错误和真诚的道歉有利于取得人们的谅解，维持合作关系的稳定和发展。任何掩饰错误的意图和动机都将损害合作各方的关系，直接威胁到团队本身的生存。

11.2 销售人员的选拔、培训、激励和考核

11.2.1 销售人员的选拔

销售人员的招聘和甄选将直接关系到推销队伍素质的好坏和销售业绩的高低，因此，是企业销售管理中一项非常重要的工作。但是，要招聘到一位非常优秀的销售人员又是一件非常困难的任务。所以，每一个企业都会非常认真地对待销售人员的选拔。

为了提高新招聘人员的成功率，在招聘选拔之前应当确定对新招聘销售人员的实际工作要求，最好尽可能详尽地说明选拔候选人胜任工作所需要的能力和品质。例如要明确，是准备派他去开发新销售区域还是仅仅在已开发的老区域中工作，是从事新产品的销售还是老产品的销售，是需要独立工作的还是在经理人员的直接指导下工作的。明确这些问题就为选拔工作确定了究竟需要雇用哪一类人的方向。

1. 招聘销售人员的来源

(1) 公司内部招聘。公司可以从生产车间或其他管理部门中招聘销售人员。这些人的优势是熟悉公司本身的产品、公司的政策和运作方式，他们的价值观一般也比较符合公司的企业文化。而且，由于他们原来就在公司内部工作，公司对于他们的评价通常会比较客观可靠。所以大多数从内部选拔出来的销售人员都会有比较好的销售业绩。

(2) 有关人员的推荐。不管是公司内部或外部人员的推荐都是一种较好的招聘来源。大部分推荐人都是或者在公司工作过的，或者是对本公司的情况比较了解的人。因此，多数被推荐者都会具有必要的工作技能又能适应公司的文化的要求。

（3）大专院校毕业生。大专院校每年的毕业生是新招聘推销队伍的主要来源。他们中的许多人都接受过了推销理论和实务方面的专业性训练，具备从事这项工作的基本条件。在招聘后再经过一段时间的实习训练，其中很多人都能很好胜任这项工作。

（4）商业广告招聘。精心策划、制作精良的招聘广告也常常可以吸引合格的候选人来应聘。为了保证最终的选拔效果，广告所传达的信息应该准确的，而不应夸大其词。

2. 选拔的形式

选拔通常会采用笔试和面试相结合的方法。笔试用以了解应聘者的文化、知识和分析能力等方面的基本素质。面试则用以了解应聘者的口才、风度、工作能力、反应灵敏度、对问题的理解能力以及有关知识的广度和深度。

要准确地识别应聘者的销售能力本身就是一项挑战。有时，采用多种选拔方法，最后所雇用到的销售人员也可能并不理想。这种情形往往是无法完全避免的，也说明选拔方法和制度往往需要不断改进，招聘人员的经验和识别销售能力的能力也需要积累。但是，这种能力确实是可以积累的，只要采用合理的指导原则和方法，可以保证所选拔录取的销售人员的平均水平不断提高，达到公司要求。

3. 选拔销售人员中的注意事项

（1）对销售人员性格特征的要求不可强求。如前所述，性格外向、善于表现、喜欢交际的人具有从事推销工作的有利条件，但也不能一概而论。个性内向的人，初看之下，沉默寡言，缺乏表现力，接待顾客的态度往往也比较笨拙，但性格内向的人往往也有优点。他们能忍受强烈的孤独，对自己能做出相当严厉的反省，不偏重感性，沉着稳重，忍耐力强。有时，沉默寡言也会促使顾客表达他们自己的意见。虽然拙于表现，却会使对方认同他的诚信。而笨拙之处也会给予对方以亲和感和信任感。由此可见，尽管性格外向是当好销售人员的有利条件，但是，有些性格内向的人同样可以当好销售人员。

（2）销售人员尽量要保持长期稳定性。推销是一项建立在信任基础上的工作。欺诈性推销是不可能持久的。即使不搞欺诈，如果不能取得顾客信任，推销仍然难以取得好的业绩。有些企业为了与同一个顾客长期保持稳定的交易，往往会在 10 年甚至更长时间内都不更换其销售人员。为保持销售人员的稳定性，企业在招聘新销售人员之前就要考虑为什么要新招销售人员。如果是销售量或销售范围扩大，或者是有人年老退休，选拔新销售人员是完全必要的，但是，若是因有人要求辞职、调动或者企业解雇老销售人员而新招销售人员，则要考虑是继续留住老的好，还是选拔新的好。实际上，如果能继续留住优秀的老销售人员就不必招聘新销售人员了；否则，不仅自己企业会减少一个得力的销售人员，而且更严重的是，还可能因此而增强竞争对手的推销实力。由此可见，积极选拔新销售人员与调动原有销售人员的积极性是同样重要的。

（3）挑选最佳候选人。随着消费者变得越来越成熟，竞争变得越来越激烈，要挑选一个理想销售人员已经变得越来越困难了。为了选拔出合格的销售人员，招聘人员本身也需要不断学习，识别新环境下对于销售人员来说最需要的资质和特质。

有专家认为，对于销售人员来说，诚信是一种非常重要的品质。但是，许多企业在招聘中会花90%的时间来考察应聘者与能力相关的问题，却几乎不花时间在基于品格的问题上。所以，他们建议在面试中应该通过增加有关问题的提问来考察应聘者的人格特征。

此外，传统的观点一直认为销售人员要具备独立性、自负的个性，但现在情况正好相反了。现在公司要雇用的是那些具备很强的适应性，愿意合作与别人分享，将团体目标置于个人目标之上等的无私行为的人。

11.2.2 销售人员的培训

1. 培训的必要性

在挑选了合格销售人员之后，还需要对他们进行培训，帮助他们获得与工作相关的文化、技能、知识和态度，从而在推销实践中取得更好的业绩。事实上，成功的销售人员从来都不是天生的，而是后天努力学习和实践的结果。而严格的培训和实践是造就成功销售人员的有效途径，但是，不少企业的经理人员对于销售人员培训的重要性缺乏足够的认识。他们往往怀疑培训的作用和效果，片面地认为销售人员的能力只能在实际工作中积累而无法通过培训来得到。

其实，培训对于提高销售人员能力的作用是毋庸置疑的。大量的调查表明，销售人员经过培训后，能力确实能够得到提高。在同样情况下，其推销业绩会比没有经过培训的要好得多。这是肯定的。另一方面，推销业绩的好坏也不仅仅是单独由推销能力所决定的。经过培训的销售人员在文化、知识和态度等素质方面的提高和改进也会直接提升销售业绩。所以越来越多的企业已经体会到，对销售人员的培训远比对企业所有其他部门人员的培训要重要得多。

2. 培训的目的和作用

对培训目的认识的片面性常常影响对于销售人员培训的积极性。许多公司天真地希望通过培训就解决所有问题的想法往往是不切实际的。例如，如果公司所招聘到的销售人员本身从素质上看就是不合适的，则培训的效果就会大受影响。同时，如果公司的整个营销战略就是不正确的，则培训的效果也可能会大打折扣。另一些企业则要求销售人员通过培训后业绩就应该有立竿见影的提升。这种想法也是不现实的。推销能力是需要不断积累的。成功的做法只有通过不断实践才能变为销售人员自觉的行为。

企业经理人员对于培训的目的和作用应当有一个正确全面的认识。培训的目的和作用除了提高销售量和销售额以外，还应当包括如下一些重要的目的和作用：

（1）引导新销售人员更快适应工作。对新员工的岗前培训要求新员工在开始工作前就获得关于业务运作有关知识的彻底的培训，使他们掌握包括公司的历史、经营理念、使命、业务政策、薪酬计划和其他重要信息等。

（2）帮助员工树立更积极的态度。对员工的定期培训不仅是更新知识，还要帮助他们更积极地看待自己的工作，增强自信心，更加敬业，提高对工作的满意度，减少人员流动性，并最终提升工作业绩。

（3）更新推销知识、业务技能和有关产品、公司、行业和竞争对手有关的信息，提升销售人员的竞争能力。

（4）规范销售人员的行为和制度，降低销售成本。

3. 销售人员培训的内容

（1）对企业有关情况的培训。企业情况包括企业发展历史、经营目标、方针、长远发展规划和营销战略等。对于这些内容培训的目的是鼓舞销售人员的士气，激发销售人员为实现企业的规划和目标多做贡献。

（2）对产品知识方面的培训。公司需要对销售人员进行产品的结构、性能、用途、主技术性能指标、使用和维护保养方法的培训。通过培训要求销售人员对本公司产品有一个全面的了解，以便增强推销过程中说服、宣传和提供售前售后服务的能力。

（3）对市场信息方面的培训。通过培训要求销售人员掌握行业发展趋势，区域市场有关信息，所服务的目标市场顾客的特征、分布、爱好和购买行为，以便帮助销售人员明确推销对象和目标。

（4）对推销技能和方法的培训。这类培训需要讲授如何接近目标顾客，如何叙述和表达，如何演示，如何解答顾客疑虑，如何激发顾客的购买兴趣和欲望等。

（5）对于推销工作程序、职责和政策的培训。通过培训要求掌握规范的工作程序、工作职责范围，除了推销任务外，还需要做好客户档案整理、市场调研资料收集和顾客服务等工作。此外，也需要明确公司的具体商务政策、薪酬和费用开支管理办法等。

4. 销售人员培训的形式

对销售人员的培训应当采取理论讲授和模拟练习想结合的办法。理论讲授要全面地介绍推销的要求和具体做法，使参加培训的人能在较短时间内就能系统掌握所需要的知识、方法和技能。

模拟是一种模仿实际销售活动进行训练的有效手段，可以弥补理论讲授缺乏实践的不足。模拟训练的方式也很多，较常用的是角色扮演与案例分析两种。角色扮演是由接受培训的学员扮演推销员，由有经验的老推销员扮演顾客，由前者向后者推销某种具体的产品。根据推销过程的实际情况，由后者对前者的表现进行评价、纠正和指导，以提高他们的实际推销能力。案例分析最好由辅导人员提出一个以某实际企业的材料为背景的假想企业的情况和所面临的问题，然后请接受培训的人员各自提出自己的处理办法。案例分析可以使受培训的人员培养分析和解决实际问题的能力，积累一定的经验。

11. 2. 3　销售人员的激励

销售人员不仅需要培训，还需要激励。培训只是提高销售人员的知识水平、工作能力和技巧，而销售人员的工作动力和热情则必须依靠有效的激励来解决。

与其他工作相比，销售人员特别需要激励的原因是多方面的。首先，克服挫折和失败需要有效的激励。销售人员在工作中受挫折是经常发生的事情，在遭受失败或对手强有力的竞争时，销售人员在感情上难免会受到打击，特别需要有效的激励来鼓舞信心。其次，销售人员长期出差，在外奔走，难以享受家庭乐趣，生活可能比较艰苦，也需要通过激励使其获得安慰。最后，销售人员从事推销的时间一长，如果接触的都是老顾客，可能会逐渐丧失工作的热情，而变得懒惰和冷淡。他们需要激励来保持和提高工作热情。

对销售人员的激励包括物质上激励和精神上激励两种办法。

1. 物质激励

物质上激励主要就是薪酬体系。薪酬又可以分为工资、佣金、奖金和福利。工资、佣金、奖金和福利具有完全不同的性质，因此各自的激励作用也不相同，各有各的优缺点。

（1）工资，或者称直接薪金，是指一定时期内公司支付给销售人员固定的报酬数，数量与工作业绩无关。支付工资的优点是，由于数量固定，与工作表现好坏无关，因此，它为销售人员提供了稳定的生活保障，有利于减少销售人员的流动性。工资制特别适合于那些从事不能立即看到业绩增长效果的销售任务的人，也有利于促使销售人员做好市场情报信息的收集、销售报表的填写等间接性辅助销售工作。单纯工资的缺点：首先是缺乏与业绩挂钩的直接金钱激励，对于调动销售人员的工作积极性作用并不大。所以，工资制往往导致优秀销售人员更换工作。其次是由于工资是固定的，当经济低迷市场总销售量下降时，又会增加公司的成本。最后，工资制促使销售人员过分关注那些容易推销的产品和方便做的事，而不愿承担比较困难的任务。

（2）佣金，或称直接佣金，就是根据销售人员实际完成的销售业绩的某个百分比来确定的报酬。佣金一般会采用分段计算的方法，既可能是累进递增的，也可能是递减的。例如，公司可能规定年销售额100万元及以下的支付5%的佣金，而超额部分支付7%的佣金，这就是一种累进递增的佣金体系，其目的是鼓励销售人员创造更好的业绩来。也有的公司可能规定，年销售额100万元以下的可获得 10% 的佣金，年销售额为 100 万 ~ 200 万元的可获得 5% 的佣金，200 万元以上的销售额可获得 2% 的佣金。这个佣金体系就是递减的，其目的是给销售人员总收入设定一个上限。

实施佣金的最大优点是，可以为销售人员带来最大限度的激励。由于佣金是根据销售人员业绩来计算的，能够引导销售人员合理地利用自己的销售时间并最大限度地发挥自己的能力。此外，佣金也便于管理。由于佣金与销售额总是成比例的，所以销售成本便于控制。但是，单纯佣金也有缺点：首先，采用单纯佣金可能使销售人员失去安全感。只有在达成交易以后才能得到佣金，可能会影响某些缺乏经验的销售人员的积极性。采取单纯佣金也可能会导致销售人员缺乏对公司的忠诚，公司就很难对销售人员的销售区域进行调整和调动。

（3）奖金，是指销售人员在正常收入以外所得到的额外收入。奖金既可以与工资制结合，也可以与佣金制结合起来使用。奖金既可以是与员工的个人业绩无关的，按平均发放，或者根据现有工资或工龄来计算发放，如年终奖。奖金也可以是与业绩相关的。此时，公司会根据销售人员某个时期内实际上的综合表现来确定每个销售人员的奖金数。奖金还可能是公司为了激励销售人员努力实现短期销售目标而设定的一定奖励金额。奖金除了可以直接采用现金的形式外，还常常采用发实物赠品或提供旅游机会的形式。采用这两种激励形式，企业支出同样的奖励金额，往往可以收到更好的激励效果。

（4）福利。许多公司除了为销售人员提供工资、佣金和奖金外，还会提供多种形式的福利。最常见的福利形式包括：提供旅游机会、带薪假期、免费住房、培训机会、多种健康保险和医疗计划等。各种福利虽然很难起到短期内立竿见影的激励效果，但是对于增强员工的归属感，减少人员的流动性，无疑具有非常重要的激励作用。

（5）多种物质激励手段的组合。由于各种不同的激励方法都有其独特的其他方法所不具有的优点，也有其不足之处，所以，为达到理想的激励效果，除了个别企业会采用完全直接工资或完全佣金以外，多数企业总是将工资、佣金和奖金结合起来使用的。根据许多企业的经验，销售人员的全部收入中，固定工资收入部分与奖金或佣金所构成的浮动收入的比例以 7∶3 为宜，即在总收入中固定工资占 70%，奖金或佣金占 30%。这样能够在保证销售人员具有稳定的基本生活条件的前提下，激励他们更努力地工作。

在确定销售人员的固定工资与奖金或佣金比例时，还要考虑到产品性质及其他一些因素。例如，生产资料类产品的销售业绩往往受各种外部因素的影响很大，因此，应当适当提高他们收入中固定工资的比重数；相反，消费品的推销业绩主要受销售人员主观努力的影响，因此，可以适当降低其固定工资的比重，提高奖金或佣金的比例。此外，如果企业的广告能力很强或者在产品市场竞争中具有明显优势，就可以适当减少奖金或佣金比例，否则就要适当提高奖金或佣金比例。

2. 精神激励

与物质激励相比，非物质的精神激励往往也可能非常有效。因为销售人员很容易把工资、奖金或佣金看做自己推销结果应得的报酬，而非特殊的激励。同时，对于物质激励，如果掌握幅度不恰当，反而不能有效提升销售人员的工作努力程度。如奖金过高，就会失去任何边际激励效果。相反，物质激励办法一旦停止，销售人员的实际收入又会减少，工作积极性就要降低。而精神上的激励却能弥补上述的缺点，具有特殊的作用。

对销售人员的精神激励主要包括如下几种：

（1）重视销售人员参加先进工作者和模范的评选。评先进要优先考虑优秀的销售人员，使推销工作得到人们的承认。在销售人员内部也要定期评比优秀销售人员，树立推销工作的典型和榜样。

（2）为优秀销售人员提供公平的晋升机会。公司要帮助销售人员成为更高一级的经理人员。为此，公司应当给销售人员提供承担更多责任的机会，通过给销售人员分配或指派更富有挑战性的工作，让他们的能力得以充分展示和发挥。

（3）公司内部要大力倡导对推销工作的极大支持。一个销售人员的工作能否成功往往与他在本公司内所获得的支持大小有密切的关系。推销要最终成功，离不开生产、技术、质量、运输和财务等各部门的支持和帮助。公司内部对推销工作的支持越大，销售人员的工作就越容易成功；反之，推销就会困难重重。据此，公司内部应当努力创造一个积极支持推销工作的环境条件，这也是对于销售人员重要的精神激励。

（4）为销售人员提供培训和旅游的机会等。越来越多的销售人员已经把提供培训机会看做公司的一种激励，所以为优秀销售人员创造培训的机会是完全必要的。

推销实践 11-1   销售人员薪酬模式的选择

1. 纯佣金模式

这种模式下，销售人员薪酬完全是由佣金构成的，佣金按销售额的一定百分比提取，因此又称提成制。这种模式的优点是激励作用强，容易操作，管理成本低，比较适用于兼职销售人员，以及那些购买者分散、产品同质化程度较高、市场广阔、推销难度较低的行业，如日化行业。其缺点是由于没有保底收入，销售人员收入非常不稳定，缺乏安全感。他们会受经济利益的驱使往往只重视眼前利益，也容易引起员工之间的恶性竞争，不利于团队建设。

2. 基本薪酬+佣金模式

销售人员收入=基本薪酬+（当期销售额-销售定额）×提成率

这种模式为销售人员提供了基本工资，使他们生活有了保障，具有一定的激励作用，是许多企业目前所采用的薪酬模式。但这种模式也会使员工关心眼前利益，加剧员工之间的竞争，削弱企业凝聚力。

3. 基本薪酬+奖金模式

这里的奖金并不直接与销售额挂钩，而是与一系列和销售额相关联的指标相联系，并结合企业当期经营状况和发展规划来设定。这种模式有利于员工关注企业的长远利益，但由于当期销售额与薪酬并不直接相关，所以薪酬的激励作用显得不足。该模式成功的关键是确定奖金指标和权重的分配要科学合理，要由熟悉企业和所在行业市场的专业薪酬管理人员来制定和实施。

4. 基本薪酬+佣金+奖金模式

该模式需要先确定部门奖金总额，再计算个人收入。

部门奖金总额=（销售部门当期总销售额−部门总销售定额）×提成率

$$个人收入 = 基本薪酬 + (个人当期销售额 - 个人销售定额) \times 提成率 + 部门奖金总额 \times \frac{个人当期销售额}{销售部门当期总销售额}$$

该模式使员工利益与部门利益相联系，在一定程度上有利于培养团队精神。不足之处是，容易使销售部门只关心当期利益，忽视与企业长远发展相关的工作。

5. 总额分解模式

该模式先由人力资源部门确定销售部门的薪酬总额，再由销售部门分解和核定每个员工的收入。

个人收入=销售部门薪酬总额×个人当期销售额/销售部门当期总销售额

这种模式由销售部门经理来核定每个员工的收入，便于核算销售人员的薪酬成本，简化管理流程，同时，让销售部门经理参与薪酬管理有利于提高他们的工作积极性。该模式的不足之处是激化了部门内员工之间的竞争，不利于团队合作精神的培养。

6. 纯薪金模式

个人收入=固定薪酬

该模式下员工收入有保障，安全感强，有利于增强企业凝聚力。其缺点是容易形成平均主义，不利于吸引和保留优秀人才。

任何一家公司在选择薪酬体系时都必须掌握三个原则：一是从实际出发；二是有针对性地确定薪酬模式，针对不同时期、不同员工特点，采取不同模式；三是薪酬体系要与业绩考核体系相结合。只有做到这几点，才能使薪酬模式真正成为促进企业和员工共同发展的有效激励手段。

资料来源　赵艳丰.销售薪酬模式利弊比较与选用原则［J］.人大报刊复印资料：市场营销文摘，2010（2）：41.

11.2.4　销售人员的考核

考核是激励的基础。没有考核就无法进行激励，即使激励也不能达到预定的目的。对于推销工作而言，考核显得更加必要。这是因为：首先，推销工作的分散性和独立性要求对销售人员的业绩不断进行检查考核，促使销售人员能够在远离企业、上司和同事的情况下，仍然能自觉工作，去努力争取推销成功。其次，推销工作的积累性和长期性也要求对销售人员业绩不断进行考核，以促使销售人员不仅重视近期推销业绩，而且为争取新客户，为保持销售业绩的长期稳定而努力。最后，推销工作的竞争性和困难性更需要对推销业绩进行不断跟踪考核，以便掌握推销工作进展，及时采取相应措施，保证推销目标的实现。所以，每一个想取得销售成功的企业都会对销售人员业绩进行认真的考核。

考核不仅为激励提供了基础，而且考核还有另一个重要作用，就是让被考核者感到自己的工作受到了关注，认识到自己工作的重要性。因此，考核的意义更多地在于总结经验和成绩，以利改进，而不仅仅在于监督和检查。

考核销售人员的最简单指标是销售量或销售额。但是，不管对于哪个企业而言，把销售量或销售额作为评价销售人员的唯一指标都是不合理的。事实上，对于销售人员来说，不断为企业发现有潜力的新客户，为顾客提供良好服务本身就是一种成绩和对企业的贡献。

对销售人员的考核应当包括三个方面：

1. 直接销售结果的考核

对于直接销售结果的考核主要是评价其销售指标完成情况以及争取新客户的情况。对争取新客户情况的考核相对比较简单，主要就是考核产品销售市场的扩大情况。具体地就是考核新增的客户数以及向新增客户的销售量。

对销售指标完成情况的评价又根据评价标准的不同分为静态考核法和动态考核法。

（1）静态考核法，是指根据销售人员完成预定销售定额指标的情况来做出评价的一种考核办法。最常用的销售定额指标有：销售量（额）定额、销售费用定额、销售利润定额及销售活动定额。这些定额既可以单独使用，也可以组合使用。公司通常会对每个销售人员规定某一种或几种的定额指标。

①销售量（额）定额，是最常用的销售定额，最易于执行和管理，也易于在销售队伍中进行分摊。但销售量（额）定额会促使销售人员仅仅去销售畅销、低利的产品，而不去销售那些虽然较难销售但利润率较高的产品。销售量定额比较适用于市场快速增长、竞争尚未导致利润率大幅度降低的市场。

②销售费用定额。对于许多处于生命周期成熟期的产品，要获得额外的销售量往往需要投入更多费用。如果企业要保持或提高利润率，就必须降低销售费

用。此时，适宜于采用销售费用定额来管理。销售费用定额既可以用金额数来表示，也可以用销售额的百分数来表示。如果费用等于或低于这个定额，销售人员就可以得到额外的佣金或奖励。费用定额的最终目的并不是单纯降低费用，而应当是作为增加利润或实现其他某些目标的手段。如果销售人员降低了费用，但却不能提高利润或实现销售量增长，费用定额就失去意义了。所以，费用定额总是与其他定额指标一起使用的。

③销售利润定额。有时，要实现额外的销售所花费的成本远远超过所获得的利润甚至是销售额。此时，减少对这类产品的销售或停止对某些不能盈利的客户的销售反而会提高实际利润。此时，企业就适宜于采用利润定额。利润定额实际上是鼓励加强对利润更高的产品和可望得到更高利润的客户的销售，当然，利润定额也鼓励销售人员与客户谈判中就价格、交货、付款等合同条款成功地进行讨价还价，鼓励销售人员为客户提供各种增值服务。

④销售活动定额。许多活动对于企业实现销售的整体目标常常也有非常重要的作用。企业通过活动定额来规定需要完成的目标可能有：

第一，平衡产品组合的目标。企业为产品组合中的每一种产品设置定额，促使销售人员努力销售每一种产品。这样做可以避免企业过分依赖于少数几种产品，也有利于保证销售的稳定性。

第二，最低限度服务的定额。许多销售工作的成功依赖于销售人员对顾客所提供的服务，在这种情况下对销售人员规定为顾客所提供的最低限度服务是必要的。最低限度服务定额将有利于维持公司与顾客之间的长期关系。

第三，平衡客户组合的定额。销售人员经常喜欢仅对某种特定类型的客户进行销售。通过为销售人员制定每一种类型客户的定额，就可以促使销售人员的销售努力分散化，从而减少企业对某一类型客户的依赖，降低企业风险。

第四，开发新客户的定额。新客户代表着企业发展的潜力，对于企业增长是至关重要的，但是对于新顾客的销售要比对老顾客的销售难得多。规定开发新客户的定额能有效地促进对新市场的开拓。

⑤组合定额。实际上，企业的销售目标常常是各种销售定额的组合。在以不同的销售定额组合为评价和考核标准时，常常需要对各种各样的销售定额进行综合，此时可以对每一种销售定额按其相对重要性大小赋予不同的权重。然后，依据这组权重来评价销售人员达到和超过销售定额的程度。

（2）动态考核法。由于市场本身是动态变化的，激烈的竞争又加剧了变动的程度，因此，单纯以事先规定的定额指标为依据对销售人员业绩进行考核评估并不完全合理。另一种更加科学的考核办法就是以不同销售人员业绩的相对优劣程度作为考核的依据。所以，对销售业绩的动态考核包括如下一些指标：①销售人员本期实际销售量（额）与上期实际销售量（额）相比的增长率；②销售人员本期实际销售量（额）与计划销售量（额）相比的百分比；③销售人员本期的销售量（额）增长率相对于其他销售人员同期增长率的比。

2. 间接销售结果的考核

间接销售结果的考核主要是指对于销售人员为顾客所提供的服务以及销售基础工作的完成情况的考核，如对于市场调研的投入和取得的成效，对于各类潜在顾客资料的搜集情况、访问次数，对于顾客所提供的新指导和服务水平，对于竞争对手信息的收集情况，对于销售活动计划和组织的投入和成效等。与直接销售结果相比，对于间接销售结果的考核带有一定程度的主观性，在很大程度上依赖于销售人员本人的陈述。尽管如此，上述内容还是大致能够反映销售人员所做出的努力和业绩的。

3. 工作行为的考核

工作行为的考核主要是指对于销售人员的组织领导行为的考核评价。例如，属于领导行为的包括销售人员有效地鼓励下属工作积极性，以及提出合适的推销措施及监督检查推销情况中的投入和作用大小；属于行政工作行为的包括对顾客抱怨的处理，对推销活动结果的分析；属于合作精神与交际行为的包括与顾客交际沟通和开展谈判的技巧，与行政机构及社会团体交往的能力，与企业中其他部门的协作精神；要掌握产品和市场知识的状况，如了解市场对产品的反应以及竞争者状况的程度；属于个人的工作行为包括个人的工作积极性，独立地认识问题、提出解决问题的办法的能力，对工作的胜任程度等。

推销实践 11-2　　　如何留住有能力的销售人员

销售经理们都会抱怨：现在培养销售人才太难了，有能力的人翅膀稍微硬一点就跳槽了，没有能力的撵都撵不走。留住有能力的人、淘汰没有能力的人是经理们对于销售人员管理能力的体现。想要留住有能力的业务人员需要采取三个步骤：

1. 建立清晰细致的考核指标体系并严格执行

有能力的销售人员离职的原因绝大多数并不是因薪水待遇不满，而是因为公平问题。如果有能力的销售人员感到自己受到不公平的待遇，就会有牢骚和抱怨，再不能得到有效的回应就会离职。其实，有些抱怨未必是合理的。如果建立一个全面公正的评价体系，就能做出更客观公正的评价。

一个全面的考核体系必须把业绩的硬指标和日常表现的软指标之间有机结合。硬指标必须明确清晰便于计算。软指标要全面细致，能从各个角度反映销售人员的表现。考核体系一旦制定就要严格执行。严格执行是公正考核的前提。严格不仅体现在作为薪酬分配的参考标准，更应当作为销售人员晋升和淘汰的依据。

---

2. 一定的情感沟通

有能力的销售人员往往更希望得到团队和领导的认同和重视，更需要进行必要的情感沟通。对于这类销售人员最有效的情感沟通方式是三种：

一是为其提供特殊的培训机会，如让他们有更多的机会了解公司的政策和信息，亲身感受公司文化和价值取向，参加更多外部交流和培训等。

二是将其推荐给公司上层领导，如通过安排参加会议或向领导汇报工作，让他们体会到上司的重视和关心。

三是关心他们的家人，如利用家人的生日或节假日的机会代表公司问候其家人。

3. 保持一定比例的晋升和淘汰率

团队内部既要做到"榜样的力量是无穷的"，又要做到"没有压力就没有动力"。晋升和淘汰都是考核体系的必要补充。晋升可以让表现出众的销售人员得到施展才华的机会，更可以给表现一般的销售人员树立榜样，促使其有更出色的业绩。淘汰既是对表现落后者的处罚，也是对表现一般者的鞭策，还是对表现优秀但没有晋升机会的人的一种心理安慰。

资料来源 陶勇. 三步留住有能力的销售人员［J］. 中小企业管理与科技，2009，10（29）：48-49.

11.3 销售人员的自我管理

任何想要成为优秀销售人员的人，除了勤奋以外，还需要有明确的目标和方向，要掌握科学的方法和技巧。这就需要具有自我管理的能力。销售人员的自我管理能力主要包括四个方面：时间管理、区域管理、档案管理和压力管理。

11.3.1 销售人员的时间管理

1. 销售人员时间管理的必要性

现代社会，时间对于任何人来说都是一种重要资源。对于销售人员来说，由于有拜访不完的客户，做不完的工作，时间比别人显得更加珍贵。销售人员管理好了时间就能提高效率；相反，不能有效地管理好自己的时间，就失去了推销成功的基础。销售人员是可以自由支配自己时间的人，因此，时间管理也就意味着对自己行为的管理。通过时间管理，合理安排时间，使时间安排达到最优化，从而实现自身价值的最大化。

推销实践 11-3　　　　　　　时间安排的奥秘

一天，某商学院邀请时间管理专家为学生讲课。

时间管理专家首先给大家做了一个小实验。他先拿出一个一加仑的广口瓶放在桌上。随后，从桌子底下的包里取出一堆拳头大小的石块，把它们一块块地放进瓶子里，直到石块高出瓶口再也放不下为止。他问："瓶子满了吗？"所有学生都说："满了。"他反问："真的？"说着他又从桌子底下的另一个包里取出了一桶豆粒大小的石子，倒入广口瓶口，轻轻摇动广口瓶，小石子填满了大石块间的间隙。

"现在瓶子满了吗？"他问。这一次学生们有些明白了，一位学生说："可能还没有。""很好！"时间管理专家接着从桌子底下拿出了一桶更细的沙子，把沙子慢慢倒进广口瓶。沙子填满了小石子之间的所有间隙。他又一次问学生："瓶子满了吗？""没满！"这次学生们齐声说。然后，时间管理专家拿过一壶水倒进广口瓶直到水面与广口瓶口齐平。他接着问学生："这个例子说明了什么？"一位学生发言说："它告诉我们，无论你的时间多么紧凑，只要合理安排就还可以做更多的事！"

"不，它还有更深的寓意。"时间管理专家说，"这个实验还告诉我们，如果你不先把大石块放进广口瓶子里，那么你就再也无法把它们放进去了。人的一生中也是如此。如果不先去实现生命中的那些'大石块'，如信仰、学识、梦想等，整天被沙子这样的琐事所占据，也许你就永远无法实现自己的人生目标。"

资料来源　王永军．博恩·崔西快速推销全书［M］．北京：地震出版社，2011.

2. 销售人员时间管理的要点

为使拜访顾客和推销洽谈更有效，销售人员在时间管理上需要注意以下几个方面：

（1）养成爱惜时间的好习惯。推销工作的特点使得销售人员的活动安排特别富有弹性。没有足够的自我约束能力就可能会浪费大量的时间。早上起得晚，浪费宝贵的工作时间；行程安排不当会导致空跑一趟；与朋友或同事闲谈和议论与工作不相干的事情而浪费时间。销售人员应当认识到绝对不能浪费时间。经常浪费时间的销售人员是不可能取得优异业绩的。

（2）制订合理的工作计划。销售人员的工作接触对象广泛，工作内容繁多，所以，对工作必须有很强的计划性；否则，就可能整天忙忙碌碌，但结果却无所作为。工作计划主要包括如下三个方面：

第一，每周和每日的工作计划。每周都要为下周制定一个工作日程表。每天晚上要为明天的工作做一个详尽的安排。每个工作日的工作计划表，要列出一天中必须完成的工作以及所需时间，如需要拜访的新客户、需要回访的老顾客、需要处理的合同和货款回收事项等。事先的计划有助于销售人员合理安排好时间。对计划完成的事项还要按重要性和紧迫程度进行排序，决定所做工作的优先顺序，不能因忙而耽误了计划内应完成的任务。

第二，安排好旅行时间。许多一线销售人员经常需要旅行。旅行往往需要花费很多时间。所以，销售人员需要对旅行的行程和拜访对象进行计划。要尽可能合理安排，缩短路线，减少旅行所需的时间。旅行中尽量减少途中时间，保证有足够的时间与客户交谈。

第三，安排好报告时间。销售人员通常需要向公司提交有关报告。编写报告是很花时间的，但提交报告又是必要的。一般地，编写报告不应占用主要的销售时间，最好安排在晚上写。报告一定要及时完成。

（3）要准备和坚持使用专门的时间管理工具。这包括：

第一，要准备专门的活动安排记录工具。销售人员一定要有记录每天活动安排的专门工具，可以是记事本、电脑等。销售人员如果习惯于把每天活动安排记录在手边的随便一张纸上，就经常会发现因关键信息丢失而影响工作。所以，养成把每天的活动安排记录在专门工具上的习惯是必要的。

第二，对推销工具要进行必要的组织。推销活动中经常需要像客户资料、产品说明书和空白订单等工具。对所需的推销工具进行整理、组织，保持整洁有序，可以大大节省推销工作的时间；相反，如果推销工具准备不充分，就可能耽误工作进度。

第三，要应用二八法则来管理时间。销售人员要根据二八法则来安排自己的时间和精力，用80%的时间服务好重点顾客，用20%的时间去对付80%的一般顾客。

（4）经常的自我总结评价。销售人员在每天工作结束时都应当回顾一下当天的工作情况。自己总结一下是否完成了所有重要的活动？是否达到了预定的目标？成功的关键和失败的原因在哪里？哪些地方还可以改进？摆脱困境的途径是什么？在哪些活动中浪费了时间？经常的总结回顾可以发现改进的地方，提高自己管理时间的能力。

3. 要坚持每天播种，持之以恒，坚韧不拔

从事推销工作初期，每个销售人员都会花大量的时间和精力为未来打基础。但当取得初步成功以后，销售人员都会花更多时间用来巩固现有客户，从而减少了开发潜在新客户的时间，甚至会出现对工作的懈怠，结果造成业绩下降。仔细审视销售人员成功的原因，其实，当前的业绩往往是他们在前3～6个月中努力的结果。因此，每个销售人员都应当认识到，今天应当做什么才能保证6个月以后有好的业绩。这就需要每天播种。不管今天多忙，也不管今天已经获得了多少老顾客的业务，为了保证长期的业绩，每天都必须为发展新交易做一些投资。

因为市场需求和竞争态势的变化，某段时期中销售人员的业绩会特别令人满

意，但过了一段时期后业绩又会停滞不前，甚至直线下降。因此，销售人员往往会出现事业上的低谷。成功能带来成功，但事实上常常出现这句话的反面，就是失败引出失败。销售过程中的低谷会导致销售人员的沮丧，沮丧又会腐蚀一个人的自信，销售人员缺乏自信将导致客户的疑虑，而一位有疑虑的客户是绝对不肯做出购买决策的，结果销售人员的业绩就会一落千丈。销售人员应当认识到，每个人都会有遇到低谷的时候，即使那些业绩顶尖的销售人员同样也可能会遇到事业低谷的时候，关键是自己要重新激发起对推销工作的热情，体会到工作的乐趣，努力激励自己，提高自信心。这样才能逐渐摆脱事业上的低谷，树立起推销成功的信念。

11.3.2　销售人员的区域管理、档案管理和压力管理

1. 区域管理

销售区域就是分派给每位销售人员的一组潜在的或现有顾客所居住的地理区域范围。销售区域管理就是要求每一个销售人员在公司所分配的区域内创造性地开发新客户，维持老客户，并取得优良的推销业绩。尽管许多公司的销售区域都是基于地理因素来划分的，但是也可以根据客户的阶层或行业来建立销售区域。不管什么样的销售区域都是由一定数量的现有顾客和潜在顾客所组成的。

（1）销售区域管理的目标包括：

第一，实现对市场的全面覆盖和渗透。通过合理划分销售区域，使每一个目标市场区域都有具体的销售人员来服务。当顾客数量与销售额发生变化时，管理层可以通过对销售区域的重新调整达到对市场的全面覆盖和渗透。

第二，明确每个销售人员职责，便于考核。销售区域管理可以明确每个销售人员的业绩指标和任务，这样既有利于提升每个销售人员的士气和业绩，也便于对每个区域和销售人员的业务开拓情况进行考核，对于完成业绩指标不理想的区域和销售人员也可以及时提出改进措施。

第三，提升顾客服务质量，改进客户关系。明确销售人员服务的区域范围，就能保证顾客获得更规范的定期回访，顾客就会更友好，销售人员就能与客户建立起更深厚的友谊。这样销售人员就能更好地了解客户需求，推销努力更容易获得预期的成绩。

第四，可以降低销售费用。销售区域管理可以避免两个或更多的销售人员在同一区域内向顾客销售同样产品，造成重复劳动的浪费。销售区域管理也有利于销售人员缩短行程，降低销售费用支出。所以，销售区域管理可以提高公司的整体利润。

（2）区域管理的内容和步骤包括：

第一，确定所负责区域的销售定额指标。区域销售经理会根据历史资料和对区域内顾客购买增长潜力的估计，会为每个销售人员确定销售的具体市场范围及

相应的销售定额。每一个销售人员要完成销售定额还需要制订其他的一系列计划。

第二，顾客分析和分类。明确整个区域的销售定额指标以后，销售人员需要对区域内的现有顾客和潜在顾客进行分析。首先，是要识别和确定所有的潜在顾客和现有顾客。其次，是要对潜在顾客和现有顾客的销售潜力进行估计。通过分析可以识别出三类不同的顾客：主要顾客、老顾客和不盈利的顾客。销售人员一般不需要访问不盈利的顾客。主要顾客是销售区域内销售额和利润的主要提供者。为完成区域的销售定额指标，销售人员的大多数时间应该花费在主要顾客和老顾客身上。

第三，制定顾客销售目标和定额。销售人员需要针对单个产品以及现有的和潜在的顾客制定销售目标和定额。要明确为了实现区域的整个销售定额指标是否需要增加针对潜在顾客的新产品的分销渠道，或者是增加现有顾客销售的产品种类等。

第四，制订时间配置计划。时间配置计划就是销售人员要合理决定在销售区域内旅行和拜访顾客的时间分配，以取得最好的推销业绩和效果。销售人员的时间分配要考虑到所负责区域内的顾客数量、每年或每月需要对顾客访问的次数或频率、每次访问顾客所需要的时间、访问顾客中间旅行所需要的时间等。每一个销售人员有责任合理安排时间以便使区域销售额或利润最大化。为了利用好时间，销售人员就要制订每日、每周和每月的访问计划。

第五，制订日程计划和行程表。日程计划是指销售人员对于访问顾客和洽谈业务所花费时间的安排。行程表是指销售人员对于在区域内工作时旅行路线的计划。销售人员会发现区域内的旅行是他们花费最多但又是非销售性的活动之一。此外，等待会见顾客往往也需要花费大量的时间。制订日程计划和行程表的主要目的就是通过减少花费在客户之间的旅行时间以及等待会见顾客时间来增加实际销售额。在制订日程表和行程表时，不仅要考虑到访问老顾客的需要，而且也需要对访问潜在顾客做出安排，有时还需要安排一定的时间做好客户服务。

第六，制订销售访问计划。销售人员可以利用日程计划和行程表来制订一个销售访问计划。这实际上是一个每周行动计划。编制合理的销售访问计划可以确保对所选择顾客的销售效率和效果。

2. 销售人员的档案管理

尽管文档记录需要花费销售人员的时间，从而减少了从事实际推销的时间，但是必要的文档资料的记录可以确保推销工作的高效率以及更好地为客户服务，所以是非常必要的。

销售人员所需要记录的推销文档虽然会因职位不同而有所差异，但是最主要的就是下面一些资料：

（1）现有客户和潜在客户的资料。记录现有客户和潜在客户的基本资料是非常有用的。

（2）拜访记录。要记录每次所拜访的人员及工作进展情况。特别需要记录的是有关拜访对象的个人信息，以及短期和长期的购买计划。

（3）费用记录。记录推销活动过程中的各种费用情况是必要的。

（4）销售记录。有些公司要求每天报告，有些公司只要求每周或每月报告。正确完整的销售记录可以帮助销售人员进行业绩分析，据此提出改进和提高业绩的建议。

3. 压力管理

推销工作自然会有一定的压力。尤其是当无法完成销售定额指标的时候，更需要承受很大的精神压力。所以，销售人员需要掌握减轻和化解压力的策略和技巧。

（1）保持乐观的心态。研究表明，乐观是一种可以培养的心态，要把问题仅仅看做暂时的挫折。要关注潜在的成功，而不是关注失败。

（2）学会正确的情感表达。当确实遇到巨大的压力时，回避并不是好办法。但是，向合适的人倾诉是一种适当的缓解或者也许可以帮助找到解决的办法。

（3）保持健康的生活方式。经验表明，健康的生活方式，如充分的睡眠时间、适当的运动和自我约束将有助于消除由于压力所造成的紧张情绪，从而缓解和消除压力。

主要概念

地域型销售组织　　产品型销售组织　　市场型销售组织　　职能型销售组织　　团队销售　　静态考核法　　动态考核法　　销售人员自我管理　　时间管理　　区域管理　　档案管理　　压力管理

基本训练

@ 知识题

1. 公司对于销售队伍管理的重要性和目的是什么？

2. 销售队伍组织结构的类型有哪些？分析每种组织结构类型的优缺点。

3. 说明团队销售和合作的重要性及作用。

4. 解释说明发展销售团队合作中需要的技巧。联系实际，说明这些技巧在发展合作关系中的重要性。

5. 销售人员的薪酬模式主要分为哪些类型？比较不同薪酬模式的优缺点。

6. 阐述销售人员成功的时间管理的要点。

7. 说明销售人员区域管理的内容和步骤。

@ 技能题

1. 学完本章内容以后，重新浏览本章开头的引例，请对刘雨所急需要解决的如下三个问题提出你的观点和看法，并说明理由。

（1）你认为究竟应当选哪一个来做销售团队的领导？

（2）你认为对销售队伍应当是加强过程管理还是结果管理？

（3）你认为对销售人员应当是以感情管理为主还是应当以制度管理为主？

2. 仔细研读"推销实践11-2：如何留住有能力的销售人员"的资料，结合自己的实际情况，讨论公司对于想要留住大学毕业从事销售工作3年、5年和10年的有能力的销售人员时，案例所建议措施和策略的重要性和作用的大小。你是否还有其他建议？

3. 仔细研读"推销实践11-3：时间安排的奥秘"的资料，列出上周每天的行程表。对于每一类活动按很重要、重要、一般和不重要进行分类。统计每一种类型活动总共所占用的时间比例。评价每类活动所占用的时间是否与其重要性相吻合？提出今后改进的措施。

主要参考文献

［1］杰拉尔德，巴里. 销售学：创造顾客价值［M］. 陈露蓉，译. 10 版. 北京：北京大学出版社，2000.

［2］杰克逊，等. 销售管理［M］. 北京：中国人民大学出版社，2001.

［3］富特雷尔. 销售学基础［M］. 北京：机械工业出版社，2006.

［4］乔布，等. 推销与销售管理［M］. 俞利军，译. 7 版. 北京：中国人民大学出版社，2007.

［5］弗特勒尔. 销售 ABC［M］. 殷戬弘，王锁川，译. 6 版. 北京：企业管理出版社，2008.

［6］英格拉姆，等. 销售管理：分析与决策［M］. 李桂华，主译. 6 版. 北京：电子工业出版社，2009.

［7］英格拉姆，等. 专业化销售：基于信任的方法［M］. 方毅平，译. 4 版. 北京：中国人民大学出版社，2009.

［8］辛德，等. SPIN 销售高价成交［M］. 张科丽，赵周，译. 北京：中国人民大学出版社，2009.

［9］阿亨，曼宁，里斯. 销售学：创造顾客价值［M］. 吴长顺，等，编译. 11 版. 北京：电子工业出版社，2010.

［10］科恩，等. 销售管理［M］. 刘宝成，译. 9 版. 北京：中国人民大学出版社，2010.

［11］坦纳，等. 销售管理：塑造未来的销售领导者［M］. 陶向南，译. 北京：中国人民大学出版社，2010.